外教社翻译研究丛书

教育部人文社会科学翻译学词典研究项目

On Translatological Dictionaries

译学词典论

孙迎春 著

上海外语教育出版社
外教社 SHANGHAI FOREIGN LANGUAGE EDUCATION PRESS

图书在版编目(CIP)数据

译学词典论 / 孙迎春著. ——上海：上海外语教育出版社，
2009
（外教社翻译研究丛书）
ISBN 978-7-5446-1458-0

Ⅰ. 译… Ⅱ. 孙… Ⅲ. 翻译-词典-研究 Ⅳ. H059-61

中国版本图书馆 CIP 数据核字(2009)第 113918 号

出版发行：**上海外语教育出版社**
（上海外国语大学内） 邮编：200083
电　　话：021-65425300（总机）
电子邮箱：bookinfo@sflep.com.cn
网　　址：http://www.sflep.com.cn http://www.sflep.com
责任编辑：唐小春

印　　刷：上海华文印刷厂
经　　销：新华书店上海发行所
开　　本：890×1240 1/32 印张 10.5 字数 263 千字
版　　次：2009 年 9 月第 1 版 2009 年 9 月第 1 次印刷
印　　数：3 100 册

书　　号：ISBN 978-7-5446-1458-0 / H·0594
定　　价：29.00 元

本版图书如有印装质量问题，可向本社调换

序

词典编撰原则：惟变所适与规约守成论
——序孙迎春教授《译学词典论》

辜正坤

90年代后的中国翻译研究界出现了一个颇值得注目的现象，这就是翻译词典、翻译学词典的产生及伴随而来的相关翻译研究，尤其是对译学词典的研究。其中的佼佼者，可推山东大学的孙迎春教授。孙教授不仅编撰了翻译类词典、翻译学词典，并且撰写了若干研究翻译词典及翻译学词典的论文。在这个基础上，他目前编撰的这部《译学词典论》可以说是一部分量很重、相当具有开创性的学术专著。这部著作以译学词典及其研究为考察对象，其涵括内容、研究方法、术语厘定及陈述形式明显具有学术专著所特有的理论性和系统性。这样的著作不仅在国内，就是在国外，也颇具开创性，因此很值得翻译界人重视。

词典类工具书的编撰，不论对哪个学科而言，都具有极重要的意义。对词典类工具书编撰的研究论述，也具有很重要的意义。因此，在拜读了孙教授《译学词典论》并为之作序之机，我也想就词典类工具书的编撰这个课题发表一点想法。我的想法从学理上来说，植根于我从前阐述过的翻译标准多元互补论原理。将同一种原理应用于词典编撰现象，也可以称为词典编撰原则多元互补论。

没有一劳永逸的词典

认清这一总的原理，有助于我们总是处于一种与时俱进、任运自然的心态。因为我们都很清楚,译学本身是不断发展变化的,这种发展状况与译学词典本身的编撰是互动互构互补互彰的。换句话说,译学词典的编撰不得不因应流变不居的译学发展状况。这样一来,我们势必承认,一切词典,无论看起来多么完善,都只可能是相对的,都有这样那样的缺陷。因为任何词典所收的词条总体既然都必然是在相当长的时期内断断续续地产生的,就都必然带有各个时代所赋予的局限性和矛盾性。从收词时限而言,总是存在历时性和共时性矛盾。从词典规模而言,依据不同读者层的需要,总是存在大、中、小三类规模的矛盾。从词典的释义方式而言,总是存在描写型和规范型的矛盾。在当代社会,从词典载体而言,还总是存在印刷版、电子版、网络版的矛盾。这些矛盾的各方虽然都能满足特定场合、特定条件下的特定需求,却不能满足一切场合、一切条件下的一切需求。因此,人类永远需要编撰所有能够满足各种需要的各种词典,却永远无法一劳永逸地编撰出一种能够应对所有需要的词典。

惟变所适:描写型方法在中西词典编撰界

《易经·系辞》曰:"生生之谓易",断言世界万物迁流衍化是一种普遍现象,并指出人类由此而来的应对方式自然就是"惟变所适"(《易经·系辞上》),即以动态策略对应大千世界的动态现象。同理,在词典编撰方法上就表现为客观、自然地反映活的语言现象。在编撰更专门的译学词典上,就表现为尽可能广采博收各类与译学相关的辞项。这样的方法,西方人谓之描写主义(Descriptivism)。描写主义在语言学界的代表可推美国语言学家布龙菲尔德(Leonard Bloomfield)。这一学派主张对语言现象进行尽可能客观、系统、全面的陈述,以便准确地描写出语言的客观变化。反映在词典编撰上,西方产生了描写主义的代表作品《韦氏第三版足本新国际英语词典》(Webster's

Third New International Dictionary Unabridged）。

《韦氏第三版足本新国际英语词典》(1961)力主对语言作客观的记录和描写,非常重视活的语言。它收罗了大量的俚语、俗语(甚至包括许多脏话)。它的引用语涉及 14,000 多作者,例证达 20 余万条,其来源却主要是 20 世纪中期的著述。词典的编者戈夫博士(Philip B. Gove)信奉描写语言学派宗旨,认为词典编撰应该是忠实记录性的、描述性的,而不是规定性的。编撰者不应去纠缠正确与不正确、好与坏之类人为的概念。显然,戈夫博士的这种做法,是对西方传统的规范主义词典编撰原则一次革命性反叛。它的产生,在学术界引起轩然大波,影响极为深远。这不只是一种学术方法,实质上是民主、自由、客观等政治观、价值观、哲学观在学术领域内的折射。这样一种方法对于西方学术界来说,确实具有颇大的进步意义,它使上千年来占垄断地位的规范主义词典编撰方法受到极大的冲击,使之暴露出固有的缺陷。

然而,描写主义这个术语虽然产生在 20 世纪的欧美,其基本思想在一定程度上却早在 2000 年前的中国古代社会就已经产生,并在实践中有相当多的应用。换句话说,作为一种方法,中西方学者都曾使用过,而中国学者使用得更早。例如只从对方言的客观记录、比较、分析研究而言,我们就可以举出西汉扬雄(公元前 53 – 公元 18 年)的《輶轩使者绝代语释别国方言》(简称《方言》)为例。扬雄的《方言》是世界上最早的方言词典,为了撰写这部词典,他花了 27 年工夫!扬雄的方法主要是对语言现象的静态记录、描写,他的方言调查方法无疑也是一种描写语言学方法,虽然在语音方面陈述不多,对语言整体风貌的描述不够系统,但其基本方法与现代描写主义方法在精神上非常相通。有人因为其方法与现代描写主义相比不够系统、全面、深入而试图抹煞其描写性意义,这是不对的。这就正如古代的印刷术、指南勺、造纸术、火药制造法与现当代五花八门的更为高超、精妙的印刷术、指南针、造纸术、炸药制造术等相比,无论多么简陋,却不应疏忽、贬低其原创意义一样。逻辑上说来,现代人的方法和理论承继了前人,应该比前人创造的东西更精妙、系统才是正常的。如果现代人创造的东西还和2000多年以前的人创造的东西一样粗疏,那只能证明现代人是何等的低能。另一位晋代大学者郭璞(276~324)对扬雄的《方言》进行了注释,他的注释方法其实也是一种描写语言学方法。为了解释清楚扬雄的《方言》,郭璞列举了许多他所处时代的晋代方言这种活语言材料来做注释。他这种利用活语言材料的方法,也为后来的许多中国语言学家所应用。例如元周德清(1277—1365)的《中原音韵》就基本上反映了元代大都语音情况;清初樊腾凤(1601—1664年)的《五方元音》就以相当的规模记录了17世纪北京的语音系统;而清乾隆年间人黄谦的《汇音妙语》(1800)就令人惊异地记录了18世纪福建泉州的语音系统。至于中国现代语言学在描写主义方面的成就,则不能不提到民国时期的赵元任先生。赵元任在撰写《现代吴语的研究》(1928年)时,显然已经受到了西方描写方言学的影响。赵元任对各地吴语语音的描写所达到的精微程度,据说比之同时代的国外描写语言学还要更胜一筹。但是专家们同时指出,中国的描写方言学尽管从远古时期起就有描写的特征,却从来不是纯粹的描写方言学。中国文化本身是综合性的,往往各门学科知识和各类学科的方法错综复杂地交织在一起,不像西方文化系统中的各门学科那样有非常明晰的界限。因此,体现在词典编撰中,描写方法和其他方法,例如规范方法,总是不同程度地纠结、融合在一起。这样一种特点,有的人看作缺点,在我看来,实际上是一种优点。就人们广泛争论的描写主义与规范主义两种方法的矛盾而言,中国文化内在的这种优点恰恰能够把这种矛盾巧妙地消弭于无形,使得两种方法的利能够得到合理彰扬,而其弊能够得到适当地抵消。

变中求不变：规范型方法劫后重生

描写型方法在西方词典编撰界走红，使人们重新反思传统规范型方法的缺陷。由于西方学术界的主流思维模式历来是非此即彼的排中律占上风，因此，在相当长的一段时间内，描写型方法似乎占了压倒性优势，规范型方法受到重创，至少在学术理念上是如此。但是，反思规范型缺陷的同时，也引起另外一批学人反思描写型方法的缺陷。这集中体现在对《韦氏第三版足本新国际英语词典》弊端的指责上。归纳起来，这些反对意见至少有下述几点特别值得批评界注意：

1. 所有语词虽然分为标准用语和非标准用语，但何为较为规范的标准语却并无标记。
2. 许多俚语亦被视为标准语，但其实它们很难用于正式场合。
3. 大量删掉古代词汇或所谓陈旧词汇（估计删掉了约20万陈旧语词和历史语词），这势必为读者阅读古代文献带来障碍。
4. 由于注重描写性，因此对语音的标注过分繁琐。而究竟什么语音相对更为通行，词典又故意不予明示，使得读者难以择善而从。

诚然，描写型方法强调客观性，强调削弱编者对客观语言现象的干预权，这的确有助于向人们更清楚地展示语言的本来面目，从学术研究的角度看，这无疑是正确的。然而，词典是一种工具书，其功能是多方面的。它不是只供少数专家学者使用的专门著述，而是面对千千万万普通读者的普通工具。词典这个词的语义本身就预设了一种权威性、定义性、规定性和指导性。千千万万的普通读者并非语言学专家，并非能够轻而易举地从专家们设计的描写性学术眼光来看待并使用词典，并非能够完全无视传统对于词典本身的语义预设。恰恰相反，普通读者是在文化传统链条中来接受词典的，因此他们中绝大多数的人更容易习惯性地预期手里的词典具备应该有的权威性、定义性、规定性和指导性。而现在实际上，在纯粹描写性词典中，除了客观性的语言现象罗列之外，他们很难得到指导性或忠告性的意见。他们只好囫囵吞枣地消化掉这些语言现象。词典编者不希望读者受到编者有可能产生的语言偏见的影响，从而尽可能遏制编者的主观性，这带来了客观性的好处，却同时牺牲掉了编者的主观性可能给读者带来的另一种好处。我们不应该忘记一个起码的事实：和千千万万的普通读者相比，词典编者尽管可能有不值得鼓励的语言偏好，但是他们的语言实际应用能力和对语言美本身的判断能力，至少在一般场合，应该是值得普通读者仿效的。这就为词典本身的规范性提供了可行性基础。换句话说，词典对语义的选择可以并且应该具有指导性功能。词典的编者可以适当地让词典发挥出一定的规范作用。孙迎春教授在他的这本《译学词典论》中提到理论"亦可、亦应发挥其前瞻性功能，为而后的实践提供超前性指导。"其实，这种思想对于词典编撰，例如译学词典的编撰，也可以说是同样适用的。

不错，语言现象是会随着时空条件而千变万化的，从长远的观点来看，词典编撰采用与时俱进、惟变所适的态度是可以的，但是，我们更应该记住的是：变中还应有不变。变诚然是绝对的，不变诚然是相对的。但是在语言问题上，人们最容易把握得住的，恰恰是相对不变的成分。对人们最有应用价值的，也恰恰是相对不变的成分。虽然所有的相对不变成分，将来或在别的场合都可能发生新的流变，但是在目前，或在一个相对稳定的时期内，它是不变的，我们就要大胆地把它们看作不变成分来处理、来应用。至于将来它们会如何变，那是将来特定时间段的事情，那时我们自会根据将来的特定条件来加以新的规定。如果因为考虑到它们在将来或在特定场合的可变性，从而不敢把握它们当下的不变性，完全不给予它们此时应有的规定性，则是错误的，起码是不明智的。描写型词典的缺陷可能是灾难性的。它虽然给现象留下了尽可能大的发展空间，但是也种下了最终颠覆词典本身、乃至颠覆词典内容、词典的基本功能本身的祸根。

因此,变中求不变。规定性方法应该像描写性方法一样重要,有时甚至更重要。

假如秦始皇时代不出现李斯等统一文字的规范性行为,假如没有许慎的《说文》等规范性语文典籍,没有统一文字的中国到现在肯定是四分五裂的!假如英国1755年以来,没有塞缪尔·约翰逊的《英语词典》这类的规范性语言典籍厘定英语拼写、发音与语义方面乱七八糟的状况,英语就不可能有今天的国际地位,很可能泛化衍变成了好多种语言!语言文字的统一和国家的统一、和民族的命运是紧紧联系在一起的。规范性具有强迫性、控制性特点,也具有强效性、聚合性特点。二者都是人类需要的。

应变是必要的。惟变所适是词典编撰者们应该采取的整体的、长期的抽象战略。

不变也是必要的。守成与规范是词典编撰者们应该采取的有针对性的、短期的、局部的具体战略。

词典编撰原则多元互补论

惟变所适与规约守成表面上是矛盾的,其实是互补的。宜变则变,不宜变则不变。事物的发展总是变与不变这两种状态的有机构成。我们知道大千世界的一切事物在一切时空范围内都在不同程度地发生变化,但是具体的事物实际显现在我们面前时,总是呈现出相对的稳定性。我们能够捕捉到的,也恰恰是这些具有相对稳定性的状态,没有这种相对稳定性的状态,我们所面对的就是稍纵即逝的无常世界,那么一切不可得,一切就真如佛家所言处于空的状态了。偏空偏有均非中道。变与不变,连环互进,这是事物发展的真相。至少在我们所能够理解的这个客观世界中,事物的变与不变,相对说来,还是有条件的。这个条件就是临界值。一个事物达到某一临界值，非变不可；一个事物没有达到某一临界值时，亦呈现出相对的稳定性。

在这样的哲理性思考下，关于词典编撰的原则问题，我们就势所必然地会得出词典编撰原则多元互补论。

所谓词典编撰原则多元互补论，指的是在进行词典编撰时，由于不同的时代、不同的地区或国家、不同的目的、不同的服务对象、不同的词典类型、不同的词典所涉内容的发展现状……，而有不同的词典编撰原则。在特定的时期内，某种原则或某些原则可以被强调，成为主原则，但是当情况发生变化时，另一个原则或另一些原则又可以上升为主原则并与其余不被强调的原则相辅相成，构成一个有机的词典编撰原则系统。

以译学词典编撰为例。在涉及如何协调描写性方法与规范性方法时，根据词典编撰原则多元互补论原理，我们可以有以下诸种可能的原则：

1. 当译学总体还属于初创期或初创后期时，虽在若干方面趋近成熟，但在许多方面，例如理论力度和相关术语还不太成熟时，译学词典的编撰似宜采用描写性和规范性两种方法并行但描写性方法更被注重这种原则。在具体施行时，可放宽所收译学辞项范围，以便为研究者和一般读者提供尽可能大的学术借鉴视野。同时，对某些公认度较强的辞项，亦可适当加以标注。

2. 当译学总体属于发展盛期时，在许多方面译学已经成熟，译学词典的编撰似宜采用规范性和描写性两种方法并行但规范性方法更被注重这种原则。在具体施行时，编撰者可能会面临辞项过分庞杂的局面，因此应相对收敛所收译学辞项范围，对许多貌异而质同的术语进行归类、并合，使之更凝练精粹，以便为研究者和读者适当缩小漫无边际的学术借鉴视野，节约他们的学术检索时间，提高其检索效率。同时，对新产生的原创性译学义项，仍宜坚持描写性原则，以便防止它们被这个时期势所必然的学术霸权意识所湮灭。
3. 在同一个时期内，翻译现象或译学现象成熟与否是参差不齐的。一般说来，对比较成熟的译学现象，在编撰时以规范性原则为主；对处于初创时的译学现象，则宜以描写性原则为主。

在涉及如何协调不同的地区或国家时，根据词典编撰原则多元互补论原理，我们又可以有以下诸种可能的原则：
1. 在译学初创期，宜采用中外译学辞项尽可能兼收并蓄、但适当放宽本土译学辞项范围的原则。
2. 在译学趋近成熟期，仍宜采用中外译学辞项兼收并蓄、但适当收敛、凝缩外来译学辞项范围的原则。
3. 在译学盛期，虽仍然可用中外译学辞项兼收并蓄的原则，但是有意识地体系化、凝聚化本土译学辞项系统，亦可以成为一些译学词典的编撰原则。
4. 与此同时，完全采用单一的描写性方法、试图囊括所有译学现象的译学词典和完全采用单一的规范性方法、试图格式化所有译学现象的译学词典也应该分头有人来编撰。两种全然相反的词典并存于世，是学术世界的学术兴旺发达的标志。

同样的道理，依据不同的目的、不同的服务对象、不同的词典类型……等而设定不同的编撰原则，我们可以演绎出更多的可操作性的编撰原则。读者可以举一反三地将它们演绎出来。有人也许会担忧，这是不是会产生无穷的词典，以至于到最后根本无法编撰词典呢？实际上这种担忧是完全多余的。就正如翻译标准多元互补论并不会使世界上的作品都产生无穷无尽的译本一样。世界本身是无限的，但人所能接触的世界归根结底是有限的，人能够依据理论来进行实践的规模也是有限的。具体到译学词典编撰这个特定领域，编撰者势所必然地会考虑到读者市场、学术影响力、个人的理想追求等多种因素,而不得不选择有限的编撰原则。学术世界的淘汰原则也会制约着词典的编撰,不会使之过度泛滥。世界是丰富多彩的,词典的编撰形式、方法、内容、规模也应该是丰富多彩的。每一种原则都会给予我们某种需要的东西,许许多多的词典类型会从不同角度满足我们这样或那样的需求,这就是词典编撰原则多元互补论的基本原理,也是译学词典编撰原则多元互补论的基本原理。

笔者的上述观点,是在阅读了孙迎春教授的著作后产生的一些联想,挂一漏万,目的只在于抛砖引玉,以期引起更多的学者涉足这个相对冷僻的领域。好在孙迎春教授的专门著述为我们开启了一扇洞见此领域的门窗,我能先睹为快,实为幸事。

是为序。

2008年9月5日于北大世界文学研究所

前　言

　　词典具有极为重要的社会功能,它记录着各个时代五花八门的社会知识。在上世纪一个相当长的时期内,我们这个地理、人口大国曾经是个词典小国。"法国著名词典学家阿兰·雷伊说:'现代文明是词典的文明。'从信息对现代社会的作用以及词典作为传递信息的重要工具来看,这话不难理解。"①在信息社会里,词典的重要性凸显,在某些发达国家,词典在出版物总量中竟占了 20% 以上的份额②,于是有了词典文化一说。文革以后,经过"20 年左右的光阴,中国已完全摆脱了辞书编纂、出版的落后状况,无论在实践方面还是在理论方面,都已跃居为世界上的辞书大国。"③词典是语言文字发展到相当成熟阶段应运而生的产物,虽然人类社会在历史上有过漫长的无词典时期,但历史的车轮行进到今天,任何一个文明的国度,如果缺了词典,简直无法想象会遇到多么大的困难。

　　那么,是否可以说,一个学科,如果没有一套覆盖整个学科的词典,这个学科就还不够成熟。或者说还不够完整,欠缺对于研究的研究,欠缺梳理归纳。这里所说的第一个研究,就译学领域而言,指针对翻译实践的理论探讨;第二个研究,指对理论探讨的梳理归纳,结果之一是译学词典。其实,还有第三个研究,那就是对于各种译学词典的研究,由编入研,进入形而上领域。

　　"译界缺乏译学词典意识,计有 4 条原因:1.译学词典诞生的时

---

① 张春新:提高词典评论的理论水平——《词谏》读后有感。辞书研究,2002(2)。
② 黄建华:词典论。上海辞书出版社 2001 年版,第 9 页。
③ 同上,"修订版小序"。

间不长,人们对它的认识须有一个过程;2.译学词典自身还有缺点,需要完善;数量不多,还没有形成一个比较完整的译学词典体系;3.研究译学词典的文章太少,专著尚无,还没有开辟出一个译学词典学领域;4.人们习惯了久已形成的研究方式,意识不到或不相信译学词典可有助于翻译研究。"① 这是笔者6年前针对当时的情况所说的一番话,用于观察今天的态势,已是有些过时。

2002至2008这七年我们召开了四次研讨会:"全国翻译学词典暨译学理论研讨会"(2002,烟台);"2004全国翻译学词典暨译学理论研讨会"(2004,威海);"第三届全国翻译学词典暨译学理论研讨会"(2005,上海);"第四届全国翻译学词典暨译学理论研讨会"(2007,大连)。而且,2008年8月在上海召开的第十八届世界翻译大会把"术语研究与翻译学词典研究"列为第九个主要议题。这些都表明译典研究正在走向全国、走向世界。多次研讨会的召开,在全国形成了影响,越来越多的学者开始对译学词典有所了解。随着四次会议的召开,正式出版了五部文集和两部专著,除会议文集外,还出版了一部《翻译学词典博士文集》,内含两篇博士学位论文和几篇博士生论文。两部专著,分别是《翻译学词典编纂之理论研究》(曾东京,2007)和本书。加上《山东外语教学》、《中国翻译》、《外语与外语教学》、《辞书研究》、《外语教学与研究》、《上海翻译》、《四川外国语学院学报》、《临沂师范学院学报》、《苏州科技学院学报(社会科学版)》、《跨文化交流》等学术刊物上发表的译学词典文章和数篇硕士论文,我们已经有了一批可观的成果。译学词典也增加了几个品种,如《译学词典》(方梦之,2004)、《翻译研究关键词》(孙艺风,仲伟合,2004)、*A Dictionary of Translation Technology*(Chan Sin-wai,2004)、《史氏汉英翻译大词典》(史企曾,2006)、《语言类核心期刊译

---

① 孙迎春:论译学词典的描写性。外语与外语教学,2002(9)。

学论文索引》(孙迎春、刘新芳,2006)、《汉英对照翻译学论说》(孙迎春,2007)等。每隔一年召开一次翻译学词典暨译学理论研讨会的机制,为翻译学词典编撰与研究领域的开拓提供了很好的保障。

本书意在以译学词典及其研究为考察对象,撰写一部以理论探讨为主的作品,为译学词典学的建立贡献一砖之力。所论内容,涉及译学词典编纂与研究的各个方面,诸如译学词典的性质、对象、功用、类型、编纂原则、宏观结构、微观结构、学科定位、编研结构、过程与行为、价值与评价、译典方法论等。

因为译学词典是专科词典的一种,所以属于专科词典共性的东西,也必然存在于译学词典。译典研究的历史虽然不长,但许多专科词典乃至语文词典、双语词典、百科全书、实用手册等工具书的编纂及其研究成果都可提供有益的借鉴。从人类编出第一部词典到学者写出第一篇研究词典的学术论文,其间经过了数千年的时间。人类在历史上总是这样,实践先行,只要产生了效果,就不急着去进行学术研究,因为学术研究具有全面性、深刻性、科学性和系统性等特点,需要高素质的人在必要的条件下进行。

人类文明已经发展了几千年,各学科互促并进,所以从第一批有影响的译学词典问世,到第一篇译典论文揭开面纱,再到今天的初具规模,只不过经历了短短 4-9 年的时间。这是人类善于学习的天性所带来的成果。虽然总体而言仍是实践先行,学术随后,但就某些方面某种程度来说,理论亦可、亦应发挥其前瞻性功能,为而后的实践提供超前性指导以避免许多弯路和不必要的重复,实现高效快速的发展。不能像某些人所说的,不要提什么"学"不"学"的,要先干出成果。当然,要说译学词典学已经建立,那显然是不合乎事实的,但如果说预见其可能建立,作为一个宏大的目标提出,进行一些不无科学基础的思考,从而能够在具体的研究中稳扎稳打,这又有什么不妥呢?空想可能并不是因为不合规律,而是因为走在了实践的前面,某些条件尚不成熟,但空想往往带有合理的因子,有时导致实际和科学。杜绝空想,也就是杜绝了科学。一个事物,到了条件成熟的时候,你不召唤她,她或许还是羞答答不肯出来。你创造一些条件,辅以扎扎实实的行动,伊便会闪亮登场。

译学词典编纂与研究,是翻译学与词典学相结合的产物,是一门交叉学科,在翻译学和词典学都应有一个位置,是二者迅速发展的一个新的亮点。让我们期待它的健康成长,期待它对翻译学和词典学做出应有的贡献。

著名译学家、北京大学教授辜正坤先生在百忙中为本书作序,鼓励有之,鞭策亦有之,并在文中对译典编研深入论述了自己的理论;上海外语教育出版社的唐小春、梁晓莉等编辑同志为本书的审稿做了大量艰苦细致的工作,一丝不苟,字字认真,让我深受感动,特在此向他们表示由衷的感谢。同时,希望译界的专家、学者对本书慷慨赐教,希望读者朋友予以批评指点,更希望更多的学者、博士、硕士对译典编研发生兴趣,投入到这方崭新的学术天地中来。

孙迎春
2008年3月于山东大学(威海)
翻译学院

目 录

第一章 历史回眸 ·· 1

1.1 译学词典编纂概述 ·· 1
  1.1.1 四部译典 ·· 2
    1.1.1.1 《中国翻译词典》 ························· 3
    1.1.1.2 《译学大词典》 ······························ 6
    1.1.1.3 Dictionary of Translation Studies ········ 7
    1.1.1.4 Routledge Encyclopedia of Translation Studies ··· 8
  1.1.2 此前与此后 ·· 11
1.2 译学词典编研领域的开拓 ······························ 19
  1.2.1 译典批评 ·· 19
  1.2.2 理论根究的萌动 ·································· 20
  1.2.3 学术研讨会议与主要研究成果 ············· 22
1.3 历史的启示 ·· 27

第二章 译学词典的性质与功用 ······························ 33

2.1 译学词典的性质 ··· 33
  2.1.1 翻译词典 ·· 34
  2.1.2 关于"名"的思考 ································ 36
    2.1.2.1 与双语词典加以区分 ······················ 37
    2.1.2.2 翻译学学科发展的需要 ·················· 40
      2.1.2.2.1 翻译学概念 ···························· 40
      2.1.2.2.2 译学词典学 ···························· 43

2.2 译学词典的功用 …… 46
2.2.1 工具的重要性 …… 47
2.2.2 工具研究的重要性 …… 47
2.2.3 译典功用种种 …… 48
2.2.3.1 宏观视角 …… 48
2.2.3.2 微观视角 …… 52

第三章 译典编研的对象与结构 …… 58
3.1 对象 …… 58
3.1.1 翻译学研究对象 …… 58
3.1.2 译典编研对象 …… 61
3.2 研究结构 …… 63
3.2.1 翻译学词典编纂与研究结构图 …… 63
3.2.2 几点说明 …… 64
3.3 译学词典编研的责任 …… 66

第四章 学域定位 …… 71
4.1 产生动因与译典足迹 …… 71
4.2 几点认识 …… 75
4.3 译学词典编研定位 …… 76
4.3.1 词典体系中的翻译学词典 …… 76
4.3.2 翻译学本体系统中的译学词典编研 …… 77
4.4 译学词典编研构想 …… 80
4.4.1 译学词典编研确立为学科的可能性 …… 81
4.4.1.1 有无适合的研究土壤 …… 81
4.4.1.2 理论框架何在 …… 83

4.4.1.3　已有学术成果 ··· 88
　　　4.4.1.4　研究队伍形成与否 ·· 88
　4.4.2　两个研究框架之综合 ··· 89

第五章　类型划分 ··· 91
5.1　译学词典类型划分的意义 ·· 92
5.2　译学词典类型的划分 ··· 94
　5.2.1　分类的基本原则 ·· 94
　5.2.2　译学词典类型图 ·· 95
　5.2.3　其他分法 ··· 96
5.3　类型分述 ··· 97
　5.3.1　综合型译学词典 ·· 98
　5.3.2　单科型译学词典 ·· 99
　　5.3.2.1　理论型 ··· 99
　　5.3.2.2　实践型 ··· 101
　　　5.3.2.2.1　特征与功能 ·· 103
　　　5.3.2.2.2　远窥堂奥 ·· 104
　　5.3.2.3　语言型 ··· 110
　　5.3.2.4　事物型 ··· 111

第六章　译典编纂方法论 ··· 119
6.1　方法论：概念与特点 ··· 119
6.2　方法论的原则 ·· 120
　6.2.1　背景性原则 ··· 121
　6.2.2　选择性原则 ··· 122
　6.2.3　同一性原则 ··· 125

6.3 译典编纂方法论的哲学思考 ……………………… 129
  6.3.1 哲学基础重申 ………………………………… 129
  6.3.2 译典编纂基本矛盾 …………………………… 131
  6.3.3 译典方法论简述 ……………………………… 132
6.4 方法论与具体方法的关系 ……………………… 137

第七章 编纂原则 ……………………………………… 141

7.1 译学词典的特殊性 ……………………………… 141
  7.1.1 语文词典与双语词典 ………………………… 141
  7.1.2 译典特殊性观照 ……………………………… 142
7.2 "原则"问题 …………………………………… 143
  7.2.1 定义 …………………………………………… 144
  7.2.2 要素分析 ……………………………………… 144
7.3 译典编纂总则 …………………………………… 145
7.4 综合性译典编纂原则 …………………………… 146
  7.4.1 形式规范原则 ………………………………… 147
  7.4.2 内容处理原则 ………………………………… 148
    7.4.2.1 描写性与规范性 ………………………… 149
    7.4.2.2 综合性与单一性 ………………………… 154
    7.4.2.3 理论性与实践性 ………………………… 157
    7.4.2.4 实用性与学术性 ………………………… 158
    7.4.2.5 开放性与封闭性 ………………………… 160
7.5 黄氏三原则 ……………………………………… 161
  7.5.1 系统原则 ……………………………………… 161
  7.5.2 就近访问原则 ………………………………… 162
  7.5.3 面向对象原则 ………………………………… 162
7.6 单科性译典编纂原则 …………………………… 163

目录

　　7.6.1　术语词典 ………………………………………… 163
　　7.6.2　方法与技巧词典 ………………………………… 176
　　　7.6.2.1　方法与方法论 …………………………… 176
　　　7.6.2.2　编纂原则 ………………………………… 177
　　7.6.3　翻译史词典 ……………………………………… 178
　　7.6.4　译学名人词典 …………………………………… 179
　　7.6.5　著名学术著作词典 ……………………………… 180
　　7.6.6　著名译作词典 …………………………………… 180
　　7.6.7　翻译实例词典 …………………………………… 181
　　7.6.8　翻译批评词典 …………………………………… 182
　　7.6.9　翻译教学词典 …………………………………… 184
　　7.6.10　翻译实体词典 …………………………………… 186
　　7.6.11　译学话语对照词典 ……………………………… 187
　　7.6.12　相关学科基础知识词典 ………………………… 188

第八章　过程与行为 ……………………………………… 190

8.1　问题的重要性 …………………………………………… 190
8.2　过程与行为概念 ………………………………………… 192
　8.2.1　过程 ……………………………………………… 193
　8.2.2　行为 ……………………………………………… 194
8.3　译典编纂的过程与行为 ………………………………… 199
　8.3.1　翻译过程描述 …………………………………… 199
　　8.3.1.1　Nida 两图 ………………………………… 199
　　8.3.1.2　Steiner 四步 ……………………………… 201
　　8.3.1.3　奈斯结合 ………………………………… 207
　8.3.2　译典编纂过程研究 ……………………………… 208
　　8.3.2.1　编纂过程的理论探索 …………………… 208

	8.3.2.1.1 文本问题	209
	8.3.2.1.2 Steiner 理论介入	209
8.3.3	译典编纂行为研究	219
8.3.3.1	何以会发生?	219
8.3.3.2	态度的形成	222
8.3.3.3	能力的展示	224
8.3.3.4	合作的重要	226

第九章 宏观结构与微观结构 ································ 228

9.1 译典的机制 ································ 228
  9.1.1 概念 ································ 228
  9.1.2 结构是功能的前提 ································ 229
  9.1.3 宏观结构与微观结构 ································ 229
    9.1.3.1 宏观结构 ································ 230
    9.1.3.2 微观结构 ································ 231
9.2 收词立目 ································ 232
  9.2.1 词目是什么 ································ 233
  9.2.2 词目的确立 ································ 234
9.3 词目释义 ································ 235
9.4 附录设置 ································ 238

第十章 价值与评价 ································ 240

10.1 价值问题 ································ 240
  10.1.1 一般概念 ································ 240
  10.1.2 主客观矛盾 ································ 241
10.2 译典的价值 ································ 243

  10.2.1 价值分析 ·········· 243
    10.2.1.1 分析的前提 ·········· 244
    10.2.1.2 译典价值分析 ·········· 245
  10.2.2 分析的意义 ·········· 253
    10.2.2.1 认知研究对象 ·········· 254
    10.2.2.2 发展译典编研 ·········· 254
    10.2.2.3 展开译典批评 ·········· 255
 10.3 译典的评价 ·········· 255
  10.3.1 建立译典批评机制 ·········· 255
  10.3.2 译典批评三要素 ·········· 256
    10.3.2.1 所指与必要性 ·········· 256
    10.3.2.2 功能与关系 ·········· 262

结束语 ·········· 265

附录 ·········· 269
 1 翻译学词典与相关工具书简介 ·········· 269
 2 相关文献汇编 ·········· 271

主要参考文献 ·········· 307

第一章 历史回眸

自20世纪中期以来,随着语言学、美学、交际学、社会符号学、信息论等相关学科的发展,翻译研究有了长足的进步,人们开始真正把翻译学当作一门学科来研究,追求科学性、深入性和系统性。翻译学词典的问世是翻译的实践与理论发展的必然结果。翻译学词典编纂与研究已取得初步成果,再经过一个时期的努力,必将形成翻译学之下新兴的一门交叉学科,由翻译学和词典学相结合生成。

1.1 译学词典编纂概述

在知识爆炸的今天,任何一个学科都必然会有自己的工具书系统,协助人们梳理、掌握、查阅、研究学科知识。翻译学是一个综合性、开放性学科,五花八门,无所不包,理论与实践同等重要,科学与艺术两性并存,这就使翻译学词典地位凸显出来了,因为越综合、越开放就越需要梳理,而译学词典恰恰具有无与伦比的巨大梳理功能。在1997至1999这三年出版了四部有影响的译学词典,中国的两部是《中国翻译词典》(林煌天主编,1997)和《译学大词典》(孙迎春主编,1999);外国的两部是 Dictionary of Translation Studies《翻译学词典》(Mark Shuttleworth & Moira Cowie 马克·沙特沃斯、莫伊拉·考伊主编,1997)和 Routledge Encyclopedia of Translation Studies《劳特里奇译学百科》(Mona Baker 莫娜·贝克主编,1998)。翻译界已故领军人物杨自俭先生指出,"这件事告诉了我们两个问题,一是中西方在译学建设上距离不是太远,都已发展到开始关注本学科术语的研究;二是更进一步证明翻译学作为一门独立的学科已完全成了不争的事实。"(见方梦之,2004:《译学辞典·序》)他这句话告诉我们,术语是译学词典的核心,同时,他把翻译学词典看作了标志性成果:发展进程迅速与独立学科确立的明确标志。

1.1.1 四部译典

"说来也巧,1997-1999这三年出版了四部译学词典,中国两部……外国两部……"(杨自俭,见方梦之,2004:《译学辞典·序》)。杨先生有感于四部译典出场之巧,那么巧在什么地方呢?窃以为巧在各自分别进行,互相不通信息,各是各的体例,各出各的内容,却都围绕着一个总的话题——翻译学。不出短短的三年时间,一东一西,这边两部,那边两部,都是术语和概念唱主角,产生了吸引眼球和引发思考的效应。

这种巧合,连导演都导不出来。于是我们就需要考虑,这里面是不是有一种规律在运行?从杨先生的结论来看,他的回答是肯定的。一是发展规律,到了什么阶段就会出现什么征候,中西译学均已发展到"开始关注本学科术语的研究"的阶段;二是生命力显现,与学科独立相连。只有一个独立不久、蓬勃生长需要巩固发展的学科,才有可能在短短数年内自发产生这样一批学术性很强的词典。该独立时就像来了一个大潮,要避免也避免不了。标志出现,不容漠视。当然,翻译学的独立并非只有一个标志,它是一个系列,可以看作一个延续了半个世纪的过程;也可以看作一出戏剧,有序幕,有主体场次,有高潮与结束。(1)早在1974年,Nida(奈达)出版了 *Bible Translating: an Analysis of Principles and Procedures*(论《圣经》翻译的原则和程序)一书。他运用现代语言学手段,首次较为系统地对翻译的过程加以阐述,后又明确提出翻译是科学的主张,因此被西方学者尊为现代翻译科学的开山鼻祖;(2)1971年 Roger Goffin(罗杰·高芬)在 Meta(梅塔)杂志上用法语撰文,提出了以新创英文术语 translatology 翻译学作为学科名称,在世界范围内得到众多回应,沿用至今;(3)1972 年 James Holmes(詹姆斯·霍尔姆斯)发表纲领性论文 *The Name and Nature of Translation Studies*《翻译学的名与实》,认为翻译研究这门学科不是科学,不应称为翻译科学;也不应称为翻译理论,其范围远不止理论建设;而-ology 之词缀太僻,又不能任意组合,因此他建议依循许多新兴学科的命名方式,称之为 translation studies,比 translatology 得到更为广泛的使用;(4)自 20 世纪 50 年代至 80、90 年代,巴黎第三大学高等翻译学校和渥太华大学翻译学校等西方许多学校将翻译列为一门独立的学科,现在这股浪潮已波及我国。北京、上海、广东、山东、河北、天津、陕西、四川等省市不少大学都先后成立了高等翻译学校、高级翻译学院、翻译学院或翻译系,学士、硕士、博士三个层次均已不同程度涉及;(5)20 世纪 80 年代初,美国"当代语言学会"(MLA)将翻译学列为单独的研究领域;(6)20 世纪 90 年代末,*Dictionary of Translation Studies*《翻译学词典》等一批译学词典在东西方接踵诞生。

以上列述的,是当代翻译学在发展过程中所取得的阶段性成果,已经在历史上留下了一个个脚印。四部译典的问世引起了译学界的广泛关注,而且从 2001 年起,译典编纂与研究作为一个学术研究领域,也开始了其艰难的征程。下面,我们分别对这四部译典一一作个简单介绍。

1.1.1.1 《中国翻译词典》

林煌天主编,1997 年湖北教育出版社出版。"《中国翻译词典》是在我国翻译研究蓬勃发展的时候编纂出版的,它对翻译学的'学科建设有重要意义'(郭延礼,2000),在我国翻译界受到了广泛赞誉。(详见郭著章,1998;陈菲,1998;林穗芳,1998),并于 1998 年获得第十一届中国图书奖。"(黄希玲,2006:5.2)

该词典不仅是国内外第一部综合性研究型译学词典,而且与西方第一部有影响的译学术语词典 Dictionary of Translation Studies 同一年问世,它与 Chan Sin-Wai(陈善伟) An Encyclopedia of Translation: Chinese-English, English-Chines《汉英双向译学百科》(1995/2001)等书的出版向世人表明,中国的译学词典编纂与世界同步,乃至超前,而且独具特色,品种众多。林煌天《词典》收录词目3,993词条,全书共245万字。其选词立目的宗旨是:"为了繁荣翻译事业,本书遵循'百花齐放,百家争鸣'的万针,对不同的流派、不同的翻译观兼容并包,只要言之成理,持之有故,一概并录不弃。"(编者的话)

"研究型"特征清晰体现在翻译人物的选收原则上:"凡在翻译理论、翻译技巧、翻译史的研究、翻译工具书的编纂、中外作品的译介或其他领域对翻译事业作过较多贡献的人均可收列。"(同上)

对比1988年出版的《中国翻译家词典》的收词原则,在此"翻译人物"已经远远越出了翻译家的界限,开始明显地向翻译理论家或学者倾斜。

词典正文分"综合条目"和"百家论翻译",各自按拼音音序排列。其中"综合条目"对翻译理论、翻译技巧与翻译术语、翻译人物、翻译史话、译事知识、翻译与文化交流、翻译论著、翻译社团、翻译出版机构等九个方面的内容进行介绍,而"百家论翻译"则引援了200多位中外翻译家的翻译观。

正文前部分包括三位学者——季羡林、叶君健和叶水夫作的序,正文后有附录七种,包括中国翻译大事记、外国翻译大事记、中国文学作品书名汉英对照目录(部分)、外国文学名著书名外汉对照目录(部分)、中国当代翻译论文索引、世界著名电影片名英汉对照索引、联合国及有关国际组织、职务和职称和国际文献与条约译名录。体例较为统一严格,有详细的凡例说明。如同一内容有两个以上提法,或同一人物有两个以上名字的,则以最常见的为主条,比较常见的另列参见条,在目录及正文中全部列出,以便查阅。翻译人物词目在《中国翻译词典》中占将近四成,其中一小部分是翻译理论家,大部分则是在翻译业绩上作出贡献的人物。选词立目注重翻译研究的系统性,做到了整体平衡,从大类上看基本上涵盖了翻译研究及实践的主要方面。名词术语类词条共 320 个左右,包括影响较大的中西方传统译论概念如"化境"、"案本"、"德莱顿翻译三分法"等,为数不多的现代译学术语中收录了"达意派理论"、"翻译教学"、"机器翻译"、"机助翻译"、"口译"等,基本上反映了当时中西译学交流和国内译学发展的实际状况。(赵巍,2006:2.5)

《词典》规模大,主编经验丰富,编委会阵容强大,由 28 位译界知名人士组成,撰稿人近百。编撰出版之严谨,在国内外前所未有。与同年出版的英国 Mark Shuttleworth 与 Moira Cowie 所编的 *Dictionary of Translation Studies* 相比,《词典》具有明显的优点,集中表现在:前者为较大型综合性译典,涉及内容全面,后者则主要是译学术语词典,规模属小型;前者参与编纂者众多,学术背景丰富,后者仅有编者二人,所以在各自国内的影响不可同日而语。

在释义这一关键环节中,撰稿人分别撰写自己熟悉的领域,并为每位撰稿者划定范围,这既在一定程度上保证了释义质量,又使《词典》内容兼具广度与深度,充实可靠。例如,叶水夫写"俄苏文学在中国",戈宝权写"高尔基作品在中国",朱景冬写"巴西文学在中国",王佐良写"翻译中的文化比较",刘重德写"阿诺德评荷马史诗的翻译",周发祥写"楚辞在西方",王丽娜写"《赵氏孤儿》在欧洲",伊明·阿布拉写"民族语文翻译",洛松泽仁写"翻译在藏族文化发展中的重要地位",李华央写"《古兰经》汉译本",马祖毅写"佛经汉译的四时期",黎难秋写"西书七千部入华",袁锦翔写玄奘、严复、鲁迅等译家,张今写"文学翻译原理",方梦之写"翻译思维",阎德胜写"翻译与语言背景",穆雷写"风格学",谭载喜、赖余、董史良等写百家论翻译……

林煌天主编的《中国翻译词典》问世8年以后,曾东京以"《中国翻译词典》得失论"(8,000余字)为题在《〈上海翻译〉(2005)翻译学词典与翻译理论专辑》对其进行了比较全面、深刻的研究,在高度评价其出版的历史意义和学术价值之余,总结出3个特点:独特的首创性(8点——有些值得商榷,孙注)、总体结构的完整性与索得的简便性。涉及词典定名、收录范围、分类和附录,都有具体的分析。

1.1.1.2 《译学大词典》

孙迎春主编,1999年中国世界语出版社出版,是国内第二部综合性研究型译学词典。由主编组织烟台师范学院的教师集体编写,共收1660词条,计250万字。其编纂目的"一是为中国翻译学的建立尽菲薄之力,二是为翻译研究者集中提供具有系统性的大量学术资料,俾启其心智,利其研究。"(孙迎春,1999:前言)编纂力求体现五种特点:描写性、综合性、理论性、实用性、开放性。此书采用义排法,将正文所有条目按照内容归为九类,依次为:名词、术语、理论概念;翻译的方法与技巧;译文赏析;译学名人;学术著作选介;著名译作选介;英汉、汉英翻译实例;翻译组织与刊物;汉英术语对照表。每类分别按音序排列。

大量词条从已出版文献资料中筛选得来,不作任何更动,词条末尾提供资料出处,具有论著或论文摘编性质。这种汇编之法在中西百科全书编纂史上均有悠久的传统。普里尼的《自然史》就是从473位前代和同代人的著作中整理汇集而成。文岑的《大宝鉴》摘引典籍多达2000多种。中国古代的类书均属汇编式。《艺文类聚》引用古籍1400多种,《太平御览》为1600多种,《永乐大典》引用典籍多达7,8000千种。这种汇编方式的优点是可保存原始资料,有传统上"述而不作"的学术品格,能保持释文客观中立,缺点是资料来源过于狭窄局限,内容单薄片面,且难以与译学最新发展同步。(赵巍,2006:2.6)

1.1.1.3 *Dictionary of Translation Studies*

英国学者 Mark Shuttleworth 和 Moira Cowie 编写，St. Jerome（圣哲罗姆）出版社 1997 年出版，1999 年重印，出版后赢得了国际翻译界的一致好评。上海外语教育出版社 2004 年获得英文版版权将其引入我国，汉语名称为《翻译学词典》；外语教学与研究出版社于 2005 年出版了该词典的中文版，由谭载喜主译，取名为《翻译研究词典》。关于这两个汉语名称，我们下文再议。这部词典堪称世界第一部有影响的译学术语词典，主要收录了迄出版时间为止近 40 年以来翻译学科出现的术语。结构完整，正文（198 页）包括 300 多个条目，文末附有 32 页翻译研究参考书目。

《词典》的编者 Shuttleworth 在前言中说，在世界范围内"翻译主题的研究令人瞩目"，同时，"作为一门独立学科的翻译学在很多方面仍处于不断变化之中"（Shuttleworth：v）。这就是它编纂和出版的时代背景。编者相信，"所收录的术语将会影响人们的翻译观"（同上：vii），并且"在某些方面可以说它描绘出了翻译学科总体发展的轮廓"（同上，viii）。其编纂目的很明确，"凭借翻译学领域有限的参考书，通过学科术语的编排，对翻译研究中出现的问题、认识和论争提供一个概览。"（同上，ix）。

收词标准符合译学知识的整体观，以描写精神展现了学科的不同观点和研究途径，同时体现了译学知识纵的相互联系性。翻译术语是主要词目类别，占的比例最大，其余类别有：翻译理论、翻译流派、翻译组织和翻译文献。其中，翻译理论包括了多元系统理论、目的论等词目；翻译流派有莱比锡学派、尼特拉学派和操纵学派等；翻译组织有国际会议口译联合会和国际译联 F.I.T 等；翻译文献有杜布罗夫尼克章程、内罗毕宣言等。但其中不包括翻译家、翻译理论家词目，这虽符合英语专科词典（又叫技术词典）传统，却忽略了翻译与翻译研究主体。在微观体例上，规范而美观，有利查阅；条目的长度都是精心控制的,从 10 行到 25 行不等,整本书都给人一种协调一致的感觉。用封底上 Shuttleworth 的话说,《词典》的内容以及内容的呈现方式使其真正成为翻译研究者或翻译专业高校师生的一本不可或缺的工具书。

1.1.1.4 *Routledge Encyclopedia of Translation Studies*

英国曼彻斯特大学理工学院翻译学教授 Mona Baker 主编,Routledge 出版公司 1998 年在伦敦和纽约出版。上海外语教育出版社 2004 年获得英文版版权将其引入我国,书名译作《劳特里奇译学百科》。出版后因其权威性、严谨性、规范性等优点在译界受到广泛好评。此书应当说是继香港学者 Chan Sin-Wai 与 David E. Pollard(戴维·E·波拉德)合编的 *An Encyclopedia of Translation: Chinese-English, English-Chinese*《汉英,英汉译事百科》(1995)之后问世的第二部译学百科全书,但二者特点不同,内容相异。先者占得先机,开译学百科全书之先河;后者则更具权威性、严谨性、规范性,因未拘囿于具体语对,适用性更大,影响也大得多。

主编 Mona Baker 约请了近 30 个国家的 95 位国际知名作者,历时 6 载,推出了这部杰作,"实为读书界翻译界之幸事"(柯飞,2000),它以工具书的形式反映了 20 世纪 90 年代以来的译学著书热和翻译培训热,并成为其标志性产物。"这部百科全书正文:3-583 页,书目:583-638 页,索引:639-654 页。全书[正文——孙注]分两大部分:通论和历史与传统。第一部分 81 条目,即 81 个专题论文,作者均为欧美学者。第二部分 31 条目,分论 31 个国家或地区的翻译史,其中包括中国和日本的翻译简史,作者也大多为欧美人士。"(同上)第二部分各词条内部均按时间顺序设层次标题,然后是所涉及国家或地区的重要译家传略、译事史实,并重点介绍译者的翻译思想。

《全书》具有如下几种特色:

(1) 权威性　从全书主编到词条作者都是各国知名翻译家和译学理论家,他们就自己有所建树或熟悉的领域撰写词条。学者的深度与严谨保证了各个细节的正确性、准确性和规范性,从而赋予了《全书》权威性。第二部分的词条由各国学者自己撰写,从而避免了因隔层参考而引起的不必要的错误。

(2) 译学知识全面,全书编纂规范　词条编写的水准是任何一部辞书的灵魂所在。词条的撰写严格按照百科条目释文的要求,词目都是论述的主题,且每个词目之下列有下层知识主题(例如,equivalence 之下分为 typologies of equivalence, the nature of equivalence, interlingual and intertextual equivalence, equivalence as an empirical and a theoretical concept 几个部分),内容大体上都包括以下成分:定性叙述、历史渊源、基本事实、学术争论、参考书目,长度从 2000 字到 6000 字不等。翻译史部分的各项内容均按时间顺序排列,如比较典型的 American tradition 这一词条,其下层知识主题分为 the pre-colonial era, the colonial era, the post-colonial era, the present day 4 个部分。这样,虽总共只有 112 个词条,展开却是数百个,因而能够比较全面地展示译学知识。一般词典只给定义,并不对词目展开论述,相形之下,《全书》颇具可读性,是系统学习译学知识的优秀参考书。

(3) 重视翻译史研究　Mona Baker 深邃的目光看到,翻译史研究在各国是容易被人遗忘的角落,因而《全书》有必要将其囊括在内。她在前言中说,"尽管简短,却能引起人们对这一被忽视领域的兴趣。"诚然,细细研读,不同国家、地区在不同历史时期译者的地位和作用、翻译动力、翻译史实、译者传略、翻译类型、或渐进或跳跃的运行轨迹等各具特色的内容连同画面就会映入眼帘,从纵的连贯和原发性上给人以启迪,使人不致迷失本体。

(4) 检索方便　检索包括参见和索引。《全书》除整体形排外还有严整的参见系统,例如,属于纵向知识关系的翻译理论与理论提出人互相参见,属于横向知识关系的各相关翻译理论互相参见,属于交叉知识关系的翻译人物、术语同翻译史内容的互相参见等等。这些内容的相互链接体现了翻译学知识体系的系统性,便于读者产生整体感,举一反三,事半功倍。另外,局部参见与整体参见相结合,如,Literal translation 在释文中定义为"Literal translation, also called word-for-word translation by **CICERO**(106—46BC; See **LATIN TRADITION**), Horace(65—8BC) and virtually everyone thereafter, and **METAPHRACE** by John **DRYDEN**(1631—1700; See **BRITISH TRADITION**), is ideally the segmentation of the SL text into individual words and TL rendering of those word-segments one at a time."在这一定义中,局部参见词条分别有 Cicero, Latin tradition, metaphrase, Dryden 和 British tradition,这使 literal translation 和书内其他几个词条的内容建立了有机联系,由此使这一概念的查检和学习具有了系统性。整体参见是指附于整个词条后部的参见内容,Literal translation 的整体参见词条有 free translation 和 unit of translation,这些参见词条是对相关译学理论梳理后的成果,它们和词条本身构成了译学知识的宏观网络系统。(黄希玲:2003)

"《全书》以知识主题为单元选词立目,词条内容宏富,所提及的术语、概念、人物、事件、组织、论著等众多,有许多隐含主题,在这时候,主题分析索引的功能便显露出来。例如,如果想查阅 American Translators Association, Catford, Babel 等这些不在目录中出现的内容,可以利用主题分析索引。《全书》的索引深度是 1:11,索引量充分,便于检索释文内的隐含知识信息,这尤其给意欲悉心钻研或定向搜集资料的翻译学者带来了极大的方便,同时也使该书更具专业性、科学性。"(同上)

1.1.2 此前与此后

据现有资料，国内第一部译学词典是《中国翻译家词典》，由商务印书馆、北京出版社、武汉大学、《中国翻译》杂志编辑部等集体编写，1988年中国对外翻译出版公司出品。本词典计90万字，收录翻译家1124人，其中古代180人，现代944人。主要收录"五四"前后迄80年代的现当代翻译家和优秀翻译工作者，亦包括港澳台地区的翻译家以及符合收录条件的外籍华人，并酌情收录对我国科学文化事业做出过杰出贡献的古代外国僧人和近现代西方传教士。该词典是国内第一部资料性翻译家词典，其编纂宗旨是："反映我国翻译家的译事成就和广大翻译工作者的辛勤劳绩，汇集与整理译界有关资料，以便加强交流，繁荣翻译事业。编写时力求做到尊重历史，准确可靠。"（林辉：编者说明）译典编纂，始于单科词典，更加耐人寻味的是，内容非别，翻译家独占鳌头，这是让人欣喜的。译事及其主体译家，在中外历史上均遭歧视，尽管任何一个国家的重大发展，往往都是以翻译为先行，发展的过程渗透着译人的心血。以历史很短的美国为例：

  翻译在美国建国前后及其发展过程中起了一种不可或缺的重要作用，至今如此，因为在这个国家里居住着2.55亿以上的人口，语言与文化成分极其复杂多样。英语占主要地位，但它也只是北美许多语言中的一种。西班牙与法国探险家十六世纪来到今日的佛罗里达和路易斯安纳之时，首先遇到的是形形色色的土著印第安部落及形形色色的印第安语言。十七世纪初，英国殖民者对弗吉尼亚和马萨诸塞开始进行大规模的远征，需要熟悉各种印第安语言，帮助殖民者脱离英国，增进文化、经济独立性。独立革命燃起了炽热的民族情绪，唤醒了新的自我意识，从而导致了大量翻译外语文献，旨在开发出美国文化。到了

1850年代,一种美国式样的英语出现了,不过,因为这个国家在不断向南、向西扩张,所以这个美式英语存在着各种各样的地区差异(Simpson 1983:3)。十九世纪中期掀起了一浪高一浪的欧洲移民高潮,所引发的对于英语笔译、口译的迫切需要具备了经久不衰的特征,原因是移民潮不断扩大,把拉美、亚洲、中东、加勒比海都囊括进来了。在当今的美国,有3100万人在自己家中讲的是英语以外的另一种语言,这就使得翻译成为了许多美国人日常生活的一个重要内容。(Lawrence Venuti,见 Baker:305)

倚重翻译而不重视译者和翻译研究,这是一个世界范围内长期存在的通病。1988年《中国翻译家词典》出版之际,中国在这方面开始做了些弥补。关于翻译学的研究对象,经过许渊冲、杨自俭等人在90年代初反复、深入的研究,认定其包括8大因素:客观世界(自然、社会、思维三个领域)、原文作者、原文、原文读者、译者、翻译过程、译文和译文读者。(杨自俭:2002)在这8个要素中,笔者认为译者是核心,起着统领、协调的作用,而译界对于译者的研究是很不够的。翻译家在翻译学词典中是核心内容之一。译典涉及内容广泛,但其发轫是在翻译家这一翻译的主体,应当说是自然而然的事情。我国第一部和第二部译典都是让翻译家来做主人公,折射出了编纂者的眼光。

《中国科技翻译家辞典》由《中国翻译》编辑部和《上海科技翻译》编辑部联袂组织编写,后者汇总整理。林煌天、贺崇寅任主编,方梦之、高峰任副主编,1991年由上海翻译出版公司出品。收录迄1990年共362位科技翻译家,合46万字。收录从事自然科学、工程技术、地理、心理、经济、管理等方面的翻译人员,以及从事科技翻译和情报研究的人员,外语教学人员和有相当翻译实绩的科技人员,选收一些少数民族语言的译者。但不包括从事文史哲等方面的翻译人员。所收当代科技翻译工作者均具高级职称（副译审、副编审、副教授、高级工程师以上）。对翻译家按照已故和在世分为两大部分，前者按生年先后排列，后者按拼音字母顺序排列。附录1包括了30余位国外来华人士，附录2是1980-1990年国内翻译界大事记。

早在20世纪90年代初，香港学者就对译学术语在译介过程中产生的混乱状况十分不安，于是，A Glossary of Translation terms: Chinese-English, English-Chinese《汉英英汉译学术语》肩负着规范术语译名的重荷登场了。主编是香港中文大学翻译系的勇者Chan Sin-wei，香港中文大学出版社1993年刊行。它是一个双语双向术语对照表，以规范译学术语为己任，共收录4,600余个专用或普通名词。正文分英汉和汉英两大部分，英汉部分循英文字顺，汉英部分以拼音为序。后附汉字笔画索引，方便检索。立意明确，"旨在彙集翻譯文獻中常用的辭彙，並提供中英文譯名，以期收統一翻譯學辭彙譯法之效，有助於中國翻譯學的建立。"（序言）以促成中国翻译学为鹄的，该词典亮明了旗帜，难能可贵，其编者踏上了一条艰难的征程。

接下来是两本书目和一部全书：

1993：A Bibliography of Pedagogy and Research in Interpretation and Translation. Etilivia Arjona-Tseng. Honolulu：University of Hawaii Press.

1995：A Topical Bibliography of Translation and Interpretation. Chinese-English, English-Chinese. Chan Sin-wai. Hong Kong：The Chinese University Press.

1995：An Encyclopedia of Translation：Chinese-English, English-Chinese. Chan Sin-wai and D. Polard. Hong Kong：The Chinese University Press.

以上是20世纪末4部译学词典问世之前的情形。在其后的世

纪之交,在翻译学已经成为独立学科、译学研究迅速发展的背景下,接踵面世了数种译典:

1999. 英汉翻译例句词典. 刘重德. 长沙:湖南文艺出版社.

1999/2002. 英和翻译表现词典(及续编). 中村保男. 东京:研究社.

2000. Encyclopedia of Literary Translation into English. 2 vols. Olive Classe. Chicago:Fitzroy Dearborn Publishers.

2000. 英汉对照描写辞典. 贾卫国. 上海:上海交通大学出版社.

2001. 中国当代翻译工作者词典. 马珂,孙承唐. 西安:陕西人民教育出版社.

2001. 汉英双向翻译学语林. 孙迎春. 济南:山东大学出版社.

2002. 中华翻译文摘. 罗选民. 北京:清华大学出版社.

在这 7 本中,前 4 种为实践型译典,各有千秋,后 3 种分别关乎学科从业人士、译学语词和学术研究。

这里我们需要重点引荐一下 An Encyclopedia of Translation: Chinese-English, English-Chinese。Chan Sin-wai 和 David E. Pollard 主编,1995 年由香港中文大学出版社出版,2001 年推出第二版。据现有资料,该书是国内外第一部有分量的译学百科全书,以英文撰写,涉及汉英两个语种,理论与实践并重。

该书(第二版)共收 65 个条目,涵盖翻译理论与实践两个方面,包括翻译本体术语和借入术语,中西传统译论和当代译论,亦涉及翻译史综述,翻译史话和少数翻译人物。以 65 个词条统摄上述内容,选词立目上孰取孰舍是个绝大的问题。从词目分布来看,理论议题有"文学翻译"、"翻译中的阐释"、"翻译教学"、"翻译过程"、"回译"等，翻译术语有"欧化结构"、"形式对应"、"直译"等。实践方面以不同文本类型或题材立目，如"诗歌"、"隐喻"、"双关语"等。该书不仅探讨了传统文本及题材的翻译，如政论文的翻译、书名的翻译、典故翻译、圣经翻译等，还触及了一些为人忽视的领域，如书法国画论文的翻译、英文象形字母的翻译、幽默翻译、中西历史文献翻译、哲学文献翻译、中西音乐术语翻译等等，在题材覆盖面上比较齐全。翻译本体术语除以上条目，还有机器翻译、音译、译员培训、可译性、自译、超额翻译、欠额翻译、直译、重译、翻译标准、翻译理论、传达、对等、对等效果、口译及大会翻译等。借入术语包括美学、体态语、文化、语篇分析、语法、阐释学、词典编纂法、语言学、语用学、心理语言学、语义学、语篇语言学等。传统译论如神与形，还有众多实践类词条中传统文化的特色介绍等。翻译史类包括翻译史、圣经翻译和个别翻译家3个条目。

释义是典型的大条目主义，篇幅均长于其他词典词条，所有词条均有议有叙，独立成章，内设层次标题，末尾提供参考书目，相当于理论探讨或方法索寻的完整论文。如元杂剧（Yuan Zaju）分设4个小标题：元杂剧的特色简介（Introduction：Characterization of Yuan Zaju），元杂剧的早期英译本（Early English Versions of Yuan Zaju），现代英译本（English Translations of the Modern Period），元杂剧翻译展望（Prospects），末尾附参考书目。从整体上来看注重学术性、知识性，而忽视查考性，更有学术著作汇编的特征。如实践方面以不同文本类型或题材立目，集中探讨各大类文本的翻译特点，并辅以英汉互译实例进行说明。撰稿人包括许多国内外知名的翻译家和翻译理论家，如 Bassnett、Neubert、Lefevere、Newmark、Nida、Snell-Hornby、Wilss、Hartmann、程镇球、何自然、黄建华、金隄、刘宓庆、马祖毅、申丹、王宗炎、王佐良等。规模大，阵容强，这在一定程

度上保证了释义质量。(赵巍,2006:2.10)

《汉英双向翻译学语林》由孙迎春编著,2001年山东大学出版社刊行,共44.4万字,属于双语对照语言型译学词典。词典基本结构完整,正文后提供汉英对照"期刊名称选介",给读者集中提供一些有益却又不易查找的资料。

和普通双语术语词典相比,该词典除了词语对译之外,又增加了段落和篇章的逐段对照译文。其中术语以翻译学、语言学词语为核心,兼顾美学、社会符号学、交际学、信息论、哲学、文艺学等相关学科。词语对译部分共收14,000词条,显示出在较小篇幅内容纳大量信息的优越性,但收词存在立目不当,收词过滥的现象,某些词目在语言上不符合术语学关于术语的收录原则,不具有查考性。段落层次收录"传统翻译美学"(刘宓庆)等14段名家译论的英语译文,英汉方向两段。篇章部分提供了"'神似说'探幽"等译学论文及论著选段的逐段译文,汉英方向四篇,英汉方向两篇。所有段落译文除了个别系原作者自译外,都由编者本人翻译。传统译论中固有的文化范畴有很强的抗译性,也没有形成公认的译法。这部分内容便于读者按照主题进行阅读,在功能上相当于翻译理论的英汉对比语料,可为读者翻译类似文本提供一定参照。一般而言,双语词典仅限于术语对译,段落和语篇层次的对译易流于繁琐累赘,在编排上带来一些新的问题。该词典按语词、段落和篇章层次分出章节,更有教科书的性质。(赵巍,2006:2.11)

2004年是翻译学词典的丰收年,这一年有三部译典问世。首先,译学词典编纂的先驱人物Chan Sin-wai又出新作,由香港中文大学出版社付梓,名为 *A Dictionary of Translation Technology*《翻译技术词典》,初衷是反映翻译工具日新月异的发展趋势,即计算机在翻译研究与实践中的广泛运用,同时描述语料库在翻译研究中的巨大潜能。该词典共收625条翻译技术类词目,占收词总量近一半,亦收翻译方法、翻译标准、翻译评论、翻译社团、翻译奖项、翻译刊物以及相邻学科的相关术语。释义不再追源溯流,罗列众家,而是一改论文式"大主题"释义风格,对人工翻译和机器翻译中的主要术语,直接予以简明定义。正文仅288页,附录及索引占了总篇幅的一半以上,在译典中尚属首例。

其次,孙艺风、仲伟合编译了《翻译研究关键词》,原著者为 Jean Delisle(琼·德莱尔)、Hannelore Lee-Jahnke(汉纳洛·李—扬克)、Monique C. Cormier(莫尼克·C·科米尔),外语教学与研究出版社出版。该书为国际翻译联合会、国际大学口笔译协会及编译者的合作项目,编纂宗旨是对翻译教学中的常用术语进行精选,择出实用翻译教学中最具实用价值的概念加以定义,以期对翻译教学作出实际的贡献。编译者则意在通过统一术语实施学术规范,使目的语使用者的思维和表达更为准确、到位。全书共收约200个与翻译研究和翻译教学相关的关键性理论概念,前半部分属译编,后半部分为原作。前半部分对每个关键词都提供1至2个译法,少数提供3个,然后给予清晰的定义,并在许多情况下结合中英对译的实践提供详细的注释和例子。

第三部是方梦之主编、上海外语教育出版社刊行的《译学辞典》,精雕细磨,前后历经10年,共收1100词条,计62.5万字。该书分类编排,将全部条目按内容分为26个类别,义排本身没错,但分类过细有一个公认的缺点是不利检索。词目以术语为主,兼收人物及翻译史类词条,在功能上属研究提高型。此书克服了已有词典的不足,在选词释义、检索结构、附录设置乃至版式设计上均有进步。外围学科术语从翻译学角度得到了更为科学的释义,本体术语的释义也更为精确。因属后出,翻译本体术语部分反映了现代译学的最新概念,如翻译研究的文化转向、后殖民主义翻译研究、关联翻译理论、抵抗式翻译、翻译研究中的多元体系学派、女性主义翻译观、翻译诗学等等。所收词目标引基本上做到了语言规范、意义明确。从释义方式上看，大部分为撰写，小部分为摘编，在末尾注明详细的资料来源。

2006年迎来了实践型译学词典的杰作《史氏汉英翻译大词典》，由史企曾主编，云南出版集团公司与云南人民出版社出品。它经过20年的准备和5年的编写，长期艰苦的劳役终于结出了硕果。词目2000余，汉英句译数万，总逾200万字，是一部较大型的翻译工具书。该书的编纂原则是"来自实践，指导实践"。作者将多年积累、来自实践的大量句本位对译，分不同语境梳理出来，摆在读者面前，让读者自行受益。不是靠理论，不是靠说教，而是依靠大量的实例，启迪读者从实践中悟出真知。它不提供无语境对应词和词组对译，而是分别用不同语境，以句为本位，每种语境各提供2至7个对译的句子，词目对译和语境相联系。这些例子，大部分来自中外辞书、报章杂志、小说传记、科技政论等，是20年功夫积累获得，这就使它具备了可贵的独创特色。

关于翻译词典，张今先生曾说："英汉翻译词典应向使用者提供'译法'（即英语词在各种不同语境下的不同的译法）……翻译工作者所要译的不是某个英语词的本真'词义'，而是该英语词的语用意义。编纂英汉翻译词典的需要就由此产生。英汉翻译词典需要兼顾各科，搜罗尽可能多的'译法'，供他们选用，或者给他们提供启示。"他认为这种词典用途宽广，既可供一般翻译工作使用，又可供研究翻译理论、翻译技巧、翻译美学、翻译语言学的翻译理论家使用，也可以供一般英语学习者使用，以扩大眼界，提高理解水平（孙迎春，2003：2）。可见，《史氏汉英翻译大词典》在汉英翻译领域达到了张今先生的要求，而在英汉翻译领域我们尚且没有这样的作品。

1.2 译学词典编研领域的开拓

译学词典研究从无到有,至今已有了8个年头,是时候做一些总结了。

翻译学因其广博与复杂,需要加以梳理,译学词典就是用作梳理的工具;译学词典也是广博而复杂的,同样需要梳理,梳理的工具是译典研究。译学词典的编纂与研究具有明晰的工具性,应当在翻译学领域占有一个较为重要的位置,这个位置不是谁给予的,也不是自然而然产生出来的,而是需要学者们不懈的辛勤努力。经过8年的工作,已经在乱石岗上清理出一小块田地了,经过辛勤汗水的浇灌,长出了几棵苗,结出了几个果,再持续不断地干上十几年,就会像个样子了。

其足迹显示,译典研究正走在一条译典批评——理论根究的探索之路上,并将继续沿着建立译典理论与译典学科的征程前行。

1.2.1 译典批评

"词典诞生之日,即其成为批评目标之时。"(Hartmann,2001:47)此话丝毫也不过分,而且,批评是必需的,批评就是研究。译典批评是译学词典研究最原始也是最常见的形式,译典问世之后,批评就散见于翻译研究或综合性社科杂志上。

从批评主体和批评性质来看,可大致分为两种。一种是表层印象式批评,批评人为普通读者,体现为从使用角度出发进行的总体性或散点式评说;第二种是译学词典专家从翻译学与词典学相结合的交叉视角做出的学术性批评。现有的译学词典批评多属前者,如刘重德的《翻译工作者的伴侣——评〈中国翻译词典〉》(出版科学,1998,1),陈菲的《〈中国翻译词典〉评介》(上海科技翻译,1998,2),

林穗芳评论《中国翻译词典》的《中国翻译事业进程中的里程碑》(中国读书评论,1998,5),郝前的《一部极具参考价值的工具书——介绍〈英汉翻译例句词典〉》(上海科技翻译 2000,4),蒋坚松的《词义·语境·翻译——关于〈英汉翻译例句词典〉》(外国语,2000,5)以及罗选民的《评介〈英汉翻译例句词典〉》(外语教学与研究,2003,2)等。此类批评严格地说只是词典使用反馈,固能从读者使用角度反馈回某些真实问题,因来自体验,对词典编纂有一定借鉴意义;这些评论者的意见也是重要的,有些也相当深刻,思想火花颇具启迪性。但缺点在于就事论事,不免拘于主观印象范围,缺乏深入系统的分析探讨,也不关注理论建设,不能够结合译学发展状况和词典学研究成果,在全面深入探讨的基础上,针对具体问题或现象进行理性思考,提出解决问题的思路和方法,并尝试进行理论的创新和构建。第二种批评,即译学词典专家学术性批评,有赖于严肃的译学词典批评理论,其核心是评价标准。译学词典批评理论是译学词典理论的一个有机组成部分,译典理论是骚动于母腹即将呱呱落地的婴儿,又像是遥望海际看得见桅杆顶端的一艘帆船,在这艘帆船到来之前,任何从现有译学词典理论、译学理论、词典理论或各种文化理论角度出发、意在开拓译学词典编研领域的严肃学术论文都属于这个范围。黄希玲的《〈翻译学百科全书〉简评》(山东外语教学,2003,4)以及《上海翻译(2005)翻译学词典与翻译理论专辑》所刊载的两篇译典批评文章——曾东京的《〈中国翻译词典〉得失论》和卜爱萍、曾东京的《〈翻译研究百科全书〉的特色与不足》——应当说是最早的学术性批评。

1.2.2 理论根究的萌动

"关于译学词典较为严肃的理论探讨,最早见于孙迎春《论综合型译学词典的编纂》(《山东外语教学》2001 年第一期)。文章认为,译学词典的出现是翻译理论与实践发展的必然结果,结合《译学大词典》的编纂实践,提出译学词典编纂的五项基本原则:描写性、综合性、理论性、实用性、开放性。最后讨论了综合性译学词典编纂中的实际问题,涉及正文编排、编纂宗旨、读者对象、附录设置以及释义方式。"(赵巍,2006:1.1)

笔者于1999年6月从原工作单位烟台师院到山东大学参加美国著名翻译理论家Nida演讲会,当时《译学大词典》已经完稿,正在联系出版。有幸与Nida先生对话,向他请教问题,并请他为《译学大词典》题词:Aspects of Translation can be helpful for translation studies(译事研究可得助于《译学面面观》(《译学大词典》))。同年11月应学科发展的呼唤调到山东大学外院工作,担任翻译理论与实践方向带头人,参与英语语言文学博士点的申报、筹建工作,并在浓厚的学术氛围中开始考虑译学词典由实践向理论发展,即其学术研究问题,于是就写了《论综合型译学词典的编纂》一文。2001年4月21-23日在青岛参加"全国翻译学学科建设专题讨论会",在会上发言的题目是"论译学词典编纂对翻译学学科建设的重要性",后来发表在2002年第3期《山东外语教学》上。该文论述了四个问题:(1)关于建立翻译学;(2)译学词典情结;(3)译学词典的特点及其可能的贡献;(4)建立译学词典编纂学。本文旨在从这几个方面,说明译学词典的编纂对于译学学科建设具有重要的意义。本人自2002年开始担任翻译学博士生导师以来,就觉得有了一种沉重的责任。

在青岛会议上,译学词典是话题之一,是不太重要的话题之一。当时有人提醒我,不要提"建立译学词典学",要多做事。在后来的数年中,似乎一直有朋友在以不同的方式或明或暗地告诫我,对我很有帮助,我有条件地接受了。"做事",不错,需要大量地做事,空喊口号无济于事;"不要提"却不一定,理论的功能之一就是进行预测,光担任事后诸葛恐怕不行。

在已经有了一批译学词典的情况下,所要做的事,无非是拿出学术成果，进行理论建设。现在进行学术研究，和 George Campbell（乔治·坎贝尔）与 Alexander Fraser Tytler（亚历山大·弗雷泽·泰特勒）那个时候不一样了。此二公当时进行翻译理论研究，没有现在人人均可享受的信息与学术交流条件，也没有什么翻译研究杂志，各自在相对封闭的条件下闭门钻研，在同一个国家于 1789、1790 两年接踵提出了内容相似的翻译三原则并发生争执。① 我们现在有学术组织、有博士硕士、有学术期刊、有出版机构、有网络手段，这就是学术发展迅速的可靠保障。一个子领域或者下属学科的确立，从萌动到基本达到目标，不再需要像其母域那样经过上千年或数百年的漫长时间，往往 10 年、20 年就可以了。不过，她有赖于科学的分析、周密的计划和持续不断的工作。

1.2.3　学术研讨会议与主要研究成果

译典批评可以说是理论探讨的先行，而系统性译典理论研究的肇始与发展，不像传统时期那样，由各位学者在互相不通信息的情况下分别进行，而是要充分利用各种现代化条件，其中，适时参加和组织学术研讨会，相互交流学术思想，是译典编研领域开拓和发展不可或缺的平台。既要利用一般的综合性研讨会，写译典研究论文在会上宣读，向译界通报信息，争取关注与支持，又要另辟蹊径，以很大的学术勇气和魄力，下大力，肯投入，召开专门的译典研讨会，这对于形成必要的学术氛围和组建专门的学术研究队伍，从而使译典编研领

---

① 泰特勒的《论翻译的原则》出版时未署名，坎贝尔见到该书后指控匿名作者剽窃了他的研究成果，泰特勒立即写信给坎贝尔，声明不存在剽窃问题，因为在他的书稿告竣以前，他并未见过坎贝尔的著作。一般学者认为，两位学者在同一时间研究同一理论，确有可能得出相同的结果。而且，历史的见证表明，泰特勒著作的影响远远超过了坎贝尔的著作，因为他涉及的范围更广，研究的又是非宗教作品的翻译。

域呈现可持续发展态势,具有极其重要的作用。以下就这方面的情况做一简单介绍。

2002年6月,在南京召开的"全国翻译理论高层论坛"上,笔者以"论译学词典的描写性"为题发言,而后发表在《外语与外语教学》同年第9期。

2002年9月20-23日,"全国翻译学词典暨译学理论研讨会"在山东烟台召开。这是第一届以译学词典研究为主要议题的全国性会议,在这次会议上,学者们就译典的编纂原则(描写与规范)、译典性质、词目收录范围(收不收贴近实践的词目)等问题展开了激烈的争论。会议论文集——《译学词典与译学理论文集》是第一部以译学词典研究为主要议题的论文集,孙迎春主编,山东大学出版社2003年出品。会上的3个主题报告,其中有两个随后正式公开发表,分别是《论翻译工具书的研编》(王克非,《中国翻译》,2003,4)和《译学词典类型初议》(孙迎春,《中国翻译》,2003,5)。

2004-2005年有三篇译典硕士论文通过了答辩:《论译学词典的编纂》(蔡仕云,山东大学外国语学院,2004),《论建立译学词典研究的可能性》(孙萃英,烟台师范学院,2005),《综合性译学词典的现状与展望》(蒋侠,山东大学外国语学院,2005),为而后的博士论文打了前站,做了铺垫。

由此可知,研究生的作用非同一般,引导得好,即可成为学域中一支生力军,为其拓展发挥极大的作用。这支生力军的特点是热情高、意志坚、思想活跃、战斗力强。

2004年10月15-17日,"2004年全国译学词典暨译学理论研讨会"在山东大学威海分校召开,东道主是同年6月刚刚成立的山东大学威海分校翻译学院。会议的主题报告之一——"论翻译学词典的特征与释义原则"会后在《中国翻译》正式公开发表(张柏然,韩江洪,《中国翻译》,2005,2)。与第一次会议相比,威海译学词典会议无论在与会人员、论文质量、理论深度和广度上都有了明显的发展。会议论文集——《2004翻译学词典与译学理论文集》由孙迎春主编,天津教育出版社2005年出版。

2005年10月21-23日,"第三届全国翻译学词典暨译学理论研讨会"走出山东,在上海大学召开,堪称是一次翻译理论与译学词典研究的盛会。来自全国18个省市的100多位教授、专家、博士生、硕士生出席了会议,就译学词典研究、其他各类词典编纂、译学术语规范、翻译理论与实践等问题展开热烈讨论。会议论文集以《〈上海翻译〉2005翻译学词典与译学理论专辑》的形式出版,集中展示了2004-2005年译学词典研究及翻译研究的最新进展。

2006-2008年天津教育出版社付梓的《山东大学(威海)译学丛书》包括三部译典著作,为《翻译学词典博士文集》(主编:孙迎春,作者:黄希玲 赵巍等)、《语言类核心期刊译学论文索引》(主编:孙迎春 刘新芳)和《汉英对照翻译学论说》(孙迎春主编)。其中后两部属于翻译学词典范围,都是对于学术研究有帮助的工具书,而第一部则是一个重要的阶段性成果,它是第一部译典博士文集,标志着在世界范围内博士层次的翻译学词典研究已不是空白,已经有一批博士在齐鲁大地、孔孟之乡开始将翻译学词典作为自己的主要研究领域,翻译学词典已开始得到系统、科学、深刻的探讨。

2007年4月曾东京教授的专著《翻译学词典编纂之理论研究》由上海大学出版社出版发行,是第一部单独印行的翻译学词典专著(黄希玲的《论译学词典的研编》与赵巍的《译学词典的原型及评价系统》是两篇博士论文,亦应视为专著,但都不是单独印行的,均见孙迎春主编的《翻译学词典博士文集》,天津教育出版社,2006)。该书以方梦之的"译学术语与翻译研究"作为代序,从译学术语的角度来谈翻译研究的走向,首先指出"术语是某一特定学科区别于其他学科的重要标志之一。术语的科学化、系统化、规范化水平往往代表一门学科的发展水平。译学术语是构建译学体系的要素,是译学研究走向的一面镜子。"(曾东京,代序:001)然后,分五个题目进行了阐释:概念、术语与学科;译学术语的产生;译学术语的发展;术语与译学体系和从术语体系看译学研究趋势。(同上:001-009)

曾教授在前言中说:"通过数年的研究与探讨,就像哥伦布发现了新大陆一样,我们发现在翻译学词典研究领域,中国人竟然略胜西洋人一筹,不论是理论研究而或词典编纂方面莫不如此。要知道,语言学及其分支学科的研究方面,国人都是在西人后面跟进,走了一条学习、消化、吸收、草创的道路,难得有所突破与创新。所以,此发现激发了我们——我、我的同事与我的研究生们,进一步系统地研究译学词典编纂理论的热情,为译学词典研究作些积极的、力所能及的努力。"(同上,前言:001-002)该书共分四章:一、总论(1.翻译·翻译学·翻译学词典;2.从词典学角度看译学词典的编纂;3.论翻译学词典的范畴、概念与术语;4.关于《中国翻译学大辞典》的编纂提纲;5.一些译学术语翻译之商榷;6.论译学术语词典的规范性);二、分论(1.论翻译学词典的描写性与规定性;2.论翻译学词典的编纂原则;3.论翻译学词典的体例;4.论翻译学词典的编排方法;5.论翻译学词典的读者对象;6.论翻译学词典的内容;7.论翻译学词典的功能;8.论翻译学词典的附录;9.论翻译学词典的索引;10.论翻译学词典的检索系统);三、评论(1.《中国翻译词典》得失论;2.《译学大词典》纵横论;3.《译学辞典》的三大亮点;4.《翻译研究百科全书》的特色与不足;5.评《翻译学词典》;6.《史氏汉英翻译大词典》的四大特色;7.《汉英熟语英译词典》的特色;8.评《英语谚语大词典》的收译);四、结论。

由中国翻译协会主办、大连民族学院外国语言文化学院承办、山东省国外语言学学会翻译学专业委员会协办的"第四届全国翻译学词典与翻译理论研讨会"于2007年4月19-22日在大连民族学院举行。会议期间,李亚舒、方梦之、孙迎春教授作了主题报告,曾东京、廖七一、张梅岗教授和赵巍博士作了大会发言,20余人在会上宣读了论文,就翻译学词典编纂与研究、翻译学术语、现代中西方翻译理论、翻译技巧、翻译教学以及一些应用翻译研究领域进行了广泛、深入的探讨。会议文集由外语教学与研究出版社2008年出版,书名为《译学词典与翻译研究——第四届全国翻译学辞典与翻译理论研讨会论文集》,王维波、耿智主编,收文43篇。会议决定,第五届全国翻译学词典与翻译理论研讨会将于2009年在上海大学召开。

从2007年7月至12月,经中国译协和中国英汉语比较研究会协商,对上述计划做了一些修订,最后宣布,"第一届翻译学词典与翻译理论国际研讨会暨第五届全国翻译学词典与翻译理论研讨会"将于2009年11月下旬在上海大学举行,由上海大学外语学院承办。会前将由上海外语教育出版社出版本次大会论文选集。会议的主要议题是:

(1) 翻译学词典编纂的历史、理论、实践、分类、批评与教学研究;

(2) 翻译学词典的整体结构、宏观结构、微观结构与中观结构;

(3) 翻译学术语的科学化、系统化、规范化及中外译学术语的发展、比较与创新;

(4) 翻译学术语的分类、分期、分级、界定、整合与对应;

(5) 翻译学研究途径的反思与新途径探索;

(6) 翻译学研究的原创性、系统性、开放性与国际性;

(7) 翻译(学)的教学、教材、教法、课程与队伍建设。

我们相信,这次大学将是一个具有国际性的翻译学词典与翻译理论研讨盛会,将会对翻译学词典、译学术语及翻译理论的探讨带来一个飞跃性变化。

范敏的博士论文以《篇章语言学视角下的译学词典研究》(2008)为题,旨在从篇章语言学视角进行探讨,全面系统地论述了篇章语言学与译典研究的密切关系。该文通过考察语篇特征的七个标准如何应用及体现于译典研究,试图揭示各种文本与语境因素的制约功能。具体探讨了三个方面的问题:译典的理解及其研究方法;译典作为语篇的理论基础及其特征、意义与功能和语篇特征的七个标准与译典研究的关系。作为跨学科研究,在讨论中融合了翻译学、语言学与词典学的相关理论,并采用了个案分析、资料汇集、文本分析、例证、图表、比较研究等方法。作者认为,译学词典是涉及翻译研究领域术语、话题,并把这些术语、话题按照一定方式进行编排解释以服务于翻译理论研究等目的的专科词典。在学科性质上指出,尽管在实践上不易做到,但据其特点,译典研究在理论上应视为一门独立的学科,予以高度重视。在批判分析 William Frawley "词典语篇论"的基础上,提出了"译学词典语篇论",指出在众多相关学科中,篇章语言学最适合用来诠释译典研究。关于语篇特征的七个标准与译学词典研究的关系问题,分别从意图性与译典研究、可接受性与译典研究、信息性与译典研究、衔接性—连贯性与译典研究、互文性与译典研究以及情境性与译典研究六个方面进行了论述。为增强说服力,采用了三本具有权威性和代表性的翻译研究百科全书——*Translation: Chinese-English, English-Chinese*, *Routledge Encyclopedia of Translation Studies* 与 *A International Encyclopedia of Translation Studies* 作为个案分析。论文于 2009 年 3 月在中国对外翻译出版公司正式出版。

1.3 历史的启示

翻译学原是附着于语言学、文学、比较文学等学科的,但随着翻译实践与理论的发展,加之学者们长期不懈的努力,她已在世界范围内获得独立学科地位。这是合乎事实的结论。不能认为在外国是这样,在中国却并非如此,因为中国只是把它定为一个应用语言学之下的三级学科,每年的哲学社会科学项目都没有给予翻译学独立的学科地位,等等。当然,这些都不是什么值得夸耀的,都是些反证,我们应当努力去改变它。但我们还是要认定,具有独立学科性质的翻译学在中国也已经建立。这是因为,(1) 从学术的意义上说它已具备基本条件,深刻、系统的学科理论体系久已存在,且在不断发展。不能认为没有一种统一的系统理论就达不到标准,因为翻译学是人文社会学科,多元并存应视为常态,那种期待一种统一理论的心态只是幻想。(2) 按 Holmes 30 多年前所作的描绘,现已基本构筑出了一个完整的学科结构,各层各点均不缺大项。尤其是形形色色译学词典的出现,更是一个无可否认的硬性标志。(3) 译学词典作为译学话语的系统体现,其中包括学科术语的研究与归纳,译学术语词典已出多部,其中较有影响的三部(Shuttleworth,1997;Delisle,2004;方梦之,2004)。对于译学术语的要求,也要合乎译学实际,不能强求它像自然科学那样整齐划一。最大程度地追求规范,求同存异才是 the best policy。(4) 翻译研究学术机构林立,译学教育体制渐趋完备,这在世界范围内都是一个显见的事实,在中国也已具备从学士、硕士到博士(含博士后)的教育体制。(5) 在许多国家,如法国、加拿大、美国、英国等国,翻译学科的独立地位均已得到政府、教育系统和(或)全国性学术机构的承认。在中国目前承认的级别不高、不全面,但一方面要看到三级也是承认,三级定位不合事实应改变的是国家部门而不是学科事实,另一方面也要看到这只不过是反应慢的表象;况且,上海外国语大学已有一个二级学科的翻译学博士点,具有本科翻译专业的大学迄 2007 年也已增至了 13 个。本学科的特点没有经济、法律等学科那么迫人,但不能说明它在性质上就不能成为一个独立学科。至于项目的设立,就更不应作为标准了,应当主要看成果,翻译学的成果不亚于那些有国家大量经费支持的人文学科,这是学科生命力的显现。如果自己一方面在大量出着学术成果,另一方面又不承认自己的学科是个独立学科,这不利于学科进一步的发展。

翻译学作为一个独立的学科,有其特殊的复杂性,因而在发展过程中会遇到重重困难。翻译学的复杂性首先植根于翻译的复杂性。翻译是难还是易?业内人士都说难,从严复(1898)的"译事三难:信、达、雅"到 Richards(1953)的"宇宙之最"说,这是翻译界乃至外语界的共识;业外人士都说易,那是一种几乎牢不可破的观念,都认定凡是学外语的都会翻译,有了不会的词查查词典就行了。其次是译者易得,找中外文都说得过去的并不太难。恰似水、阳光与空气,人须臾不能离,但因容易获得而失去了价值,什么时候遇到情况像上甘岭那样难以到手了情况才会有变;凡涉及洋人的所在,离了翻译寸步难行,但就是因其易得而颇不受重视。三则社会对于翻译的要求不高,除特殊场合外,一般能达到交际目的就完事大吉。四则历史的惯性仍在起作用:中外历史上翻译的地位一般都不高,例如在中国历史上知识分子不能以翻译入仕,只有明成祖和清朝等少数例外。五则翻译研究具综合—开放性,涉及多种学科,理论基础、学科术语具多源性,没有人们期待而不合实际的那种单一性。

翻译学词典编纂与研究和翻译学之间的关系,与翻译学和人文社会科学界的关系相类似。其发展也会遇到重重的阻力,因为母学科的普遍心理可能会有并不明言却可察觉的抵触成分。一种人会觉得,搞什么译学词典,翻译研究没有译学词典的日子不是很好么?我做研究从未产生过要查它的愿望;第二种人可能会想,建立翻译学科需要一个具有单一性、封闭性的理论、术语体系,但这只有天才的理论家才能解决,眼帘之内的译学词典编纂者均无此能耐;第三种人好得多了,他们认为既然翻译学要建成一个独立的学科,从完整性出发,翻译学词典是有必要的,发几篇文章做点研究也可以,但没有太大发展,怎么可能建成一个学术领域呢?

2004年11月初,在中国译协第5届理事会上,宋书生会长代表中国译协第4届理事会做工作报告,题为"求真务实、与时俱进、努力开创译协工作的新局面",其工作回顾的第一部分为"翻译学术研究、学术交流和学科建设取得了可喜的成绩"。当他谈到各类翻译学术研讨会、报告会和翻译讲座等学术研讨活动的特点时,总结了三点:"一是参加人数较多,社会影响较大;二是这类研讨会具有较浓厚的翻译学术气氛,会上发表的论文具有一定的学术水平;三是论文涉及的领域比较广,涵盖了外事、科技、社科、文学艺术、民族语文、对外传播、经贸、法律、翻译教学和翻译理论、翻译服务、**词典编纂**、翻译软件和机器翻译等领域。这些学术会议构成全国翻译学术研讨活动的主流,带动并促进了翻译学术研究和翻译学科建设的迅速发展。译界学者的理论研究意识在增强,翻译学,作为一门日趋成熟和发展的独立的人文社会学科正逐步成为译界的共识。"(着重号为笔者所加)这是应当感到庆幸的,因为译学词典编纂与研究,从无到有,踏上其荣耀而艰辛的路程并不算很久,却已经得到了译界上层的关注。

《中国翻译》2005年第六期刊登了中国译协的一则启示,要在北京外交学院英语系和广东外语外贸大学高级翻译学院成立两个全国性翻译研究资料中心,这说明随着翻译学的发展,文献学意识正逐渐成为译界的共识。资料积累多了,必然要搞些索引以利查询,发表出来即是译典之一种。此外,山东大学申报"翻译学词典研究",屡败屡战,终有所成,已由教育部批准为2005年人文社科项目。这是学界对译学词典研究的认可,也是对已有成果的肯定,应该成为译学词典研究的动力。

再联系前几年的情形考虑一下,就会得到更多的启示。Mark Shuttleworth 的 *Dictionary of Translation Studies* 2004 年由上海引

入原版,2005年北京又出版了译本,然在此之前《中国翻译》就发表了两篇与之相关的文章:一篇是张旭的《关于翻译研究术语汉译的讨论》,第4期,另一篇是谭载喜的《翻译研究词典的翻译原则与方法》,第6期。这种情形在其他领域大概是罕见的吧。

最值得欢欣的是,适值第29届奥运会在北京召开之际,2008年8月4—7日,由国际翻译家联盟和中国翻译协会联合主办的第18届世界翻译大会在黄浦江畔的上海国际会议中心举行。来自世界各国的1600余位口笔译工作者、研究者和业界有关人士汇聚一堂,围绕大会主题"翻译与多元文化",就业界关心的问题进行了广泛深入的探讨与交流。大会获得圆满成功。这是50年来世界翻译大会首次在亚洲国家举行,也是中国翻译界全方位展示自己的实力、与国际翻译界开展交流与合作的绝佳平台。在"翻译与文化"、"翻译研究"、"翻译教学与培训"、"翻译服务与翻译技术"等12项大全主要议题中,第9项是"术语研究与译学词典研究"。这应当是本研究领域在世界翻译大会上的首次亮相,无疑是值得本领域开拓者和学者骄傲的事情。8月6日下午的"词典编撰"分论坛,在意大利学者Rosanna Masiola Rosini(罗莎娜·玛秀拉·罗西尼)女士的主持下,有三位学者先后发言,发言人及发言题目分别是:(1)Sun Yingchun(China)—— On the Structure of Compilation and Study of Translatological Dictionaries(孙迎春[中国]——论译学词典编纂与研究的结构,见本书第三章);(2)Anna Šebestov(Slovakia)—— Processing of Terminology in the Dictionary of Contemporary Slovak Language (DCSL)(安娜·瑟勃斯托夫[斯洛伐克]——《当代斯拉夫语词典》的术语处理);(3)Gao Lei(China)—— On the Ontological Studies of the Translatological Dictionaries(高雷[中国]——译学词典的本体论研究,见本书附录2[2])。另外两篇列入发言计划而作者因故没有到场演讲的文章题目是:Zeng Dongjing & Wu Chunlan(China)——

On Descriptivism and Prescriptivism of Dictionary of Translation Studies（曾东京＆吴春兰[中国]——关于译学词典的描写性与规定性,见本书附录2[1]）;Sofija Micic（Serbia）— A New Bilingual Dictionary for Medical Profession（索菲扎·米西克[塞尔维亚]——一部新双语医学词典）。三位发言人发言结束后,与会的各国学者饶有兴趣地向发言人进行了提问,发言人和与会者展开了热烈的学术探讨。在大会发行的由我国外文出版社出版的光盘版汉语论文集中,还包括如下学者的相关文章:赵巍——"关于传统译学术语系统";史企曾——"创新之路:《史氏汉英翻译大词典》的回顾与前瞻";袁朝云——"基于信息论的译学词典编纂";范敏、孙迎春——"篇章语言学观照下的译学词典研究";孟臻——"译学词典与翻译教学"。在光盘版英语论文集中,包括如下学者的相关文章:Jiang Xia, Xu Luzhi — "On the Corpora-based General Dictionaries of Translation Studies"（蒋侠、许鲁之——基于数据库的综合性译学词典）。翻译学词典研究从此迈出国门,走向世界。

若干的启示,足可让人领悟到些什么;我辈虽愚,却已分明觉出,译典编纂与研究事实上已经成为一个新兴的翻译学子领域,而且完全可以预见,虽仍存在种种困难,前进的道路不会一帆风顺,但她决计会克服一个个困难,不断汲取各种营养,从而渐渐成熟,并健康茁壮地成长起来。

第二章 译学词典的性质与功用

在《尔雅·释言》中,确有"典,经也",在《广韵》中也确有"法也"的解释,《康熙字典》进一步疏为"法式"。(汉语大词典编纂处:55)"经"、"法"、"法式",用现代语言表达也就是"典范"、"标准"。大多数字、词典确系字、词之典范、标准,然而翻译学词典就其主体来说却不是翻译研究的典范或标准(这并不排除其中一部分充当典范或标准的角色,或被读者视同典范或标准),它的性质与功能比较符合当代的词典定义:"收集词语加以解释,供人查阅参考的工具书。根据所收词语范围、性质等的不同,可分为综合词典、专业词典、对译词典、成语词典等不同的种类。"(新华词典编纂组:133)在这一解释中,强调的是集、释、查、考四要素,前两字是编纂者的任务,后二言与读者相关。也就是说,强调的是描写。其实,即令是在古代,"典"也有更适切的含义,请看《古代汉语字典》的第一条义疏:"简册,重要的文献,书籍……引申为前代的典章、文物、故事……"该词条末说明:"'典'为会意字,甲骨文字形像双手持册(穿编起来的简牍),金文、小篆像将简册置于架上,表示简册、重要的文献等意思。"(张双棣等:158-159)由此绘图般的阐释可见,"重要"是肯定的,但不一定非是"典范"、"标准"。

2.1 译学词典的性质

本节通过对翻译词典、翻译工具书、译学词典这些不同名词的对比研究,探讨译学词典的范围及其性质,为译学词典作出界定,指出其本质特征,并对译学词典称谓的依据加以论证,提出条件成熟时以

"译学词典学"作为"翻译学词典编纂与研究"这一翻译学子领域的名称。

2.1.1 翻译词典

我们所说的译学词典,与一般语言学家或词典学家所说的翻译词典,虽有一定的联系,却又有着实质性的区别。语言学家或词典学家赋予翻译词典的含义,比我们所说的译学词典,要狭窄、单纯得多。如王德春在《论词典的类型》一文中给"翻译词典"下的定义说是:"翻译词典是用一种语言的词语表达另一种语言词语的意义和修辞色彩的词典"(王德春:1980),即是专指语文性双语词典而言的。他在为词典类型所制的图表中,将词典分为"知识词典"、"知识和语言综合词典"、"语言词典"、"特种词典"四个大类,并将翻译词典列在语言词典之下,语言词典下面又包括了"双语词典"、"多语词典"和"(译者假友)词典"。黄建华、陈楚祥所给的概念更具体些:"有人以'翻译词典'的称谓指双语词典,此处仅用其狭义,即专指供翻译人员使用的双语词典。"他们指出这种狭义的翻译词典与供求解用的双语词典基本特征相同,并提出编纂这种翻译词典另外应注意的五点,其中第四、五项的内容是:

  d. 关于词目的信息,凡是与翻译无关的(如语音、词源等)宜尽量从简,以便腾出更多篇幅,容纳不同译文。

  e. 在例证中提供大量功能等值而不限于意义等值的译文,最好是在名家的译作中广为收集现成的实际译法,经过筛选分类,纳入到词典之中。总之,应将词目置于不同的语境中,提供各种可能的译文。(黄建华等,2001:27)

翻译理论家张今先生在 2002 年 5 月 14 日写给笔者的一封信中,没有为翻译词典下定义,但对于翻译词典所应提供的内容而发表

的见解,大致与上面三位学者的看法相似,不过在某些方面说得更细些:

> 一般英汉词典提供的是释义(分几个义项),英汉翻译工作者使用起来总感觉不够用。因此,英汉翻译词典应向使用者提供"译法"(即英语词在各种不同语境下的不同的译法)。由于英汉语词的语用意义域大不相同(英语词语用意义域宽广,汉语词语用意义域窄狭),英汉翻译工作者所要译的不是某个英语词的本真"词义",而是该英语词的语用意义。编纂英汉翻译词典的需要就由此产生。英汉翻译词典需要兼顾各科,搜罗尽可能多的"译法",供他们选用,或者给他们提供启示。(孙迎春,2003a:2)

从上面的介绍可以看到,人们用"翻译词典"一语,所指称的对象存在很大差异。第一种是指一般语文性双语词典,这与译学词典毫不相干,因为它与翻译实践或学术研究的要求均相差很远,用张今的话来说,只是解决个词目的"本真"词义问题。这种认识还没有看到语用意义或者说功能意义正是翻译中所要寻觅的对象,机械对等仍是其思想底蕴,因而这种实际上指一般语文性双语词典的"翻译词典"既不能给予从事翻译工作的译者以很大的帮助,更谈不到与学者的翻译研究相关。第二种"专指供翻译人员使用的双语词典"则完全不同了,它注重功能意义,强调语言环境的重要性,看到了义随境变的事实,因而要求编写这种翻译词典时,要尽可能舍弃与翻译无关的信息,并根据不同的语境,提供可能的多种译文。这就属于实践型译学词典了,对于从事翻译工作的译者就可以带来很大的帮助了,乃至在学者从事翻译理论研究时也可以撷取其中的例句,用于辅助学术阐释了。关于实践型译学词典及其与其他类型译典的关系,我们在下文和第五章还要进行较为详细的阐释。

2.1.2 关于"名"的思考

以上各家的见解,都十分强调实用性,全都用了"翻译词典",而非"翻译学词典",概念范畴均较狭,仅相当于笔者在《译学词典类型初议》一文中对单科型译学词典所区分的第二种——"实践型译典"之下的"译例词典",这四种类型分别是"理论型、实践型、语言型、事物型"。(孙迎春,2003b)笔者以为,译学词典的定义应涵盖较大的领域,要将各种类型囊括在内,以为翻译和翻译研究者服务。笔者曾在《论译学词典的描写性》一文中尝试将译学词典的性质概括如下:

> 译学词典是译学知识工具书,它汇集译学词语,按某种次序排列,描写译学的历史和现状,解释各词语所代表的事物和概念,为读者提供了解和研究译学的相关信息。(2002)

现在看来,这一定义还是不够宽泛,未将实践型译学词典包括进来,因此,参照以上各家识见,重新定义如下:

> 译学词典是译学工具书,知识类译学词典汇集译学理论概念及各种译学事物知识,按某种次序排列,描写译学的不同侧面或历史与现状,解释各词语所指称的概念和事物,为读者提供了解和研究译学的相关信息;实践类译学词典提供源语词在不同语境下的不同译法,或源语段落不同译家的不同译法,供翻译人员参考选用,或满足学者进行研究之需。

这样,各种译学词典就可以都包括进来了。按照上述定义,曾东京(2007:219-225)把《汉语熟语英译词典》(尹邦彦)当作译学词典评论很值得商榷。该词典释义的一般模式为:对于一个汉语熟语,首先是给出汉语拼音,其次是提供一至三种可能的译文,最后举出一至三个包括词目的例句及其翻译。算不算实践类译学词典,主要看是否提供了源语词句在不同语境下的不同译法。经翻阅可知,该词典提供两种以上例句及其翻译的词条所占比例甚小,不足五分之一,因而可说它具有一定实践类译典的成分,但还不是译学词典。同类词典很多,我们可研究其中的译典成分,然均不宜归入译典范畴。仲伟合主编的《汉英口译新词速查》(2006)乍看书名很像译典,但从内容看来既无口译理论概念、名词术语,所收新词也都只是提供一个对译词,因而也不能归入译典范畴。史企曾主编的《史氏汉英翻译大词典》(2006)则是完全符合实践类译学词典条件的,其最主要特征就是对所有词目都提供了多种不同语境中的不同译法。知识类译典较好判断,兹不论。

以上对译学词典所作的界定,旨在揭示出它的本质和功能,强调其工具性,以便词典编纂者在词典编写的实际工作中有一个明确的认识,行有所本,从而让世人看到多种多样高质量的译学词典。

笔者提议将这种新型的词典名之为译学词典,而不叫翻译词典,是基于如下考虑:

2.1.2.1 与双语词典加以区分

一般而言,词目和释义分别涉及两种语言的词典便是双语词典。"双语词典的本质特征是对译,即两套符号的对应。"(黄建华,2001:128)所以,在词典学界双语词典又称翻译词典,但它与我们所说的译学词典性质与功能均不相同。双语词典的发展史,已经极其久远,在中国的唐宋年间,已有多位学者编出不同的《翻译名义集》(一为9世纪时编成的梵藏对照分类词语集,共收词语9000余条,1915年日本荻原云来据之编译成《梵汉对译佛教词典》;另一为宋代法云所编,七卷,64篇,"各篇开头均有总论,叙述大意,次出音译梵文,并一一举出异译、出处、解释"(林煌天,1997:183))和《一切经音义》(一为唐代僧人玄应撰,25卷,解释佛经音义,详注反切;一为同代另一僧人慧琳撰,一百卷,博引古代韵书、字书以解佛经的音义)。不过,中国单语词典的诞生要早得多。最早的一部辞书《尔雅》出现于春秋战国时期，经过一些学者的增补，最后成书于西汉。许慎的《说文解字》于汉永元 12 年脱稿。

与中国的情形不同，西欧的几个主要国家，一般双语词典是最早出现的典种，几乎都是以拉丁语（亦有古希腊语、古斯拉夫语）为双语之一。中世纪的欧洲社会，上层阶级即教士和高级文化人士使用拉丁语，而平民百姓则使用的是各种地方性语言，如英、法、德、俄等。这种双语现象要求人们在布道及传播经典著作内容之时，对拉丁疑难词语加以诠释。于是在 8-11 世纪之间，出现了 20 来种词集或词汇表（glossary），是为各国的原始词典。从 14 世纪末 15 世纪初开始，随着拉丁语逐渐失去官方语言地位和各国民族语言的兴起，各国交往日增，双语词典愈加蓬勃发展起来。仅 1539 年至 1611 年欧洲就印行了近 200 种双语词典。粗疏的词集渐渐发展成了名副其实的双语词典。近、现代以来，中外出版的双语词典已多得难以计数。

双语词典出现的历史既久，关于双语词典的研究成果自是十分丰硕，而且"双语词典学"已是一个常见的称谓。"据《中国辞书学论文索引》资料，至 1989 年为止，我国发表的关于双语词典的研究论文已达 300 余篇（含涉及少数民族语言词典的文章），而据广东外语外贸大学双语词典研究中心最新统计，至 1998 年止，已逾 1700 篇"。（黄建华等，2001 前言:1）国外探讨双语词典的论文，多得不知凡几。仅用英、法、德、俄等语言写作的论著便已十分可观。如 D. T. Starnes（斯塔恩斯）的 *Renaissance Dictionaries English-Latin and Latin-English*（《文艺复兴时期的英拉、拉英词典》，1954 年）；D. F. Robinson（鲁滨逊）三卷本的 *Manual for Bilingual Dictionaries*（《双语词典指南》，1969 年）；J. D. Anderson（安德森）的 *The Development of the English-French, French-English Bilingual Dictionary: A Study in Comparative Lexicography*（《英法、法英双语词典的进展：

比较词典学研究》,1972年);Ali M. Al-Kasimi(阿尔—卡西米)的 *Linguistics and Bilingual Dictionaries*(《语言学与双语词典》,1977年)等等。

如上所述,双语词典的历史悠久,研究成果丰硕,其本质特征是对译;而那种提供多种译文的双语词典,实际上已经偏离双语词典的本质特征,不再以对译为务,但恰是这一部分双语词典,应当归入译学词典的范畴。

那么,译学词典的本质特征是什么呢?

具有代表性、已产生较大影响的译学词典,如我国的《中国翻译词典》(林煌天主编,1997,湖北教育出版社)、《译学大词典》(孙迎春主编,1999,中国世界语出版社)、《译学词典》(方梦之主编,2004,上海外语教育出版社)等,外国的如 Mark Shuttleworth 与 Moirs Cowie 1997 年编纂的 *Dictionary of Translation Studies*(英国 St. Jerome 出版公司)和 Mona Baker 1998 年编纂的 *Routledge Encyclopedia of Translation Studies*(英国 Routledge 出版公司),除方典外都是在上世纪 90 年代末问世的,可否说它们均系翻译学不论在中国还是在国际都已确定独立学科地位之际应运而生的产物? 经过这些年的思考、酝酿,是时候对其性质做一些探究了。任何事物的性质或本质特征都不是那么容易洞悉的,因为遮蔽着它的外在现象太复杂,有时还会起误导作用。但螃蟹总得有人先去吃一吃,经过认真细致的研究,鄙意认为,译学词典的本质特征在于运用形态各异的词条之特殊形式,通过词目释义和词条之间的内在联系,凸显翻译学的系统性、科学性、知识性、理论性、实践性、综合性,为读者在学术研究和翻译实践两个方面提供参考信息。"对译"只是部分语言型译学词典的特征。这是与双语词典迥异其趣的。译学词典与双语词典,分属两个不同的领域,其间只有小部分的重叠。

2.1.2.2 翻译学学科发展的需要

译学词典的性质与翻译学概念的内涵息息相关。

2.1.2.2.1 翻译学概念

在历史上,"译学"一语很早以前曾被主要用于泛指译介活动,如"孙宝瑄早在光绪二十八年(1902)十月十九日的《忘山庐日记》中即提到:'今人长于译学者有二人:一严又陵,一林琴南。严长于论理,林长于叙事。皆驰名海内者也。'"(陈福康,1992:131)再如1939年出版的应溥泉《德诗汉译》一书,前面有著名维新派人士、出版家张元济(1867－1959)于同年1月撰写的序文,是一篇精彩的译论,序中说:"海通以还,译学大启,异域名编,日新月盛……"(同上,145)这两处的"译学",显然主要不是指理论研究。在《当代翻译理论》的扉页,刘宓庆先生写道:"献给译学倡导者//先祖刘坤一先生(1830－1930)"。查刘坤一为清末湘军将领,先后曾任两广总督、两江总督,著有《刘坤一遗集》。刘先生倡导译学之时,应在19世纪下半叶和20世纪初,那就更早了,显然也是指译介活动。

其实,"早在清初康熙十二年(1673),四译馆官员增补《四译馆则》时,于其'选贮收考'一节中已多处出现'译学'一词。如:'暹罗百译馆官生俱绝,诚恐译学失传,移文收考,以备任用……'同时,还多处出现了'译学人才'一词。但纵观《馆则》全文,关于此二词的概念并无明确的表述,当时对此认识尚处于混沌阶段。"(李亚舒、黎难秋:294)不错,在336年之前,我们的先辈并没有对"译学"与"译学人才"做出界定,那时的认识也肯定"处于混沌阶段",但实在说来,这恐怕也是世界上关于"译学"与"译学人才"名词问世最早的记载了。当前英语中用作翻译学科名称的 translation studies 或 translatology,都是最近才登场的,因而我们有充分的理由感到自豪。

"翻译学"用于指翻译研究,或许始于1927年9月出版的蒋翼振编的《翻译学通论》。1933年林语堂在《语言学论丛》发表"论翻译",

第一部分的题目是"论译学无成规",说该文的目的"并不是要替'译学'画出一些规矩准绳来,或是要做些削足适履,强人以同的工夫。"(中国译协等,1984:259)林氏的译学,显然又是指译述活动,而非理论探讨。不但如此,对于规矩探讨式的研究,还流露出不屑之意。这是历史惯性使然,不到一定时间,就不可能有瓜熟蒂落的现象产生。董秋斯于 1951 年在《翻译通报》发表"论翻译理论的建设",首次明确提出建立中国翻译学的主张,确认了"翻译是一种科学"的命题(孙迎春,1999:673 - 674)。在他的研究中,"翻译学"是分成实践与理论两个部分的。1984 年中国翻译工作者协会与《翻译通讯》编辑部出了一套"译学丛书",这个"译学"专指译事研究。"译学丛书"影响很大,而后这种用法渐渐多了起来,但用"译学"一语泛指译事活动及其研究的仍时时可见。如《译学大词典》,以"译学"入词典之名,含 1. 名词、术语、理论概念;2. 翻译的方法与技巧;3. 译文赏析;4. 译学名人;5. 学术著作选介;6. 著名译作选介;7. 汉英、英汉翻译实例;8. 翻译组织与刊物;9. 汉英术语对照表九个大的组成部分,其中 2、3、4、6、7、8 项都是贴近实践或翻译过程所涉及的各种成分及译事一般知识、信息的,并不仅限于系统探讨翻译的理论方面。"译学"在这里是一个很广义的用法。

理论与实践是翻译学学科的两个方面,相辅相成,缺一不可。杨自俭先生称赞马祖毅"编著的我国第一本《中国翻译简史》("五四"以前部分)对我国翻译学科的建设作出了巨大贡献","此书读完之后,可以清楚地知道中国古代到近代的翻译事业和翻译理论的产生、演变和发展的历史进程。"(杨自俭序,见马祖毅,1998:IX - X)翻译史作为一种学术性著作,是译学学科的一个重要组成部分,对于翻译事业和翻译理论两个部分的产生、演变和发展,都要述及,不能只顾一面,忽视另一面。

最狭义的"翻译学",是指以应用语言学为理论基础的翻译研究。

Mary Snell-Hornby(玛丽·斯奈尔—霍恩比)说,从20世纪50年代至80年代,由于现代语言学的发展,"出现了一个以语言学为基础的翻译理论,特别是在德国,培养译者的机构在各大学纷纷问世,于是这个翻译理论便以 Übersetzungswissenschaft 或 translatology 为名成为一个新的学术研究科目。"(Snell-Hornby, 2002:8)这一学科是由德国的莱比锡学派创立的,"……长期以来被毫不含糊地界定为'应用语言学'的一个分支,凡是应用语言学的宗旨和方法,均照搬不误。"(同上,14)这种认识复制到我国,被语言学界所接受,而语言学在近现代学术史上又比翻译学发展得早,语言学学术界泰斗如王德春等均持此见,故1992年我国国家技术监督局将"翻译学"定为"应用语言学"(二级学科)之下的三级学科,也就不足为奇了。翻译学这门高层次的学问,虽成熟较晚,但近30年来有了迅猛的发展,译界对于这一学科的性质——"综合—开放型学科"——已基本达成共识,但国家技术监督局那个迟到的三级学科的定位,至今未变,已然落后于译学研究成果多年。

由上可见,"翻译学"一语的意义,由广至狭可排列如下:
(1) 包括理论与实践在内的所有与翻译有关的行为、事物;
(2) 指两种情况之一:① 主要指译事活动;
② 仅指翻译研究;
(3) 仅指从语言学或某一其他途径进行的系统性理论探讨及其成果;
(4) 仅指从应用语言学途径进行的系统性理论探讨及其成果。

因此,"翻译学"是一个多义词,其多义性是在众多学者的使用过程中形成的,它的多种含义在使用的层次、广狭上有所不同。对于这样一个使用广泛的语词,学术界无法给它确立一个精确的、仅能在一个层次上使用的意义,并借以统一人们的认识,而只能在具体的研究项目中阐明,这里所用的"翻译学"指什么,处于什么层次。如上所述,翻译学的确立与翻译实践的迅猛发展、大学纷纷设立翻译专业有着必然的因果关系。因而,最常用的"翻译学"概念,应当既包括系统的学科性理论研究,又涵盖专业性翻译技艺的训练及译事活动。也就是说,既指学术的分类,又指教学的科目,又指翻译实践活动,这样才能实现并继续理论与实践的互动,促进译学的发展。当然,"翻译学"某些时候亦可仅指"形而上"的系统的理论探讨,但它仅涉及少数译学学者,故此不能试图以这一最高、较狭层次上的用法抹去其他层次的用法,因为那样不利于译学学科的发展。而且,即使想这样做,欲以单一的内涵统一"翻译学"一语的使用,也是不可能做到的。理论之"毛"虽独具特点,有其全然不同于"皮"之处,但它毕竟须附着于"皮"之上。不然,存在尚不可能,又何谈发展?

2.1.2.2.2 译学词典学

谭载喜在《试论翻译学》(谭载喜,1988)一文中将翻译学分为三个组成部分:普通翻译学、特殊翻译学和应用翻译学。他认为应用翻译学主要研究如何把普通翻译学和特殊翻译学理论应用于翻译实践、翻译教学、翻译批评、翻译工具书编纂和机器翻译等,从微观上对翻译的目的、功能、标准、程序和方法以及它们之间的相互关系作出说明。笔者大体上同意他的这种分法,但"翻译工具书编纂"应改为"译学工具书编纂"或"译学词典编纂"。因为,顾名思义,"翻译工具书"是用于翻译实践的工具书,而与翻译理论研究无关,这是不完全符合译学词典的编纂实际及译学词典的本质特征的。从目前已经问世并已产生较大影响的几种译学词典来看,都具有强调翻译学的系统性、科学性、知识性、理论性、实践性、综合性的本质特征。

既然以"翻译学"作为学科名称,那么,一切与翻译研究相关的内容便都应涵盖在内;若取义过狭,便与译学实际不符,势必会妨碍译学学科的发展。当然,在进行微观性研究的时候,完全可以、而且应当给予系统性术语以适当的、精确的定义,以免造成概念上的混乱。译学这个使用频率很高的概念,可以在不同的层面上使用,在最高的宏观层面上,我采用中国传统的译学概念,将一切与翻译研究相关的内容都涵盖在内,而翻译研究又必须以翻译实务为基础,故综合性译学词典不妨以研究类条目为统帅,带领起实务性条目,共同构成一个大的译学体系,充分体现翻译学是一门综合性学科的命题的精神。而且,因译学一名取义宏大,译学词典便应包括各种类型的译学工具书,不管它属实务类还是研究类,要尽行囊括在内。当然,处于核心地位、起统帅作用的,是理论研究性译学词典,以此为圆心,各类译学工具书按其学术性强弱,分层排列,共同组合成为一个完整的译学词典体系,将王克非(2003)所列的三类六种翻译工具书 1. 人、地、事件、机构等专名词典;2. 翻译参考书;3. 翻译家词典;4. 翻译书目;5. 翻译研究类词典;6. 翻译研究书目、文摘,尽行囊括在内。上引之谭载喜分类法,第 3 类应用翻译学所追求的是理论与翻译实践、翻译教学、翻译批评、翻译工具书编纂和机器翻译等的结合,这种分法所反映的思想,当然与认为翻译学仅指一个严密的理论体系,或更大一些,指翻译研究的概念是格格不入的。将来的译学词典学,其实践部分以译学词典编纂为中心任务,其理论部分以译学词典为研究对象,是一门在翻译学和词典学两个领域都有一个位置的工具之学,其实践部分属应用翻译学,其理论部分属特殊翻译学。语言是隐喻性的。虽"译学"在中国原本就是一个翻译领域的大的类词,而"词典"却是由稍低的下义词上升为大的类词——高层上义词的。

或曰,既然你所说的"译学词典学"是一门工具之学,那还不如仍维持"翻译工具书"的称呼,而研究它的学问则可叫做"翻译工具书学"。这种意见笔者不能苟同,因为这种称谓既啰嗦,又有学术含量较低之嫌。译学词典的编纂,有其"本身的特殊性和艰巨性"(辜正坤,见孙迎春,1999:序言二),如不在学术领域名称上恰如其分地传达其学术性,则很难引起重视,从而无人甘愿经年累月地从事词典编纂工作;而如果没有多种译学词典源源不断地问世,对其进行理论研究也就成了一句空话,进而必然会影响译学学科的完善与发展。还有人会说,以"词典"作统称,合适不合适？鄙意以为,没有什么不合适的,因为语言本具隐喻性,部分代整体,整体代部分都是正常现象。概念都是人用出来的。一个概念,你本不想那样用,有时却无意识地那样用了,如著名学者王克非在上引之文谈论第五种"翻译工具书"时,在"5.翻译研究类词典"的标题之下,不仅评述了以"词典"命名的 Dictionary of Translation Studies 翻译学词典（1997）、《译学大词典》(1999),而且也介绍了以"百科全书"命名的 An Encyclopedia of Translation: Chinese-English, English-Chinese （1995）、Routledge Encyclopedia of Translation Studies(1998)以及尚未出版的 An International Encyclopedia of Translation Studies(《国际译学百科全书》)。请再注意《中国翻译》发表王克非文的栏目名称:"辞典编纂研究"。"辞典"与"词典"是通用的。这些说明,"词典"一语是可以用作高层上义词的。上海辞书出版社编辑的权威辞书研究刊物《辞书研究》研究各种工具书。当然,在中国"辞书"原比"辞典"范围大,"手册"、"百科全书"等语词工具书均包括在内。词典学界为研究词典的学问取名为"词典学",但研究的范围却并不仅限于词典。这个"词典学"相当于"辞书学"。

当然,这并不妨碍"词典"必要时在下义层面上的使用,语境会告诉人们一切。语言就是这样,一个使用频度极高的常用词免不了在不同层面上使用,并产生多种含义,你再采取各种方法加以规范,也无法只留一种含义,灭掉它种。如英语中的 man 一词,仅《英华大词典》里给出的意义就有:①[无冠词]男人,男子;人类.②成年男子;男子汉,大丈夫;相当人物,重要(著名)的人;个人,(某种)人;恰好的人,对手.③[古]家臣,从者,部下;仆人,雇工,工人;[pl]兵士,水兵;士兵.④丈夫;[方]情人.⑤(大学等的)出身者;学生.⑥[称呼]你,喂.⑦【象棋】棋子.⑧[用作不定代名词]人,谁(= one)。"译学"也可用于处在下义层面上的理论体系,如 M. Shuttleworth 和 M. Cowie 所编写的 *Dictionary of Translation Studies*,包含 400 余个词目,就大体上限定在理论概念之内,虽也有少量的介绍翻译的组织、学派、事物等。在介绍理论体系方面,遵循的是多元互补、客观描写的原则,对各门各派的理论概念均加以介绍,而不是硬性树立一门,排斥其他学派。

以"译学词典"作为"译学工具书"的统称,能够增强人们对其重视程度,让人们认识到"译学词典编纂与研究"(将来或可称作"译学词典学")是一门新兴的学科,是译学研究的一个重要组成部分。那些一提实践,一提工具就反感的学者,尤其需要提高认识。任何一门学科,它愈益发展,词典的编纂与研究便愈显得重要。将来以"译学词典学"作学科名称,优点有三:学术性强、简明扼要和响亮有力。

2.2 译学词典的功用

译典编研作为工具之学,就要围绕"工具"来做文章。能不能制造和使用工具有着标志性重要意义,它将人从动物界划分出来,连同语言形成人的最基本特征。工具一词的本义是泛指劳动生产中使用的器具,如锯、刨、犁、锄。一种工具发挥一种功用,如锯起拉开木石等材料的作用;刨起刮平木料钢材的作用;犁起翻土耕地的作用;锄起松土除草的作用。可见没有功用就不能称作工具。我们说语言是人们交流思想的工具,这是一种比喻,喻指用以达到交流思想目的的语言。相比于生产工具,语言是一种抽象的事物,交流思想离不开它。那么,译学词典之为工具,我们用它来做什么呢?

2.2.1 工具的重要性

2500年前,孔子就教导他的学生子贡说:"工欲善其事,必先利其器。"做工要有做工的工具,务农要有务农的工具,学习要有学习的工具。工具越先进,效率会越高,日常生产和生活中是这样,非常时期也是如此,例如在抢险救灾时的生命拯救过程中,"生命探测仪"功不可没,它迅速而准确地发现仍然存活的遇险者,为营救工作争取了宝贵时间。

当今社会,已有越来越多的关键性数据存入了数据库。数据库本身就是一种工具,数据量将变得日益惊人。试问:这么多宝贵的数据,其利用率是否很高呢?回答是否定的。大量的数据被锁入计算机系统的迷宫中,数据库不啻为数据监狱。仅拥有数据仓库,而没有科学的数据仓库管理系统、查询工具和功能强大的分析工具,就如同守着一座储量丰富的金矿而不知如何采掘。可见,工具问题不仅重要,而且极其复杂。

译学词典是从事翻译和研究翻译的工具,是翻译家和学者们需要倚重的。其重要性无论怎样强调都不为过,而这一领域的研究仍处于起步和初步发展阶段,需要学界给予更多的关注和投入。

2.2.2 工具研究的重要性

刀耕火种也可以出粮食,但效率毕竟不可与拖拉机、康拜因相比。因此工具需要研究,通过研究改进工具,提高效率。美国那样的发达国家,主要是强在核心技术上,别的国家没有人家先进,先进的技术是专家花费脑力研究出来的。核心技术之所以需高度保密,是因为它关系到工具的性能、效用及所创效益。译典作为译学工具,必须编纂规范、种类齐全、内容准确、知识系统、使用方便,而要具备这些优点,就须要进行深入的研究,不断提高质量,增添品种,满足需要。

2.2.3 译典功用种种

主旨与功用处于译典编纂的两个端点,一个是起点,一个是终点。它们是一而二,二而一的两个行为要素。Christiane Nord(克里斯廷·诺德)写有 *Translating as a Purposeful Activity — Functional Approaches Explained*(《目的性行为——析功能翻译理论》)一书,讲述了功能翻译理论20世纪70年代产生于德国的三阶段历程。这个由 Katharina Reiss(凯撒林娜·赖斯)开始、Christiane Nord 煞尾的由三位女学者和一位男士掀起的功能译论浪潮,以"目的论"为旗帜,"试图把翻译从原语的奴役中解放出来,从译入者的新视角来诠释翻译活动,因而给德国翻译理论界带来了一场新的革命"(Nord:出版前言),也向世界译界吹入了一股清新的空气。翻译是一种目的性行为,译学词典与之一脉相承,目的性更加明确。

主旨即主要的意义、用意或目的,是编的一方必须考虑的;功用指功能、用途,所能发挥的有利于使用者的作用,可应用的方面或范围。一部词典,必须先有一个编纂的主旨,只有目的、意义明确,才能确定原则和方法,才能制定出编纂计划,按部就班地实施。主旨的产生,自然要考虑读者,就是说要有一个预想的读者群。词典的价值高低,即终端评价,就得看它的功用如何。功用直接与读者的词典使用相关,它可以标示词典的编纂主旨在什么程度上得到了实现。译学词典的功用,可从宏观和微观两个视角来考虑。

2.2.3.1 宏观视角

一般说词典的功用,多不必从宏观视角考虑,因为宏观视角具总体性,且与各种外部因素相关,在成熟已久的词典领域,是不必明言的。译学词典因产生的历史较短,受到关注和研究的时间更短,人们对它的认识还比较肤浅，不够深入全面，因而首先需要从宏观角度加以考察。译学词典有多种功能，不是一般学术著作可以替代的，不少学者都撰文进行了探讨，可概括为如下一些方面：

(1) 展示阵容成果

译典功用之一在于它的展览馆功能，即展示译学研究的强大阵容和重要成果。《中国翻译词典》记录了一千多位翻译家辛勤笔耕的翻译业绩和翻译观点，介绍的译学著作数以百计；《译学大词典》在"译学名人"部分介绍了近600余位译界著名人物，翻译家与翻译理论家并重，在"学术著作选介"部分介绍了650余种著作或文章（其中200余种为简介，400余种为索引），在"著名译作选介"部分介绍了330余种译作（其中60余种为索引），虽离全面尚有距离，但在为学者提供大量资料的同时，让译界以外的人士一观而觉其强大阵容和累累硕果。这种功能对于翻译学是很重要的，因为一个学科需要得到学界的承认，须得与其他学科相比较而存在，相促进而发展。

(2) 总结翻译经验

怎样才能促进翻译实践与理论的发展？总结翻译经验是必不可少的一条。译学词典是由译事经验、译学理论积淀而成，里面所容纳的是古今中外成百上千译界人物智慧的结晶，这一点是不难想象的。张今先生在1999年5月写给笔者的信中说："……似乎还没有意识到编纂一部《文学翻译大辞典》才是总结文学翻译经验的最好办法。"（孙迎春，2003:1）这里所谈的总结翻译经验，不是指通过对老一辈翻译家进行简单的采访和调查，将他们的感性经验搜集、记录下来，加以分类梳理，那样做得出的结果，当然需要，也很重要，但它并不就是科学的翻译理论。张今先生在同一封信中说："中国学者往往缺乏理论思维。一位缺乏理论思维的学者，即令学富五车，如钱锺书先生，其工作，在本质上与一位经验丰富的老农何异？"一位译学词典的编者，本身须有较高的理论水平和较强的抽象思维能力，对译界的方方面面有深入、全面的了解,方能将已出版理论著作中的精华提取出来,以分门别类众多词条的形式,展现给读者。实践型译典是译事经验的总结,理论型译典是理论研究经验的总结,综合型译典则兼顾各个方面。翻译的方法与技巧,是许多人研究的成果、经验的积累,收在译典里面,是因为它们既通过经验证明,又通过理论研究,是反映翻译性质和规律的操作规程。*Routledge Encyclopedia of Translation Studies* 的主编 Mona Baker 邀请了 Nida、Gentzler、Venuti、Toury、Shuttleworth、Bell 等 95 位世界名人撰写词条。该书包括两部分:第一部分是通论,含 81 个条目,实即 81 篇具有历时、共时两个维度的专题探讨;第二部分是翻译史,介绍了世界上 31 种文化的翻译传统,如非洲、希腊、中国、俄罗斯、法国等国,条目内设有参见,除史实叙述外,条目内还包括"译者传记"和"进一步阅读"等项目。各条目在分别展示译学理论家思维成果的时候,似乎是将这些理论家聚集到了一起,请他们发表自己经长期思考、研究产生的见解,他们的见解自会有差异,甚至产生矛盾,但都各有其独特的价值,读者将若干词条联系在一起考虑,自会发现些什么,触发自己的理论思维,从而有助于他们自己的理论研究。选词立目存在一个选择、扬弃的过程,实际上是站在一个相当高的位置,进行理论总结。那些词条看似各自分离,没有规律,而实际上却反映着编者的思想体系和理论水平,构成一个隐形理论系统。

(3) 影响相关学科

充分表现译学与相关学科的关系,并对其他学科产生较大影响,这是译典的特殊功能,远非一般专著可以相比。杨自俭先生对学科成熟的标准,曾作过很详细的论述:"学科成熟的一个重要标志是理论与应用两部分界限清楚、自成体系,并能为其他学科提供理论和方法。要建设一个学科除上述指导思想外,还有 5 个问题或者说 5 条标准必须说明和参照。(1)研究对象和领域是否清楚。(2)学科的性质是否明确。(3)学科的理论体系是否构成。这一条还包括是否有分级的范畴;范畴界定是否清楚并前后一致;范畴是否形成严密的逻辑体系;理论是否普遍有效等。(4)本学科与相关学科的关系是否清楚。(5)是否有本学科的方法论。"(杨自俭:2000)应当说这5条标准所涉及的内容具有普遍性,实现的程度越大,便越能得到学界的认可,但在具体运用中也不能太机械。经过翻译界学者们的共同努力,人们清楚地看到,翻译学科已不同程度地达到了所定各条标准。这里单说第(4)条。实际上,如果第一条所讲的对象和领域清楚了,第(2)条所讲的学科性质明确了,那么第(4)条所讲的本学科与相关学科的关系也就清楚了。由于翻译学的性质复杂,涉及方方面面,与若干相关学科既有实质性区别,又有剪不断的交叉联系,就不能简单从事,看它是否与其他学科界限分明,互不相涉。复杂的事物就要用复杂的眼光和心态来对待,若以简单事物的界限分明来要求,就会妨碍翻译学的发展。当然,即便是苛刻要求,翻译学也不会停止发展,乃至烟消云散,因为人类的生存需要它,它自有一个运行的轨迹。

我们不仅要看到,翻译学与相关学科之间既有实质性区别,又有剪不断的交叉联系,更要看到,翻译学已经并将继续对其他学科产生影响。译典学者Mark Shuttleworth对此所做的表述因生自译典编纂实践,故而透露出一种全面而准确的特性:"翻译可被视作多个不同学科之间的交汇点,因此,许多其他学科对此表现出了应有的兴趣。从另一方面看,翻译研究不仅给本学科的专家们提供了用武之地,也使其他学科受益。例如,翻译研究与文学研究、哲学、人类学、语言学等各个领域之间,在知识、认识与方法的层面有着大量的相互渗透。正因为有知识领域的这种相互渗透,有人就提出应当把翻译研究称作一门'交叉学科'(Snell-Hornby,1991;1994)。"(谭载喜,原序:ⅩⅩ)《译学大词典》在第一部分名词、术语、理论概念中收有"当代比较语言学"、"东西方思维方法差异"、"对比语言学"、"翻译的风格论"、"翻译的美学观"、"翻译美学的范畴和任务"、"翻译学内部系统"、"翻译学外部系统"、"翻译学在当代语言学中的地位"、"话语语言学与翻译"、"交往即翻译"、"接受美学的合理因素"、"跨文化交际学"、"社会符号学途径"、"社会符号学与意义"、"社会语言学"、"审美心理学"、"剩余信息"、"文化学"、"文艺学途径"、"信息科学"、"修辞功能与手段"、"中西语言哲学观"、"翻译理论的综合性"等许多表现译学与相关学科关系的词条，即令是一般文化人，也可一翻目录即得一粗浅"交叉"印象。交叉就不是单向的。译典之中，每个词条都有自己的词条名，每一条既具完整性而篇幅又很有限，较易吸引学界内外各种人士的目光。译学词典部头大、名称响、容易记、生效快，不经意间就会产生影响。

2.2.3.2 微观视角

（4）规范译学话语

当代社会，知识爆炸，学科林立，一个学科装备有一套本学科趋同的学术用语十分必要。印象式、随意性的评论虽亦可能闪烁出思想的火花，但严肃的学术探讨却不能停留在随意描述印象、发放和观赏火花的阶段，它必须深入地探根寻源，遵循科学的方法和途径，得出深刻的结论，并让界内人士了解，这就要求大家对所涉及学科的基本概念有起码的共识。有了一定共识，大家就容易搞清问题的缘起、发展的脉络、争论的焦点、意欲得出何种结论，而不至于争了半天，最后发现没有什么根本分歧，只是在一些概念的理解和界定上存在差异，没有说到一块儿，研究仍在原地踏步。术语是学科话语的核心，是学术争鸣的共同基础，也就是说，大家都以其做工具，借以论说有价值的话题，而不再毫无意义地争论构成工具的一个个词语。翻译学作为一门新兴学科，因其综合性、开放性、丰富性、复杂性，术语工作愈加显得艰巨。这也正是译典学者的一个用武之地。借助词典的权威性和影响力,帮助翻译学逐步建立一套学术用语,使术语规范化,从而有助于形形色色课题的探讨,是译学词典的天职。基本术语,一词一义,这是最为理想的。然就目前而言,一词多义、多解的现象普遍存在,往往也不好硬性规定哪个正确,哪个错误。当所给出的解释在3个左右时,如果话中词语确系译学学术探讨所常用,我们可视同术语,或称之为准术语,因为其解数量在可控范围之内。若远远超出,则无论如何不能看作术语,只能看作话题。譬如"翻译",可视为永恒的话题,却不宜将其硬搞成一个标准的术语;混沌本无七窍,强行凿而出之,则新物出,混沌死。当然,如果混沌确实走完了他的生命历程,须得寿终正寝了,那也没有办法,也要顺其自然。然既是话题,就没有固定的答案,人们可各抒己见。有朝一日人们在某一个话题上把话说完了,形成一个主流见解,记录下来,打磨打磨,这一话题就转化成了术语。

术语规范问题看似简单,实际颇为复杂,操作起来难度甚大。首先要搞清什么是术语,它与名词、概念有什么区别。一般读者不加区别,对这三个词等量齐观,但词典研究却需要细细加以区别。《现代汉语词典》对"术语"的解释为:"某门学科中的专门用语。"(中国社会科学院语言研究所词典编辑室:1174)既是学科用语就需具备如下条件:(1)意义单一,如求单一不得,也须在可控范围之内,如三个左右;(2)在学科范围内通用,而不是个人或少数人用语。关于"名词",《现汉》所提供的相关解释有两个:"①表示人或事物名称的词,如'人、牛、水、友谊、团体、今天、中间、北京、孔子'。②(~儿)术语或近似术语的字眼(不限于语法上的名词):化学~|新名词儿。"(同上:886)第二种解释等于或大于"术语",那"大于"的理解,就无边无沿了,无须过多用墨;第一种则范围较小,仅包括人或事物的名称。对译学词典而言,重要的译学人、事、物须收入,如严复、罗塞塔石碑,尽管它们都不是术语。这是就译学词典的总体特别是综合性译学词典而言,若

是性质单一的术语词典则须慎重。

概念与术语的关系更为难处,因为术语也是一种概念,而概念却不必尽为术语,事实上只有一小部分概念才具有术语的特征。《译学大词典》的第一个义类是"名词、术语、理论概念",包括三个成分,因为其中的任何一个词语单出都无法涵盖这一部分的内容。按编者的本意,本部分以术语为核心,同时收入一些重要的译学名词和虽非术语却常使用的翻译理论概念。概念是"思维的基本形式之一,反映客观事物的一般的、本质的特征。人类在认识过程中,把所感悟到的事物的共同特点抽出来,加以概括,就成为概念。比如从白雪、白马、白纸等事物里抽出'白'的概念。"(同上:404)可见,概念的范围比术语大得多。在翻译学范围内,笔者以为,如果一个词语能够反映译学事物一般的、本质的特征,且又具有很高的使用率,得到很多人的认同,则代表这一理论概念的词语即可视为术语。除此以外,某些反映理论家对于译学深刻思维的词语,虽不具备术语的充分特征,却因其深刻性、前瞻性、代表性而有资格进入译学词典。Mark Shuttleworth 的 *Dictionary of Translation Studies* 就是这样做的。具有一定的综合性并不影响它成为一部很好的术语词典,因为任何纯而又纯之物往往欠缺生命力。

"原则上,翻译是以个体为中心的活动,自然会各自对翻译的方方面面自立名目,外加对西方译学术语译法不同与自创新名词,势必造成理解的混乱。译学概念无须丰茂多样,只需单一精当,故要统一定名。"(范芬、于薇薇)这里所说的概念如果换为术语,那么追求"单一精当"和"统一定名"并无不妥,但对于非术语的概念则无法这样要求。两位青年学者倡导"概念单一",对五本词典就"翻译单位"所作的不同解释进行了分析,却也没有给出一个她们认为正确的单一定义,这说明结合译典编纂把名词、术语、概念问题研究透是很不容易的。良好的愿望不能解决实际问题。在翻译学范围内,够得上严格术语条件的词语恐怕只有一二百个,其数量的扩大只能慢慢来,只能慢慢从译学理论概念中产生。所以,译学词典中收入一些候选对象并无不妥,既可以反映译学的实际情况,又颇有助于规范译学话语。

(5) 进行译事研究

译学词典本身是译事研究中产生的事物,而当其产生之后,又反过来成为进行译事研究的一条途径、一种方法。以译典为研究对象的学问,可称为译学词典编研,将来可望发展成为译学词典学。其实践部分以译典编纂为中心任务,其理论部分以译典为研究对象,是一门在翻译学和词典学两个领域都有一个位置的工具之学。虽说如此,其主要家园自当建在翻译学,而在词典学的位置可喻为别墅。在翻译学之内,其实践部分属应用翻译学,其理论部分属特殊翻译学。由上可见,此领域的跨学科性质特别明显,外面跨,里面也跨。

译典编研可在宏观、微观两个方面对译事研究作出贡献。从宏观方面说,最重要的是提供了一个视野开阔的高度。翻译是人文社会学科,理论研究中难免带出主观、片面的色彩,见仁见智,而译学词典编研则涵盖一切,以其特有的高度和客观性,通过不同类型的词典及研究,梳理各个流派,描写译学研究全貌。从微观方面说,译学的各个方面均可在译典编研框架下进行研究。譬如,翻译理论、翻译技巧、翻译术语、翻译人物、翻译史实、译事知识、翻译论著、著名译作、翻译实例、翻译社团、出版机构等,无一不在眼帘之内。各个方面的内容,均有可能以词条的形式进入译典,而对于不同内容词目的释义,又会激发学者的深入钻研,乃至撰写论文论著。仅以术语释义而言,杨自俭在"关于博士教育和专科词典研究问题——《翻译学词典博士文集》序"中就谈到了8个须要注意的要素:(1)词源;(2)本义;(3)引申义;(4)词义演变史;(5)中外对比;(6)近义术语比较;(7)最新定义;(8)义项阐释。他对术语释义须含这些要素的理据——举例进行了说明。(杨自俭:2006)由这8点可知,撰写术语释义就是进行理论研究,而且是最规范的理论研究,因为词典具有系统性,在撰写一个词目的释义的时候,需要把这个词目放在整个术语系统中加以考虑。落笔成条,一个个条目给人们带去无尽的信息,启人心智,明人心扉,助人论说,论说之一部又会升华为词条进入词典,如此循环,生生不息。

(6) 贮存译学资料

这一作用,可俗喻之为资料库功能。人类的智慧,译学的资料,如果没有地方贮藏,必然会大量流失。这贮藏的地方,当然可以是著作、杂志、网络,同时也不要忘了词典。有那么一种人,别的书不爱收藏,就爱收藏词典,乃至见词典必买。词典在这些人的眼中,不是简单的工具,实乃视之可以娱目、秀色可餐的艺术品。家里的东西堆积多了,找个收废品的处理,别的都可以出手,词典往往保留。另外,词典还不那么会受运动的冲击。"文革"后有一个名人,在入牛棚之前不是名人,入牛棚之后陪伴他的,只有一本《新华字典》。别的书他不是不想带,而是不许带。他在"牛棚"里无事可做,就去背词典,得到了无穷的乐趣,生命受到滋润他活了下来,出来后脑子里装的那些字词都活了,不想成名也难。

(7) 检索译学知识

上面提到的那对青年女学者提出,译学词典除具备普通词典的一般性功能——检索功能;延伸补充;释疑解惑;勘误纠偏——之外,作为翻译学与词典学相结合的产物尚具备四种独特的功能,即统一定名;介绍概况;分类概括;提供参考。(范芬、于薇薇)面对一片混沌,一个人一个分法。我这里先是从宏观视角谈了译典的3种功能:(1)展示阵容成果;(2)总结翻译经验;(3)影响相关学科。又从微观视角谈了3种:(4)规范译学话语;(5)进行译事研究;(6)贮存译学资料。现在来谈最后一种——(7)检索译学知识。其实谈译典功能就是谈译典可用来做些什么,人们自然是各有各的看法。因为观点、立场不同,那看法也就会异彩纷呈。恰如评论《三国演义》,毛批、苏批之外现在又出了个易批,很受欢迎。中国人以《三国》自娱,日本人却有的用它指导经济,且很成功。"检索译学知识"放在最后,last but not least,之所以这样说,是以我观之,它是译典的本原功能,是最基本的。

范芬和于薇薇指出,检索"为词典的首要功能,以查检细节与细读要旨。"对于检索的要求是方便快捷,这就需要在目录呈现、词目编排、参见设置、索引提供等各方面加以协调,用多种手段实现同一目的。例如,假使正文以某种排检法编排,往往配置以不同的排检法索引,相辅相成。读者有了疑难问题,就会查阅词典以释疑解惑。从读者一方来说是目的,从词典一方来说是功能。编了词典是要发挥为读者释疑解惑的功能,这就要编纂科学,便于检索。读者查阅译学词典,一般不外查询如下7个方面的信息:(1)术语定义;(2)理论概念;(3)译学事物信息;(4)译学人物信息;(5)学科发展状况;(6)词句翻译参考;(7)学术思路打通与灵感激发等。从大的方面说,也就是知识查询和实践指导两个方面。

第三章 译典编研的对象与结构

研究任何事物,首先要搞清的是性质和对象。性质决定运行规律,不同的性质引向不同的运行规律。自然科学和人文科学,翻译学和语言学,数学和音乐学,岩石和树木,男人和女人,大人和孩子,都是具有不同性质的事物,因而各有各的运行规律。性质问题我们在上一章已做过探讨,那么,译典编研的对象与结构怎样?这是本章所要考虑的课题。先谈对象。

对象就是目标。一个研究领域,必须有明确的研究目标,如果目标不清楚,就会失去发力的方向,也就不可能达到预期的效果。

3.1 对象

关于研究对象,既需要有高度概括的介绍,又必须有比较具体的分析和述说,目的是为了将译典编研和并列的、上层的、相邻的学科或领域加以区分。如果没有自己独特的研究对象,一个学域自然没有必要和可能成立。

译典编研的研究对象,概括而言,就是一切翻译学词典及工具书。然而,这种过于外在的描述并没有太大的意义。我们必须要深入进去,对一切翻译学词典及工具书加以深入的剖析,搞清其内在成分与外在关系,然后才能做出中规中矩的描述。首先,我们不妨先考察一下其母领域的研究对象,以为借鉴之用。

3.1.1 翻译学研究对象

拿翻译学来说,笼统地讲,其研究对象无非是翻译。这样说固然不错,但失之笼统而缺乏实际意义。关于此课题进行了深入探讨的,有谭载喜、许渊冲、杨自俭等人。"1988年谭载喜(302-303)提出:'翻译学研究的,不应仅仅局限于翻译活动本身,而应包括与翻译活动有关的一切领域。'随之他概括出翻译学的具体研究对象:翻译的实质、原则、标准、方法、技巧、操作过程、程序、过程中各种矛盾。他称这是基本因素,研究的重点,此外还应包括用对比手段研究的7个学科:语义学、句法学、修辞学、社会符号学、文化学、民族语言学、心理学等。"(杨自俭,2002)当然,谭先生所谈到的这些都是翻译学所要研究的对象,但它有2个缺点:一是不够概括,二是不够全面。说它不够概括,因为它太具体:"翻译的实质、原则、标准"属于理论研究,是理论研究的部分重要课题;"方法、技巧、操作过程、程序、过程中各种矛盾"虽与理论研究相关,但主要是应用研究范畴的课题;而"语义学、句法学、修辞学、社会符号学、文化学、民族语言学、心理学等"则是从事翻译研究时所需要借鉴的参照系和理论源泉,并非翻译研究的直接对象。说它不够全面,是因为它主要涉及的是狭义的翻译过程,而对此前的"客观世界、原文作者、原文和原文读者的研究"没有提及,对于此后的诸多因素亦未重视,像译文的研究,其中最主要的是译文的比较研究,像译文的影响研究,其中互动关系是研究的重点,包括译文读者的研究、翻译文化史的研究等。

杨自俭的8因素说是在许渊冲的基础上发展而来的,他这样介绍道:

"1991年许渊冲提出:'结合到翻译艺术上讲,可以有6要素:世界、作者、作品、译者、译作、读者。'后来我(1992:92;1999:85)在许先生这个说法的基础上改为'译学的研究对象包括8大因素。'今天我进一步谈谈这个问题。这8大因素是:客观世界(自然、社会、思维三个领域)、原文作者、原文、原文读者、译者、翻译过程、译文、译文读者。我们知道这8个部分是密切相关的一个整体,是一个系统,既包括主体、客体,也包括过程、结果和影响。客观世界是客体,原文作者是主体,但客体中的社会和思维两个领域又都是人构成的主体。原文对其作者来说是直接客体,原文读者为间接客体。对译者这个主体来说,其客体包括客观世界、原文作者、原文、原文读者,同时还有直接客体译文和间接客体译文读者,所以译者要研究的内容是丰富而复杂的。原文读者以客观世界、原文作者、原文为客体,在阅读原文过程中创造的世界是直接客体。译文读者以译者和译文为客体,在阅读译文过程中也创造一个直接客体。高级译文读者(翻译文学研究者)的客体除译者与译文外,还有客观世界、原文作者、原文、原文读者,同时他还创造了直接客体评论文本和间接客体评论文本读者,他研究的内容更为丰富而复杂。"(2002)

由上可知,许渊冲1991年提出翻译艺术6要素,具有重要意义,是在翻译研究对象探讨方面迈出的重要一步。然其目光所见,主要是实践范围。因此鄙意以为,以杨自俭所说的8因素最为适切,因为它有如下优点:

简洁清晰。如果做不到简洁清晰,就不易和其他学科加以区别,也不容易为人所了解,对学科发展不利。

高度概括。每一项的背后,都有许多内容,都有其与其他因素并列在一处的充分理由。至于那背后的内容,可以在论述时详加阐释。

准确全面。它把最有代表性、最具区别性特征的因素都分离出来了,按翻译行为发生的时间顺序,一一列出。

和许氏分析相比,杨氏结构增加了"原文读者"和"翻译过程"两项。这是极为必要的,因为它的目光扩大,使理论研究进入了眼帘,学术含量大增。首先,"原文读者"不可没有,学者在研究的时候,不能只考虑译文读者的需求,还必须考虑译文读者的反应是否与原文读者相似。如果相似,自然是好,贯彻了忠实准则,如果不同,是否合理,有什么理论基础没有。原文读者和译文读者,是在不同的文化背景下阅读,于是,这"不同"都包括哪些具体内容,如何应对,译者的应对是否妥当,就都成了学者研究的内容。其次,"翻译过程"也不可或缺,它的探讨直接涉及翻译的性质、标准、程序、规范、效果等问题,与其他各个要素都密不可分。另外,还有2处变动:(1)对于第一要素"世界",增加了修饰语"客观",并以括号指出客观世界包括"自然、社会、思维"3个范畴,使之更加明确;(2)"作者"之前饰以"原文",与"译者"相对,暗含着一种可能的解释:译者实为"译文作者",译者不是纯粹在词语层面通过追求对等讨生活的机器人,而是译而作,作而译,译中有作,是富于科学精神并具有创造力的艺术家。

这8大因素,因为是显而易见的,故可称作显性研究对象,处于一级,与之相关的更为具体的内容,可以分层次构成二级、三级研究对象,对其深一步的分析和阐释,学者们的分歧会更大,会给译学的发展带来更大的内驱力。另外,杨自俭从与实践的关系入手所划分的两大译学研究部分——理论研究和应用研究,可以构成不同层级的隐性研究对象,或后台研究对象。对于隐性研究对象,可以从纯学术的角度另起炉灶,重新构建一个体系,与显性体系全然不同。也可以将其与显性研究对象有机混合,放在二级、三级分布开来。这方面的尝试还有待进一步的研究。

3.1.2 译典编研对象

有了翻译学研究对象的基础,我们就可以进一步考察译典领域的研究对象了。如上所述,概括而言就是一切翻译学词典及工具书。如同上面对于翻译学研究对象的考察,我们还必须将其分析为几个可操作的要素,然后一一加以分析,搞清每个要素的性征及其相互关系。

"译学词典"自然是首选对象,这一点恐怕没有什么争议。从译典本体论的角度来看,它是最重要的。译典编研领域是否能够开拓出来,首先系于是否已经有了一批译学词典。它是最易见的研究对象。有了这个基点,就可以由此出发,向上下四周去搜寻了。译学词典相当于翻译学的作品或译品,都是一种劳动生产物。生产作品的是作者,生产译品的是译者,那么生产译典的显然就是编者了。作品或译品里面所写的,叫客观世界,译典里面所装的内容,肯定不能叫做客观世界,有理论,有术语,有各种各样的信息,均与译学有关,故可统称之为译学知识。相当于翻译过程的,是编辑过程。翻译里面有两种读者,一为原文读者,二为译文读者,译典则一般不存在原文与译文之别,故而读者二字不必再加修饰。这5个基本要素,都是从翻译学基本要素比附出来的,按时间流程可排列如下:译学知识——编者——编辑过程——译学词典——读者。

译典5大要素就这样推导出来了。毫无疑问,它们也是密切相关的一个整体,一个不同要素有机相连的系统。译学知识是客体,它大多原本存在于各种书籍、文章中,提取出来,按词条要求编写、加工即可,但也有的不是来自现成的文字材料,例如关于某些翻译家、翻译理论家的信息,可能是由编者直接向本人询得的,带有原创性。编者自然是译典编纂的主体了。他原本是翻译学学者,又懂得词典编纂的理论和方法,发现社会上有编纂译学词典的需要,在筹划了一番,确定了编纂宗旨、词典框架和具体体例之后,就开始了编辑的过程。考察到这里,我们觉得发现了一个新的基本要素了,这就是词典编纂的理论、原则和方法,缺了不行,所以简称"词典知识",加在"译学知识"之后。译学知识是基本内容,在译典中是易见的词典主体内容,而词典知识则是隐性的,它的主体并不作为词条出现在译典中。但词典知识运作于编者的脑海里面,缺了它译典就无从产生。它起的是一种组织作用,因而词典学修养不高,就会直接影响译典的质量。这两种知识一前一后排列在一起,似乎是向人们表明,翻译学词典是译学知识和词典知识相结合的产物。在笔者的想象中,译学知识具阳性或者说父性,词典知识具阴性或者说母性,阴阳相媾,经过了一个复杂而艰苦的编纂过程,生产出了译学词典。编纂出来之后,走向市场,需要的读者买了去阅读或留待查寻。经过大量读者的使用,词典经由市场产生了社会效益和经济效益,再加上学者的研究,有的词典就成了名著,产生广泛而深远的影响。词典当然还有个媒介问题——是纸质的还是电子的?光盘的还是网上的?这会带来一些值得研究的特殊问题,但媒介等问题毕竟没有那么重要,不好列在基本要素里。这样,我们就可以把译典领域的研究对象完整地排列出来了:

译学知识——词典知识——编者——编辑过程——译学词典——读者。

3.2 研究结构

6个基本要素已经构成了一个宏观的结构,接下来我们需要搞得更深入些,把活儿做得细致一些,通过进一步的分析,给出一个切合实用、不仅有骨骼而且有血有肉的结构图,帮助译典编研走向深入。

3.2.1 翻译学词典编纂与研究结构图

由于这方面的研究尚无先例,没有直接性材料可以参照,但学科发展的要求又很急迫,故而只好勉为其难,抛砖引玉。本人经长期思考之后,拿出一个初步的构架图,以求教于方家。

笔者在这里只提供了两个层次的内容,至于是否准确、全面并切合实际,是否合乎译典编研的性质与规律,就需要恳请读者的批评指

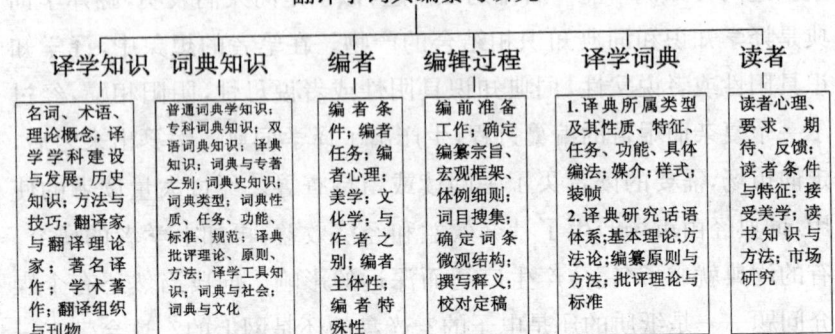

图 1 翻译学词典编纂与研究结构

正了,当然更需要在实践中接受考验。

3.2.2 几点说明

(1) 处于结构图中第一层面的 6 项,正是上文所论及的本领域研究对象——译学知识、词典知识、编者、编辑过程、译学词典、读者。在这 6 项之中,编者处于核心地位,另外 5 个要素都是围绕这一核心要素组合在一起,构成一个系统的。编者是最活跃的因素,其主体性在译典编纂中的作用,比译者主体性在翻译过程中所起的作用要明显大些。词典面貌如何,在市场上效用怎样,影响大小,主要取决于编者。研究编者,就是研究人自身,研究其在编纂过程中的心路历程,及各种影响因素,而这是相当困难的。人们往往关注产品,而不关注生产者,这是功利性在起作用。译者研究在 2000 多年的翻译史上几近空白,虽在当代开始受到关注,但仍很不够。编者研究基本上还没有人做,究其原因,恐怕一是因为认识不到位,人们还没有看到这项研究的重要性;二是因为它的研究如上所说就是人本身的探索,有其特殊的困难。研究它就不免要发现问题,提出问题,设计解决方案,既需要勇气,也需要智慧。

（2）译学知识、词典知识都是译典编纂和批评所必备的，两者结合于研究者的头脑之中，经过其创造性加工、概括，才能够产生译典研究话语体系、基本理论、方法论、批评理论与标准等抽象思维成果。编辑过程是编者实现编纂宗旨、产出译学词典所必须经过的，它必须遵从一定的程序和规范，违反了就会导致低劣词典的出现。编辑过程都包括哪些程序、步骤？除显性因素外还包括什么隐性因素？与编者的心理是怎样一种关系？除编者外还涉及什么人？他们各自的作用如何？译学知识、词典知识在编辑过程中都是怎样运行的？等等。各种问题都会在编辑过程中出现，都需要进行认真的探讨。

（3）译学词典作为编纂的成果，集中体现着编者的编纂思想、智慧、原则、理论及翻译观。所以，编者在编纂的过程中必须搞清所编译典的类型及其性质、特征、任务、功能、具体编法；同时还要考虑媒介、样式、装帧、接受等外在因素。对这些问题都需要进行学术探讨，还要十分重视理论性更强的若干课题的研究。一部部译典问世，特征与任务各不相同，我们对其所作的研究必须有系统观的指引，也就是说，要把已经出版和按需求应当编辑出版的译典视为一个系统，对任何一部或几部译典的研究都要放在这个系统中进行考察，而不是孤立地去看。这就需要有专门的译典学者去搞，而不是任何一个人心血来潮就可以率尔操觚的。

（4）在译典编研领域，读者是一个极为重要的因素，看似只有终端意义，实则亦具起点意义。终端意义指的是，任何词典，其价值——经济效益和社会效益——都必须通过读者的市场行为和阅读行为才能够得以实现。所以，读者心理、要求、期待、反馈；读者条件与特征；社会影响市场研究等一系列问题都涌出来了。起点意义和这里所列的心理、要求、期待、市场相联系，如果不考虑这些因素，社会需求、编纂宗旨、词条微观结构便无由产生。读者心理、接受美学都是需要研究的。

可见，六项环环相扣，密不可分，必须作为一个整体来看待。牵一发而动全身，每个因素都是整体的有机构成成分，处理得好与不好都具有整体意义。

3.3 译学词典编研的责任

James Holmes 1972 年在其著名的论文、翻译学纲领性文件——*The Name and Nature of Translation Studies*（《翻译学的名与实》）中将翻译研究体系分为两大部分：纯理论研究和应用研究；在应用研究之下列有"翻译辅助工具"一项，与之并列的是"翻译教学"和"翻译批评"。在 Holmes 的原始定义中，翻译辅助工具是为了满足译员培训和翻译实践之需，包括辞书性、术语性工具书和对比语言学的研究成果——对比语法，它们都是相关学科（对比语言学和辞书学）的传统研究领域。在这些领域中，已取得了一定成果，完全可以大胆借鉴，充分利用，从而构成翻译研究中的应用研究领域。他还敏锐地指出，应用研究人员有必要明确界定翻译辅助工具的具体编纂标准，并和词典学及语言学学者通力合作进行翻译辅助工具的开发，俾使其满足翻译实践的需要。（Venuti, 2000:182，见赵巍,2006:201）后来，由于 Toury（图里）、Lefevere（勒菲弗尔）、Baker、Even-Zohar（佐哈尔）、Bassnett（巴斯内特）等人的卓越研究，描述性翻译研究成为国外翻译研究的主流，而应用翻译研究相对滞后，我国与此正好相反，因而客观存在着一种东西互补的可能性。2001 年英国萨里大学高级讲师 Jeremy Munday（杰里迈·曼迪）在 *Introducing Translation Studies: Theories and Applications*（《译学导论：理论及其应用》）一书中对应用翻译研究分支进一步加以研究，提出了一个经过扩展的应用翻译研究系统。（Munday, 2001:13）

对于"翻译教学"和"翻译批评"这两块儿，因与本章主旨无关，暂

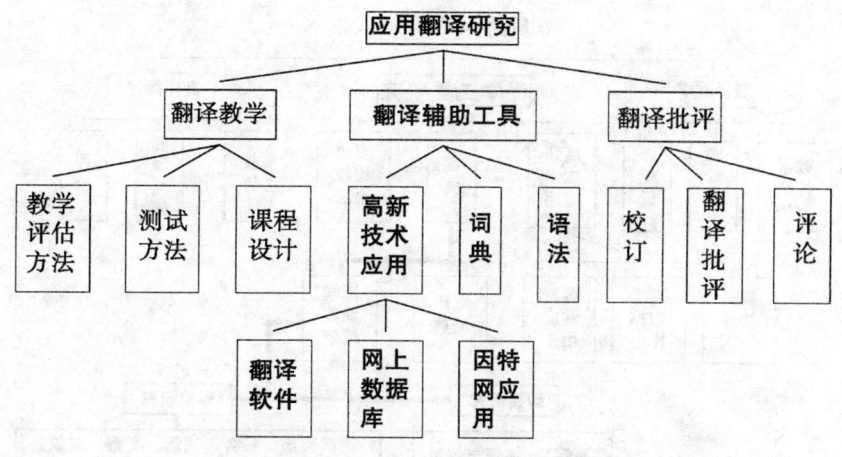

图 2 Munday 的应用翻译研究系统

不论,而 Munday 对于"翻译辅助工具"的进一步划分,则需要探讨一番。在此图中,Munday 将"高新技术应用"、"词典"、"语法"置于"翻译辅助工具"之下,并将"高新技术应用"进一步分为"翻译软件"、"网上数据库"和"因特网应用",而对于词典未作进一步探讨。这种遗憾体现出译典编纂实践对于理论研究的限制,同时也反映出这样一个事实:在 Munday 写作此书之时,他已经看到 Mark Shuttleworth 和 Mona Baker 所出的 *Dictionary of Translation Studies*(1997)和 *Routledge Encyclopedia of Translation Studies*(1998),感觉到其重要性,便将词典列了进来,但又未能洞悉进一步的东西,遂就此打住。译学词典研究是中国的强项,因而我们有必要对这个系统加以发展,将词典的研究内容充实起来。首先,将词典分为译学词典和双语词典两大类,又因为双语词典已在词典学内形成一个分支,且已成果累累,在翻译学内就不再列为重点研究对象。在译学词典之下,按编纂研究和理论研究分为两类,并各自进一步分为若干研究课题如下图:

这里所揭示的译典编研结构,完全是从学术研究的角度考虑的,打破了图 1 中那种先按基本要素、次按要素相关内容考虑的模式。

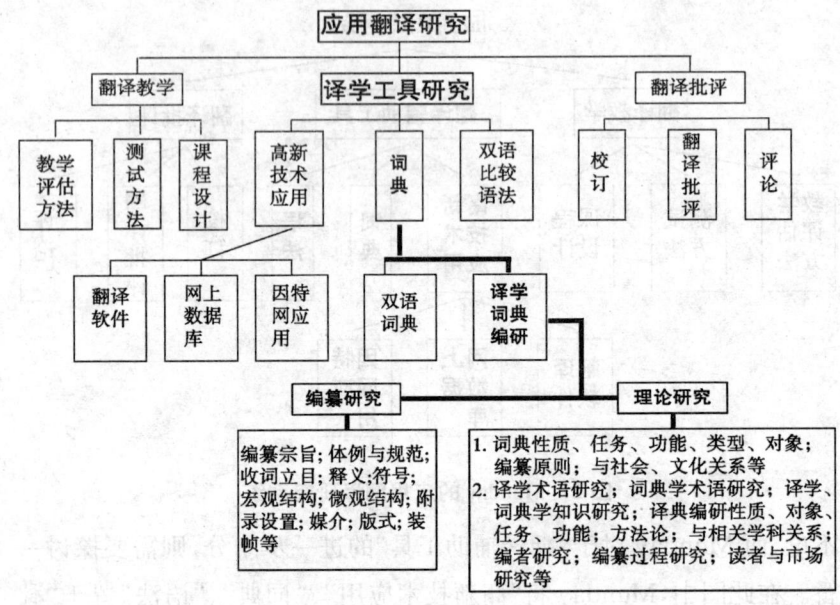

图 3　应用翻译研究下的译典编研

先是将整个译典编研领域按研究的性质划分为"编纂研究"和"理论研究"两大部分,然后再将各自的主要研究课题列出。两个图形,可以相互参照,以便加深理解。

当 Holmes 1972 年绘制翻译学蓝图之时,世上还没有有影响的翻译学词典问世,因而我们也不能苛求他未卜先知,将译典编研绘于图中。翻译学发展到 Munday 考虑同一问题的 2001 年,世界上已有多部译典问世,世界知名的至少有 3 部,中国知名的有 4、5 部,他注意到这一点,但又不了解中国的情况,也对而后的学术发展始料不及,所以在他的应用翻译研究系统图中只有"词典"登场,并无其他具体消息。中国近年的情况则迥异,不仅译典编纂频出成果,而且理论研究开出了一块新的译学领域,被列为 2008 年在上海召开的第十八届国际翻译大会中 12 个主要议题中的第 9 项——术语研究与译学词典研究。从这次翻译大会和以往信息搜集的情况来看,国际上还基本没有什么专门从事译典研究的学者，因此中国的译典学者有条件对这个翻译研究系统图作些研究和修改，以"译学工具研究"取代"翻译辅助工具"的地位，而在实际研究过程中，根据当前情况，我们完全可以用"译典编研"代理之，放在二层领域范畴，让它带领起以下所有层次领域的研究，笔者认为，这就是译典编研的责任，原因如下：

（1）"翻译辅助工具"用作一个笼统的范畴或框架尚可，但如用作一个学术领域的称谓，似乎太缺乏实质内容和学术影响因子。从源头上来说，Holmes所指的"辅助工具"都只与翻译实践相关，而与翻译学术研究无涉，而译学词典则是以学术研究为主要特色。也就是说，译学词典主要是学术研究的成果及其工具。由此可知，"翻译辅助工具"无法涵盖"译学词典"；

（2）与"词典"并列的"高新技术应用"和"双语比较语法"都过于专业化，覆盖面狭窄，很难在理论上产生强大的影响力，无法成为领军性学术研究领域；

（3）与"译学词典编研"并列的"双语词典"早已成为词典学之下的一个研究领域，所出成果已是汗牛充栋，但其理论统摄力也嫌不够强大，因为双语词典的本质特征是对译，无法再有更大的发展空间；

（4）而新生的"译典编研"则不同，它生机勃勃，横跨翻译学和词典学两个独立学科，研究对象广而丰富，在翻译学中是核心子领域之一，所有翻译名词、术语、理论、知识，均可成为译学词典的词条，可谓广阔无边，深不可测，且具有开放性和包容性，完全可以承担起取"翻译辅助工具"而代之的责任。当然，充当领军学术领域不是那么容易的，必须付出更大的努力。我们所要做的是，通过学术组织的有意识联络和本领域的学术研究影响，将另外两三个方面的研究人才吸引过来，大家共同从事具有自觉性的"译学工具研究"。

世界万物，不外乎是大大小小的系统。译学词典编研作为一个新的学术领域，是翻译学大系统中的一个子系统。译学词典是在系统意识指导下，收集译学词汇，加以解释供人检查参考的工具书，人们查阅译学词典的目的，因人因时各不相同，自然会有所侧重，而从译典的职能看，它必须为读者提供一切有价值的译学信息，所以翻译学本体系统的各个组成部分都与其相关，都为之提供词汇与信息。译典编研的复杂性由此可见一斑。凡事预则立，不预则废，故本章针对译学词典编研的结构这一课题，在讨论性质与对象的基础上做了一些初步的探讨，提出了两个草案，相参相照，俾有助于推动译学词典研究的深入发展，并希望引起更多的关注和讨论。

译学词典编研这个领域，因直接关系到名词、术语、理论概念等译学核心问题，而且任何译学知识均有可能以词条的形式进入译典，加之译典具有工具性、权威性、描写性、规范性、实用性等特征，这就赋予了译典编研为翻译学核心子领域之一的地位，尽管学界对于这一点的认识还很不到位。因为产生的时间短，这一领域的性征还不为广大译学学者所认识，成果也还不够丰富，但同时，这也给有志于此的学者们提供了一方大有可为的天地。在这一领域的开拓与研究中，中国在世界上起了先锋的作用，已经召开了4次全国性研讨会，每次都有新的发展。正式出版了4部文集和一本核心刊物专辑，3部专著，这在世界上是独一无二的。我们完全可以预言，再经过5、6年的不懈努力，中国的译学学者将在翻译学词典编纂与研究这片天地里，为世界译学做出辉煌的实质性贡献！

第四章 学域定位

译学词典编研是个新兴研究领域，在学界还没有个适当的位置，我们须要经过认真的研究为之定位。这是一个首要的、前提性的步骤。数年前，颇有人反对谈论这个问题，认为先要出成果，不要动不动就说什么新的研究领域，考虑叫这个或那个名称。其实，理论的重要功用之一就是前瞻以提供指导。空谈或幻想是科学论述或行为的前奏。自2001年以来译典研究成果逐渐增多，再谈这个问题时反对的声音已经减弱了许多，支持的人多起来了，还有的人由反对转向了支持，这是令人感到欣慰的。

像是翻译学与词典学这两个家庭的孩子相结合，生了个儿子叫译学词典，和两边都有血缘关系，但因为没有经过正式程序双方家庭都还没有给他个位置。学科定位是个比喻的说法，《辞海》上对定位的本义有很详细的说明："在对工件进行加工或测量时，使之取得正确位置的过程。通常是以工件上的某些基准面安放在机床、夹具的相应支承面上，使之获得正确的位置。"（辞海编辑委员会：354）因而我们不妨再把译学词典比作一个需要加工或测量的工件，你在对它实施任何行动之前，先得为它找个合适的位置，不然你加工什么，测量什么？对抽象的事物来说，所谓定位就是"把事物放在适当的地位并做出某种评价。"（中国社会科学院语言研究所词典编辑室：297）本章就是做些这方面的尝试。

4.1 产生动因与译典足迹

一部部翻译学词典的产生，和许多其他新生事物一样，大多不是由上而下的行为。《翻译研究关键词》(2004)的扉页后面标着"与国际翻译联合会(FIT)及国际大学口笔译协会(CIUTI)合作项目",像那样正式并得到较多支持的情况令人羡慕,但却是很少的。《关键词》的原作似乎并未正式出版,其术语系统的基础是 Translation Terminology(《翻译学术语》)的首位编者 Jean Delisle(让·迪里索)1993 年在渥太华大学出版社出版、供普通初学者使用的翻译手册 La traduction raisonnée 里面的术语汇编(19–49),那也是编者的个人行为。

有两个需求构成译学词典产生的动因,一是规范术语,二是汇编译学知识。在 Translation Terminology 及其译本出版之前已有中国香港学者 Chan Sin-wai 编纂了 A Glossary of Translation Terms: Chinese-English, English-Chinese,在香港中文大学出版社出版,时间与 Jean Delisle 的翻译手册恰是一年——1993。一个具单科性,一个具综合性。《关键词·引言》对编写术语词典的主旨交代得很清楚:"从教学的角度来看,没有任何元语言和专门术语太多都绝非好事。译者作为专业的交际者,应该很清楚通天塔症候群的危险性。他们深知术语充斥、同义词泛滥会导致混乱,从而影响交际。因此,就翻译教学而言,是整理有关术语的时候了。"(孙艺风、仲伟合:12)探讨这一课题的,是来自 8 个国家大学的近 20 名翻译教师和术语学家,他们组成了一个工作小组,意在建立实用翻译教学的基本词汇。这一行动具有重大实际意义和学术意义,但存在一定局限。规范术语不止是翻译教学的事,它同时也是学术研究的事。如果从教学角度考虑只要有大约 200 个术语即可,那么从理论探讨视角来看恐怕还需要增加一倍以上。

促使译学词典产生的第二个需求是汇编译学知识,以满足研究之需。术语研究是核心,但远不是全部。在现代史上,人们首先考虑到的是翻译书目,这恐怕是因为 20 世纪是 a century of translation,一个翻译世纪,交通通讯日益发达,各国交往陡增,翻译成了人类生活中必不可少的组成部分,而且所占份额大增的缘故。各国都译了大量书籍,时间长了就需要整理。从 50 年代到 80 年代,这方面出版的书举隅如下:

1958. 近百年来中译西书目录. 国立中央图书馆. 台北:中华文化委员会.

1959. 明治、大正、昭和翻译文学目录. 国立国会图书馆. 东京:风间书房.

1964. 中译外文图书目录. 国立中央图书馆. 台北:国立中央图书馆.

1975. 中国文献西译书目. 王尔敏. 台北:商务印书馆.

1980. 中国译日本书综合目录. 谭汝谦. 香港:香港中文大学出版社.

这些书问世的时候叫书目或目录,不叫也不可能叫译学词典,但其内容却可成为译学词典的一部分,因而可目之为替译典打前站的先锋,或起侦察作用的触角。

第二类是一些对译者有使用价值的手册:

1974. 国际翻译手册. 胡子丹. 台北:国际文化事业公司.

1979. *Translation and Translators: An International Directory and Guide*. Stefan Congrat-Butlar. New York:RR Bowker, Co.

1979. 英汉·汉英新编翻译手册. 罗斯. 香港:商务印书馆.

1980. *ECCE Translator's Manual: An Annotated Bibliographical Handbook on English-Chinese Chinese-English Translation with Documentation and Organization Information*. John J. Deeney, et al. Hongkong:Department of Extramural Studies, The Chinese University of Hongkong.

1983. *The Translator's Handbook*. Catriona Picken. London:Aslib.

1986. 科技翻译工作者手册. 李维颐等. 天津：天津科学技术大学出版社.

第三类涉及翻译的主体——翻译家：

1988. 中国翻译家词典. 林辉. 北京：中国对外翻译出版公司.

1991. 中国科技翻译家词典. 林煌天、贺冲寅. 上海：上海翻译出版公司.

接下来译学词典的核心部分——术语—话语词典粉墨登场了，这是一个多数人认为翻译学已经建立的时期：

1993. *A Glossary of Translation Terms: Chinese-English, English-Chinese*. Chan Sin-wai. Hong Kong：The Chinese University Press.

1997. *Dictionary of Translation Studies*. Mark Shuttleworth & Moira Cowie. Manchester：St Jerome Publishing.

2001. 汉英双向翻译学语林. 孙迎春. 济南：山东大学出版社.

2004. 翻译研究关键词. 孙艺风、仲伟合编译, Jean Delisle 等编著. 北京：外语教学与研究出版社.

2004. 译学词典. 方梦之. 上海：上海外语教育出版社.

再就是百科全书与综合性译学词典：

1997. 中国翻译词典. 林煌天. 武汉：湖北教育出版社.

1998. *Routledge Encyclopedia of Translation Studies*. Mona Baker. London and New York：Routledge.

1999. 译学大词典. 孙迎春. 北京：中国世界语出版社.

2000. *Encyclopedia of Literary Translation into English*. 2 vols. Olive Classe. Chicago：Fitzroy Dearborn Publishers.

到了这个阶段，各种各样的译典就多起来了。自1997年以后，译学词典的主体出现开始引起学界关注，在中国很快进入了研究阶段。

4.2 几点认识

对任何一个学术领域进行研究,都须先有一个整体观念,即该领域在相关学术体系中占什么位置,与其他领域的关系如何等。如定位不清,搞起研究来便比较盲目,用力点找不准,创新点看不清,耗时费力且效果不佳。译学词典编研是个新兴领域,跨翻译学和词典学两个学科,交叉性是最突出的特点。虽然如此,其所从属的学术领域主要是翻译学,因为(1)译学词典是一种专科词典,其内容涉及的专科知识在翻译学范围之内,没有译学知识只有词典学问就是空有方法而缺乏实质。译学解决实质内容问题,无此则寸步难行。词典学协助解决编纂的理论、原则与方法问题,主要涉及词典形态,关乎质量的高低。(2)从发生学的视角来看,译学词典产生于翻译学领域,由译学学者完成,而不是产生于词典学领域,由词典学者完成。一部部译典问世之后,词典学界对其是由毫不知晓逐渐变得有所了解。(3)视其终端效果,译典编研虽也会给词典研究带来一定活力,但它主要发生功能的所在仍是翻译研究,对其有结构性重要意义,脱此则翻译学残而不全。

译典编研包括编与研两个部分,实践部分以译学词典编纂为中心任务,负责译典的发生问题;理论部分以译学词典为研究对象,负责务虚方面,解决理论、原则、方法问题。它是一门在翻译学和词典学两个领域都有一个位置的工具之学,但从内部联系来看,它对翻译学的重要性远远大于对词典学的功用。翻译学是译典编研所处的主要学域,它产生于翻译学,在翻译学生存、发展并发挥功用;词典学是与它相关的第二学域,作为一个词典种类,它在词典学也有一个位置,但因专业性强,一般的词典学者对译学并不十分了解,故此译典编研在词典学所处的位置不会特别显著。译典编研需向词典学寻求编纂理论、原则、方法等方面的借鉴。诸如语文词典、双语词典、专科词典、百科词典、词汇手册等辞书及其研究成果,作为特定的人类文化形态都可能在不同方面为译典编研提供宝贵的参考。毫无疑问,译学知识是需要加工的材料,而加工过程所需要的理论、原则、方法,则要求译典学者根据译学系统的实际,到词典学领域去寻求参照,在继承已有成果的基础上加以筛选、摒弃、发展,提出切合译典的理论、原则、方法。

人类诞生之初,都有不少神话传说,至今仍有不容忽视的影响;在一个学域正式确立之先,也难免生出一些基本设想,或者说认识,作为研究的起点。为译典编研进行学域定位,体现的是笔者的基本设想。

4.3 译学词典编研定位

译学词典编研的定位,当然主要是看它在整个翻译学系统中居何位置,但因为译学词典研究横跨翻译学和词典学两个具有相对独立性的学术领域,所以首先了解一下译学词典在整个词典体系中的位置,然后再考察它在翻译学中的情况,下一番先外后内的功夫,对于廓清图像,更准确地把握其脉像,更全面地了解译学词典研究,为其找准位置,应该说是很有必要的。

4.3.1 词典体系中的翻译学词典

对词典可有多种分法,因为可以采用的分类准则是多种多样的,譬如可根据语种、专业、规模、服务对象、具体特征、出版年代、信息性质等准则加以分类。下面仅据居于核心地位的信息性质准则将译学词典在词典体系中的位置绘图如下:

从图1可见,在名与物词典体系中,第一个大类是语文词典,属于名的方面;第二个大类是百科词典,属于物的方面。如果以系统性译学理论概念为核心,那么,译学词典在整体上应定位在第二大类

翻译学词典在词典体系中的定位图

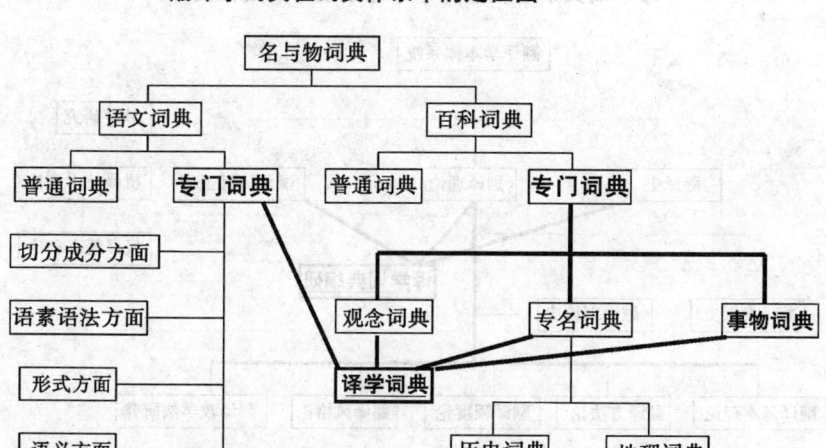

图 1 （此图据黄建华《词典论》[黄建华:2001]第 26 页表 2—2 改制）

的专门词典—观念词典之下，但同时又局部涉及语文词典—专门词典及同属百科词典—专门词典的专名词典和事物词典。由此可见，译学词典的涵盖面非常之宽。

4.3.2 翻译学本体系统中的译学词典编研

下面再看译学词典编研在翻译学系统中的地位。

世界万物，不外乎是大大小小的系统。译学词典编研作为一个新的学术领域，是翻译学大系统中的一个子系统。如图 2 所示，翻译学本体系统分为翻译史、翻译理论、翻译信息工程三个大的组成部分，各部分均具构成性，又进一步细分，再细分。译学词典的核心部分属翻译理论，术语性、理论性词条在译典中起核心、领带作用，与来自翻译史、翻译信息工程的词条一同构成译学词典的主体。译学词典是在系统意识指导下，收集译学词汇，加以解释供人检查参考的工具书，人们查阅译学词典的目的，因人因时各不相同，自然会有所侧重。而从译学词典的职能看，它必须为读者提供一切有价值的译学

译学词典编研在翻译学本体系统中的定位图

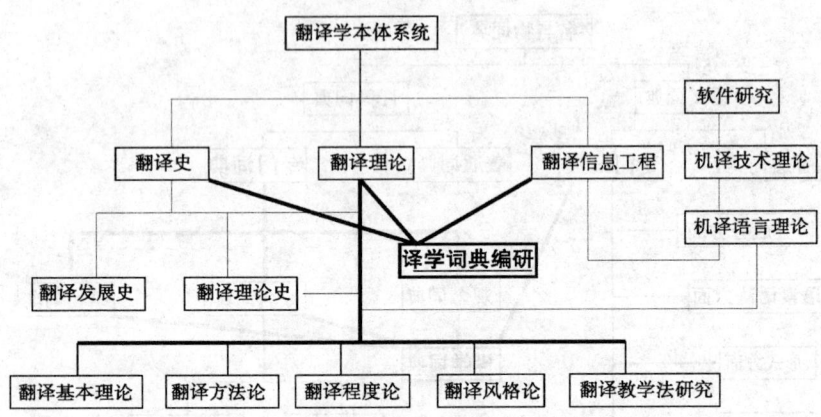

图2 (刘宓庆原绘,据《译学大词典》[孙迎春:1999]第36页"翻译学内部系统"改制)

信息,所以,翻译学本体系统的各个组成部分,都与译学词典相关,都为之提供词汇与信息。译学词典的职能是多重的,它所能够提供的词汇与信息也必然是多种多样的,但系统的术语和翻译理论概念应构成其核心部分,并由之生发出各个组成部分。故而,译学词典研究被定位在翻译理论之下,但它同时又与其他两大组成部分密切相关。

根据刘宓庆的研究,在翻译学本体系统之外,还有一个基础理论系统,涵盖哲学思维系统(包括哲学、美学、逻辑学、思维科学);语言符号系统(包括语义学、语法学、语用学、文体学、对比语言学)和社会文化系统(包括社会学、人类学、民俗学、宗教、自然语言、人工语言、文学、心理学、历史学、文化学),翻译学与它们之间是一种本体—功能关系。它们在反映翻译学综合性的同时,为翻译学提供基础理论,即凡是对翻译学学科建设、理论建设有益的,不论什么学科的成果,翻译学均取而用之,使之发挥适当的功能。其中,哲学思维系统是翻译学最重要的理论基础,反过来说,翻译学的立论依据来自哲学、逻辑学等基本原则或原理;语言符号系统为翻译学提供科学的方法论及形式论证手段或途径；社会文化系统则为翻译学提供广泛的社会文化内涵及调节因素，属参照范畴。译典词条必然有一部分来自基础理论系统，或与之有密不可分的联系。

由上面所述可以窥知，译学词典作为译学工具书，是翻译学整体的一个缩影，与翻译学的各个部分都密切相关，所以在图 2 的基础上我们可以参照如下的投影图，二图结合以揭示笔者的理解。

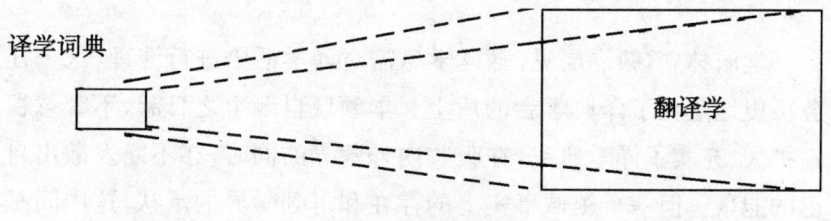

图 3　译典投影图

就译学词典所收录的词汇而言，除翻译学本体（内部）系统外，翻译学外部系统（横断科学网络）（刘宓庆：19－21）各学科中的译论常用语汇，也应酌情收录。

译学词典编研，顾名思义，包括译学词典编纂及其理论探讨两个部分。具体的编纂工作是根本，理论研究必须以之作为基础，研究过程必须紧密结合实际，并以为编纂工作服务为宗旨。从另一面来说，实际工作又须以理论为指导，编纂者同时又应是学者，从而减少盲目性，提高词典的科学性、系统性、规范性，更好地发挥词典的功能。词典编纂与理论研究是密切相连的两个方面，二者共同构成译学词典研究领域。译典编纂与翻译实践相对应，译典研究与翻译研究相对应。译典编纂与翻译实践均属实践范畴，但前者主要是一种科学，后者主要是一种艺术。后者也需有科学精神，但在从事翻译的过程中，学术研究的含量大大低于前者。从事译典编纂工作，自始至终都要以学术研究为基础，艺术处理的成分则明显少于翻译。译典研究与翻译研究均属理论范畴，但前者主要是应用性研究，形而上研究虽很重要,然而毕竟不是主体。翻译研究与之有很大的不同,纯理研究与应用研究应当并重,不应重此轻彼,或轻此重彼。翻译的纯理研究近乎哲学研究,而译典的形而上研究则是运用哲学原理对相关课题加以认知和阐释,与哲学研究的距离较远。

4.4 译学词典编研构想

　　学派林立,新词层见,翻译学急需对译学话语进行清理,这一任务历史地落在了译典学者的肩上。本领域自诞生之日起,不容忽视地扩大、充实了译学研究,在吸收内外营养的同时,亦不断发散出自己的能量。但一个领域事实上的存在和得到学界的承认,这中间是有一个距离的。译典学者还需经过自己不屈不挠的努力,尽早跨越这个距离。

　　基本理论体系的建立是一个研究领域确立的关键。我们经过了一番研究,为译典编研设定了学域位置,接下来我们就要考虑,如何为它把基本理论体系勾勒出来。我们不能一面扼腕叹息理论匮乏,一面又视理论体系的创立为畏途,不敢涉足,乃至对别人创建理论体系的尝试持不屑态度。钱冠连指出:"爱理论,却藐视体系。这是一个矛盾态度。藐视体系就是藐视系统,藐视系统而要得到研究对象的真相,几乎是不可能的。"(2004)许多领域的理论和理论体系,是从西方输入的,我们只是结合中国的实际做了些解释的工作;当然,解释,并以业已创立的理论研究具体实例,加进中国成分,得出一些有实际意义的结论,也并不容易,也是需要做的。从西方输入我们所需要的理论和理论体系,这已经是许多年的事实了,我们今后还要继续向人家学习,保守是没有出路的。不过,与此同时我们也要对输入之理加以发展,并在可能的时候提出自己的理论和理论体系,有的是为了和西方人争鸣,发出中华之音;有的是因为没有现成的,等待无益,要有勇气创立。

4.4.1 译学词典编研确立为学科的可能性

作为一个研究领域,提译学词典编研目前已无人反对。而如欲将其发展为一门翻译学之下的学科,则摇头之人恐不在少数。以笔者愚见,一门学科有没有可能成立,关键要看它是否拥有独特而又重要的研究对象,若此项阙如,余言休提,其成立纯属空想,绝无可能,所以,我们在上一章先行探讨了译典编研的对象与结构。有了这一先决条件,尚须具备若干其他因素,包括:研究土壤良好、理论框架切实可行、有一批足量的学术成果、有一支可持续发展的研究队伍。这些条件具备以后,谁人若要否认其作为一个学科的存在,恐怕不是梦呓也差不许多了。我们一条条来思考一下,想亦无害。

4.4.1.1 有无适合的研究土壤

显而易见,"土壤"是个比喻,是个人人都知道的东西。指什么,有何功能,无人不晓,所以才用它来作比喻。不过,要做研究,就得深究细节,因而还是有必要看看词典上是怎么说的,以避免想得太容易而出了毛病。《现代汉语词典》的定义是:"地球陆地表面的一层疏松物质,由各种颗粒状矿物质、有机物质、水分、空气、微生物等组成,能生长植物。"(中国社会科学院语言研究所词典编辑室:1277)"能生长植物",这是土壤的价值所在,容易理解。"疏松"是个关键词,惟其疏松,里面才会有养分和空间,植物才能有足够的条件生长;要是板结,首先就缺乏水分和空气,对于植物生长定然不利,所以"各种"、"颗粒状"都是必要的了。查微生物指"形体微小、构造简单的生物的统称。微生物广泛分布在自然界中,如细菌、真菌、病毒等。"(同上:1307)里面所包括的"细菌、真菌、病毒"无一不是对人体有害的,可对植物却不一定。害于此者利于彼,是常见的情形。

就译学词典编研来看,"土壤"条件良好。首先是译界的迫切需要。

林煌天在《中国翻译词典·编者的话》中开首便交代:"在多次全国翻译学术研讨会上,译界同仁都希望中国译协组织专家学者编撰翻译知识词典。"(林煌天:1997)其次是众多知名学者的大力支持。编纂《中国译翻词典》,老一辈翻译家如钱锺书、伍修权、季羡林、戈宝权、王子野、叶君健、叶水夫、王佐良、刘重德、许渊冲等人纷纷予以了热情支持,或题写书名,或挥毫题词,或作序撰条。近百名学者以拳拳之心直接参与了词条的撰写。再次是各方大力支持。中央编译局、中国外文出版发行事业局、中国社会科学院外国文学研究所、香港翻译学会、台湾太平洋文化基金会以及人民文学出版社、商务印书馆、中国对外翻译出版公司、中央民族语文翻译中心、上海译文出版社、南京译林出版社、《中国翻译》杂志等出版机构都伸出了援手,湖北教育出版社更是绸缪于先,约稿于后。任何一部学术专著的出版,不会引起如此大的动静。国际上,*Routledge Encyclopedia of Translation Studies* 的编纂与出版也反映了同样的氛围,主编 Mona Baker 在引言开篇介绍道:

> 1991 年 5 月,我接到 Simon Bell 一个电话,这位先生以前是 Routledge 语言工具书编辑,问我对编纂一部译学参考书,比如词典,有什么看法。许多人那时就开始把翻译学看作了一门令人激奋的新学科,乃至 90 年代一枝独秀的学科,Simon 兄诚其中之一也。诚然,翻译学的迅速发展,不仅达成了学界的期待,且有过之。如欲对此一学科在 90 年代确立其学科地位之速加以估价,只需回眸一个领域——口笔译培养之学术化——即可洞悉,翻译学发展之欣欣迅速,确乎超出任何人的预料了。

以上是"编"方面的土壤情况,"研"方面没有那么肥沃,却也适合生长。从某些译典的前页材料,可以看出相关的编者都是有学术研究背景的,在词典编纂原则与方法上有自己的思考,如《中国翻译词典·编者的话》、《译学大词典·前言》、《译学词典·前言》、*Rout-*

ledge Encyclopedia of Translation Studies・Introduction、Dictionary of Translation Studies・Introduction 等,说明译典的编纂必然要结合研究。《论综合性译学词典的编纂》(山东外语教学,2001[1])大概是第一篇正式的译典论文,而后召开了四次全国性"译学词典暨翻译理论研讨会",在博士论坛及各种研讨会、核心刊物上也渐渐有了一些译典研究文章,2006年又出了《翻译学词典博士文集》和《语言类核心期刊译学论文索引》,"研究"的土壤渐渐增强了肥力。许多情况第一章已经述评,在此不必赘述。总之,随着人们对译典研究领域不断加深认识,土壤肥力将愈益增大。

4.4.1.2 理论框架何在

学界对译典理论框架的探讨首次见于黄希玲的博士论文《论译学词典的研编》中。该文以整整一章合15007字符对此课题进行了研究,目录如下:

第二章 译学词典理论框架
2.1 现有词典描述及理论框架构建
   2.1.1 《专科辞典学》
   2.1.2 词典语篇论
   2.1.3 词典交际论
2.2 系统思想
   2.2.1 系统的涵义
   2.2.2 系统思想的发展
   2.2.3 系统思想作为一门科学:系统理论
   2.2.4 系统的整体性
   2.2.5 系统的层次性
2.3 词典作为系统
2.4 小结

黄希玲的文章借鉴了已有词典描述和理论框架构建,包括杨祖希和徐庆凯的《专科辞典学》、William Frawley 的"词典语篇论"和雍和明的"词典交际论",在肯定优点的同时指出,它们有的描述本身存在问题,有的则是不能直接搬入译学词典研究。她说,"1991年,杨祖希和徐庆凯于四川辞书出版社出版的《专科辞典学》对专科词典作了综合研究。这本书几乎涵盖了专科词典研究的方方面面,然而,每部分都是分别讨论,没有考虑各部分之间的关系,有时对所讨论问题的辖域划分不清。"(黄希玲,2006:2.1.1)

1989年,Frawley 的"词典即语篇"发表在《国际词典学期刊》杂志上,指出词典须作为语篇对待。显然,"词典语篇论"是语篇语言学理论在词典学中应用的学术成果。"词典语篇论"是辞书研究的一个重要阶段,它一则指出"词典是由独立词条组成的"这种观点站不住脚;二则给我们提供了一种新的思维方式:基于语篇语言学的语篇特征,我们可以把词典释义、语篇组合、读者需求等词典学因素综合起来全面考察。"然而,该理论重点研究词典语篇的组织原则,一部词典并不仅仅只是一个物理性成品,词典语篇是'冰山之一角',词典处于更为广阔的社会环境中。"(同上:2.1.2)

雍和明在其《交际词典学》中指出词典是一种交际行为。(2003:10)其理论基础是 Jacobson 的交际理论模式,建立了一个强调编者、语篇和用户间关系的词典学模式。经过了一番分析之后,黄文指出该项研究仍嫌不够深入,对于词典的各组成部分仍以传统方法分析,只是把"词典结构"修改为"词典交际结构"这种措辞的改变。交际理论模式虽强调了编者与用户间的作用是相互的,但作者并没有把词典融于更大的语境中,即从词典编纂与元词典学因素、社会及文化因素相互联系、相互作用的视角加以考察。

接下来黄文引入了系统思想,从系统的涵义、系统思想的发展、系统思想作为一门科学对系统思想进行了介绍,重点论述了系统理论、系统的整体性、系统的层次性,然后在该章的第三部分以"词典作为系统"为题对译学词典理论框架进行了卓有成效的探索,并绘图如下:

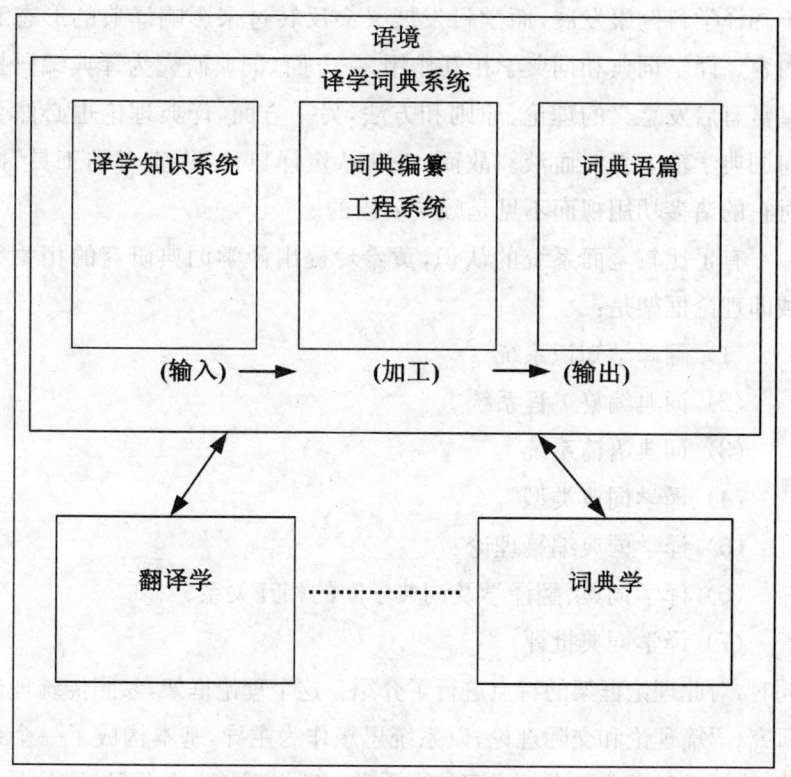

图4 译学词典理论框架

此理论框架所展示的内容有3点:首先,译学词典系统内有3个子系统:译学知识系统、词典编纂工程系统和词典篇章系统。知识系统提供原始的译学材料(输入),在词典编纂过程中得到专门处理(加工),最后是产出译学词典(输出)。由此我们可清晰地观照到3个子系统之间的密切关系,从而防止理解的片面性。3个子系统功能整合,使译学词典编纂成为一个有机整体。其次,译学词典系统是一个开放系统,从3个子系统之间的关系看是这样,从各个子系统的内部看亦复如此。译典编研反对封闭。第三,译学词典系统与其他相关系统关系密切。译学词典和翻译学之间相互作用,优秀的译典有利于翻译学科健康发展,而学科发展又会反转过来影响译典的形态和内容。译学词典和词典学相互作用,一方面,词典研究为译典编研提供富有启发意义的理论、原则和方法,另一方面,译典理论也必然会向词典学输入新鲜血液。故而,一味认定译典乃"供查考的工具"而对它的诸多功用视而不见是颇欠妥当的。

有了比较全面系统的认识,黄希玲提出译学词典研究的相关领域即理论框架是:

(1) 翻译学知识系统
(2) 词典编纂工程系统
(3) 词典语篇系统
(4) 译学词典类型
(5) 译学词典编纂理论
(6) 译学词典、翻译学及词典学间的相互关系
(7) 译学词典批评

同时,对此理论框架的特点进行了介绍。这个理论框架,参照传统理论研究、语篇理论和交际理论,以系统思想作为主导,基本构成了一个系统,能够满足译典学者的当下基本需求。所提到的七个项目,是七个相互密切联系的话题,都可以在译典编研大背景下分别进行探讨,并在积累了相当多成果后加以汇总,充实丰富,提出更加科学而缜密的框架。进行框架研究就是进行编研总体设计,体现着理论的特殊功能。一百个学者就会有一百种设计,多种设计相互借鉴,就会促进其健康发展。譬如"翻译学术语研究"、"翻译学话语研究"、"译学词典话语体系"等相关话题,都涉及整体框架,对一个话题的理解不同,会涉及框架的整个设计,所谓牵一发而动全身。例如关于译学词典话语,范敏提出了自己的见解,不妨复制出来,或可有助于人们的框架思考:

译学词典话语系统			
间接式译学词典话语		直接式译学词典话语	
隐性(型)	显性(型)	内向(型)	外向(型)
各种看似与译学词典无关但其实有某种关联的记载与活动。	1. 各种与译学词典有关的记载,如:译学词典学术活动、研讨会等 2. 以介绍其中某个术语的缘起、发展等为主的文章 3. 编者等的传记、生平、作品、书信、访谈等资料(编者的史料)	涵盖的是内部问题 例如: 1. 译学词典的本质 2. 译学词典的定义、定义的发展、转变及原因 3. 译学词典的分类 4. 译学词典的编撰原则 5. 译学词典的结构 7. 译学词典的功能 8. 译学词典的编撰方法 9. 译学词典的理论反思 10. 译学词典的编撰实践 11. 译学词典的评论 12. 译学词典评论的探讨	涵盖的是外部问题 例如: 1. 译学词典编者与用户的培训 2. 译学词典与意识形态的关系 3. 译学词典与社会的关系 4. 译学词典的跨学科理论探讨 例如: (1) 语言学(功能语言学、描写语言学、对比语言学、社会语言学、心理语言学、认知语言学、翻译语言学、语料库语言学等)理论与译学词典 (2) 翻译学理论与译学词典 (3) 词典学理论与译学词典 (4) 哲学理论与译学词典 (5) 文学理论与译学词典 (6) 文化理论与译学词典 (7) 交际学理论与译学词典 (8) 翻译教学与译学词典 (9) 翻译批评理论与译学词典

图 5 译学词典话语系统框架

(范敏:2006)

关于理论框架,以上是两位博士的见解,各有千秋,曾东京教授的专著和本书也都有各自的论述框架。这些事实说明,大家都在各奋其力,不同的理论框架体现了不同的学术思维。只有经过一个相当长时期的学术争鸣,一个能够赢得本领域普遍认同的理论框架才会诞生。

4.4.1.3 已有学术成果

从本书"第一章历史回眸"可以看到,在译学词典编研领域,在"编"和"研"两个方面,"编"在前,"研"在后,已经出了一批成果,前者23种,如果包括处于边缘状态的目录、手册等,经眼者40余种,未经眼者不计其数;后者54种,包括期刊文章、硕士博士学位论文、论文集。这个数目不算大,但已经是一个不可否认的存在。

4.4.1.4 研究队伍形成与否

已出成果表明,从年逾花甲的知名教授到豆蔻年华的年轻学子,我们已经有了一支研究队伍,虽然目前尚不算十分强大,却拥有可靠的机制保障,有望健康持续地发展。机制之一是"翻译学词典与译学理论研讨会",自2002年以来已召开了四次,形成了隔年召开一次的章程,并将在此基础上成立全国性学术组织,即在某一级学会之下创建"翻译学词典专业委员会",从而使译学词典编研走上常规学术研究道路。机制之二是博士点与硕士点,已出文章作者来自5个硕士点,5个博士点,且方兴未艾,有逐渐稳步发展的势头。有的博士生、硕士生毕业之后又在核心刊物上发表了新的文章。这些博士点与硕士点,是孕育译典人才的摇篮,是产生理论的源点,使编研领域的发展具有了可持续性。机制之三是翻译学的茁壮成长及其需要。这门学科,虽很年轻,刚刚建立30余年,但她在各国文化母体中孕育的时间却极其久远,算来有两千数百年之久了。因而,她虽在形式上、学科形态上很年轻,乃至颇稚嫩,而从内容上、理论基因上却很老道,直贯哲理,通向宇宙。所谓"译即易,谓换易言语,使相解也。"(《周礼·秋官·象胥》贾疏,汉语大词典编纂处:1158)所谓"东方曰象","象"即周易中的卦象,以象求义。可见,研究"译"与研究"易"是相通的,"译学"与"易学"有不解的渊源,所以西学圣人严复到古代哲学著作周易那里去找译事之楷模。中国古代的只言片语,是人类对翻译进行思考所留下的语言化石,在透露译学源点的同时,仍有极大的启发意义。扎根于数千年的文化土壤,又有当代各相关学科养分的滋润,翻译学正在茁壮成长,而术语体系的规范、话语系统的梳理,则是译学词典编研的核心内容。有的学者对术语研究颇为倾心,鼎力声援,而对译典编研却很不屑,让人颇不理解。相对于译学术语研究,译典编研是一个上层领域,可涵而盖之,而不是相反。译学术语研究是译典编研的一个重要组成部分,而且是核心部分,但它远不是全部。译典编研所包括的成分,应当还有十几个,都值得分别加以探讨。

4.4.2 两个研究框架之综合

Holmes 的译学构架,与图 2 中刘宓庆所描绘的翻译学本体系统相比,各有千秋,也各有缺点。刘氏之图注重翻译史和翻译信息工程,让它们与翻译理论并列,处于一级平面,并各自又进入二级平面。在翻译理论之下让翻译基本理论、风格论、方法论、程序论、教学法并列以出,涉及纯理研究、艺术研究、科学研究、描写研究和应用研究多个层面。从整体来看,没有对各个部分流露出明显的厚薄之情。Holmes 则是明显地偏爱纯理,对翻译史和信息技术只字未予体现。这是理论家主体性不同所带来的差异。但 Holmes 构架有一个突出的优点,就是它提到了翻译工具,这是我们能够扩展、发挥的地方。我们在第三章中已进行了这方面的研究。笔者将"翻译工具"改为"译学工具",是因为 Holmes"翻译工具"仅与翻译实践相联,那种工具的制作只是要为翻译行为提供帮助。更名为"译学工具",除关联实践之外,更要青睐理论,为译学提供术语和话语,并以此描写、规范之。

从第三章的图3来看,"应用翻译研究"处于整个构架的二级平面,再往下是分别处于三、四、五级的"译学工具研究"、"词典"、"译典编研"和处于六级的"编纂研究"与"理论研究"。这第六级平面的两个部分又分为了若干研究的课题,每一个课题都可以继续深入。例如,"理论研究"中的"类型",可分为"综合型词典"和"单科型词典"两个大类,循"单科型"继续,可析出"理论型"、"实践型"、"语言型"、"事物型"四类,每一类都可以包括若干不同的典种。平面越深,所涉及的学术科目也越专,往往为外行和高平面专家所不晓。由此可见,译学工具里面的世界大着呢,其研究应当全息映射翻译学的整体。

显见的是,译学工具是既独特又重要的,因为,(1)凡工具没有可有可无,有无两可的;(2)译学工具关乎译学术语、话语,即说话写文章的媒介,关系到它们的描写与规范;(3)译学工具不同于仅具使用价值的一般工具,译典不能只看作译典,它实际上还是进行译学研究的一个重要途径。与译典编研相联系的学问太多了,数不胜数,可以说,翻译学有多大,译典所需观照并能动反映的范围也就有多大,其研究应当全息映射翻译学的整体。

两个研究框架的综合、交叉,在使我们的研究更加全面的同时,加以发展之后即可带来广阔的发展空间。

第五章　类型划分

据古代神话所说,"起初天地混沌一气,像鸡蛋,盘古生其中,一日九变,天日高一丈,地日厚一丈,盘古日长一丈。如此一万八千岁,天地开辟。……后用'开天辟地'表示以前从未有过,是有史以来第一次。"(辞海编辑委员会,开天辟地:904)"南朝梁任昉所著《述异记》又说,所有日月、星辰、风云、山川、田地、草木、金石,都是他死后,由身体各部变成。"(同上,盘古氏:1261)宇宙最初是混沌一气,如不经开天辟地,则没有后来的一切。其他复杂事物也是如此,须从混沌中析出各个组成部分。

《易传·系辞》说"方以类聚,物以群分,吉凶见矣"。可见,我国自古就十分注重、擅长分类。"分类,是形式逻辑思维中最基础的形式,正因为如此,它在人的理性思维过程中具有启智发蒙的作用,在人类认识客观世界的初始阶段,世界在人的头脑中是一片朦胧。随着人类智能的提高,世界在人的头脑中渐渐清晰起来,化作一个个的单个事物。……分类的思维形式是初级的认识形式,又是人类深入进行理性认识的必要前提。"(朱伯崑:291)人们把世界万物分为不同层次的类别,这是人们认识世界、改造世界的第一步。据宋代的学者邵雍所说,太极分出天地两大类,天地又分出阴阳刚柔四大类,阴阳刚柔又分出日月星辰石土火水八大类,并指出母类和子类相互蕴含。母子相蕴,这种认识极其独特,非常深刻。

关于本章话题,词典学家杨祖希指出:"辞书如何分类以及在辞书分类的基础上辞书学如何形成结构体系,是辞书学最根本、最重要的课题之一。"(杨祖希:1985)同理,对译学词典在深入研究的基础上进行分类,在译学词典研究领域,便构成了一个重要的基础性研究课题,因为对译学词典编纂的实践和理论进行分门别类的探讨,如不以类型划分作为出发点,便会步履维艰,难以深入。诚如黄周星《补张灵崔莹合传》所说:"此开天辟地第一吃紧事也。"(同上,开天辟地:904)

5.1 译学词典类型划分的意义

本体论指"哲学中研究世界的本原或本性问题的理论。"(辞海编辑委员会,2002:92)这里提到两个概念:"本原"和"本性"。"本性"指原来的性质,这个较好理解。"本原"问题是人们认识的分歧所在,这一点从《辞海》所给的释义即可看出:"构成世界万物的始基、根源或元素。反映世界的统一性。对于精神和物质何为本原的不同回答,构成哲学中的两个基本派别。唯心主义认为世界的本原是精神;唯物主义认为世界的本原是物质。宗教和神学认为世界的本原是神、上帝。"(同上)人们对于世界的本原有截然不同的回答,《辞海》并不指出哪个是对的,哪个是错的,而是客观加以陈述、描写,不加评说。笔者是唯物主义者,赞成世界的本原是物质。哲学原理是无所不在的,那么就译典编研来说,本体论的研究对象是什么呢?我们发现《现代汉语词典》对"本原"的释义又多了点重要信息:"哲学上指一切事物的最初根源或构成世界的最根本实体。"(中国社会科学院语言研究所词典编辑室:61)根据这一解释,我们可以得出这样的理解:构成译典编研的"最根本实体"是"译典",而构成译典研究的最根本实体则是"形而上的译典理论",这里须要排除"应用性理论"。在这里,"本原"成了精神的东西,这与世界的本原是物质并不矛盾,因为它们所指向的层面不同,不能一概而论。那么,"形而上的译典理论"都涉及哪些话题呢?笔者以为,诸如译典的性质与功用、译典编研的对象与结构、学科定位、类型划分等,都属于译典本体论应当研究的范畴。

从这个层面看,我们说类型划分具有本体论意义。

概括说来,译学词典类型划分的实际意义体现为如下几点:

(1) 有利于对译学词典的整体状况加以宏观考察和把握。通过对已出和将出的译学词典分门别类加以分析,就可区分出"长线"和"短线"产品;哪些类型的词典是暂付阙如的空白,须着力加强研究、编纂出版,哪些类型的词典又数量较少,不够丰富,须提高质量,增加品种,也可看得一清二楚;

(2) 有利于对译学词典从宏观结构和微观结构两个方面进行评论和研究。虽然词典都有解惑释疑的共性,但具体考察起来,解惑释疑的内容和方法,却必然会因词典类型的不同而存在很大差异。一部词典的编者,在编纂过程中如何判断内容结构是否合理呢?词典类型是他所依据的重要尺度之一。有了这个尺度,把握住了相关类型的特征,词典才能编得一方面合乎该类词典的共性特征,另一方面又能结合译学发展最新状况和学者实际需要,展现出创新性。学者在研究过程中对已出版的词典加以品评,自然也须以类型特征作为基本点。具备或不具备类型特征,是评判的重要标准。同时也要知道,如果以某类词典的特征去要求他类词典,恐怕就是张冠李戴,是颇为不当的;

(3) 建立译学词典研究的结构体系,须以译学词典的类型划分为基础。未来的译学词典学研究的对象,主要包括各种类型译学词典的编纂实践、编纂理论和编纂历史,3个方面均与类型的划分密切相关。不论是对各种类型词典编纂在3个方面的共性还是个性,都要进行深入、广泛的探讨,理清上下、左右、内外的关系,才能形成体系,有了一个完整的体系,成竹在胸,才便于具体运作,才能使译学词典研究建立在坚实的科学理论基础之上。

类型问题与上面讨论过的"性质"、"功能"、"对象"等关系密切,也是译典编研的基本理论问题之一。拿"性质"来说,我们在第二章中所揭示的只是其宏观层面,即译典总的性质,而在实际阅读或研究过程中,我们所面对的却是一部部具体的词典。它们在具有译典共性的同时,因所属类型不同,必然又会秉有各自不同于其他译典的特性,所发挥的功能也会迥异。比如,翻译家词典和术语词典之间就存在着很大的差异,请看下表:

类别 项目	翻译家词典	译学术语词典
特 性	具体;介绍翻译的主体翻译家	抽象;为译学术语给出定义
要 素	名字、别名、生卒年、简历、译事成就、译学思想、译学著作、影响、评价等	全称、简称、别称(外国翻译术语加注外文);最早出处及其简明定义;基本内容;不同观点概述
功 能	记录翻译家的贡献,并使读者增加对翻译家的了解	规范术语,提供译论话语,提高研究者的表述、交流效果
对 象	作为翻译家的人及相关事迹	作为表述手段的专门用语

图表 1　翻译家词典与译学术语词典比较

5.2　译学词典类型的划分

5.2.1　分类的基本原则

译学词典的分类,难免见仁见智,各有各的分法。根据词典学家的研究成果,结合译学词典的实际,笔者认为对译学词典进行分类,必须考虑的基本要求有两个,一是须把全部译学词典,已经问世的和按照译学发展需要和词典体系完整性应当编写出版的,均网罗在内;二是须归类清晰,不致产生混淆。在此基础上,还应简单明了,避免烦琐,以达到便于应用、促进编纂的目的。

5.2.2 译学词典类型图

基于以上认识,从内容多寡、信息特征出发,全部译学词典可分类如下图:

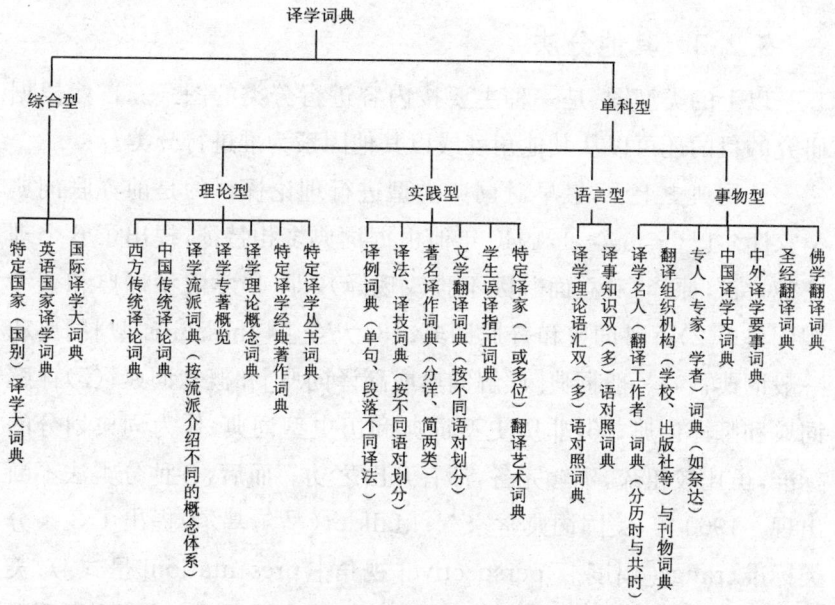

图表 2　译学词典类型图

由图可见,全部译学词典按所含内容单复分为综合型和单科型两大类。综合型又可按涉及单一国家或多国加以区分,而单科型则又进一步分为理论型、实践型、语言型、事物型四类,各自再进而分为数种。这样,一个基本完整的译学词典体系就映入眼帘了。在此基础上,随着翻译学和译学词典研究的成长,这个体系的内容也会不断发展、充实。某些已存在类型的词典将会增加品种,内容越来越丰富,质量越来越精良,某些尚不存在的类型将会逐步问世,填补一个个空白,从而使这个译学词典体系由理论上的可能性一步步转变为现实存在的译学词典体系。它将一方面对译学读者起到"左右逢源"、"得心应手"的工具作用,要查什么都能从不同的词典中查到;另一方面完善了翻译学系统,对于译学的发展起到总结归纳、促其愈益成熟的作用。

5.2.3 其他分法

以上的类型图,是一种主要按内容进行分类的图式。自然根据研究的目的还可以从其他角度或以其他因素为准进行分类。

从词典史上看,最早对词典类型进行理论探讨的是前苏联词典学家谢尔巴(л. щерба),1940年他根据词典多相特征,提出了6个理论"对待"(原译"对立面",因不雅改现译),即(1)学院型词典和查考型词典;(2)百科词典和普通词典;(3)大全型[thesaurus型]词典和一般词典;(4)一般词典[详解词典或翻译词典]和概念词典;(5)详解词典和翻译词典;(6)非历史型词典和历史型词典,作为词典划分的标准,虽比较粗疏,不够完备,却有开山之功。而后,各种分类法不断出现。1960年,美国词典学家 Y. Malkier(马尔基尔)提出了3条分类标准(range[幅度], perspective[视角], presentation[呈式]);美国符号学家 T. A. Sebeok(石毕克)提出了17个分类特征;法国词典学家 B. Quemada(凯马达)于1968年提出了"描述类型",同为法国词典学家的 A. Rey(雷伊)则于1970年提出"发生类型"理论(黄建华,2001:26-32),等等。

这些词典分类法,或是从外部形态入手,或是内外结合形成综合形态分类标准,或是以此为基础,采用描写型分类法,或是以外部形态为逻辑起点,参照词典效用进行分类。这些传统方法,都有不同程度的重合,任何一种都很难笼罩整个词典体系,殊难观照其全貌。英国词典学家 R. R. K. Hartmann(哈特曼)和香港科技大学的 Gregory James(格雷戈里·詹姆斯)联袂编写了 *Dictionary of Lexicography*(《词典学词典》,1998),并在该书"引言"中阐述了一种新的分类方法,包括"4条基本分类准则:即(1)现象分类法(Phenomenological typology):指依据词典的篇幅(如袖珍词典、节编本词典、简明本词典等)或内容涵盖范围(如普通词典、专科词典等)等形式特征进行分类;(2)表述(或构造)分类法(Presentational or Tectonic typology):指依据词典的版式(如按字母顺序编排的词典、分类词典、意念词典)或载体(如手稿本、印刷本、电子本词典等)进行分类;(3)功能分类法(Functional typology):指依据词典所提供的信息类别(如正音词典、拼写词典、词源词典)或编纂方法(如详解词典、教学词典、术语词典等)进行分类;(4)语言分类法(Linguistic typology):指依据词典所涉及的语言的多寡进行分类(如单语词典、双解词典、双语词典、多语词典等)。这种分类方法不仅能够涵盖整个分类体系,比较全面,而且为以后可能出现的词典新类别留有较大的分类空间,同时也有助于从分类的角度完整地描写一部具体的词典,更符合词典的生成规律,为词典类型学研究提供了一个崭新的视角。"(张柏然,见孙迎春,2005:3)

上面所提及或未提及的作为准则的因素,不下十几个,而就译学词典来说,一般而言最基本的恐怕还是内容与篇幅,其余均为参考因素。当然,例外总还是会有,譬如一个人写了一本书,是专门论述词典载体的,那么载体区分——手—纸;火—铅;光—电;网—天——就成了核心的因素,其余则变为参考因素。

5.3 类型分述

对于各种译典类型,既要看到它们之间的共同特征,又要研究它们各自的特立独行之处。惟其如此,类型划分方能呈示其重要意义。

5.3.1 综合型译学词典

译学的各个方面均可在译典编研框架下进行研究,譬如,翻译理论、翻译技巧、翻译术语、翻译人物、翻译史实、译事知识、翻译论著、著名译作、翻译实例、翻译社团、出版机构等,五花八门的内容,均有可能以词条的形式进入译典。类有不同,性存差异,组合在一起,便具综合之特征。综合的程度,有大有小,大的可以无所不包,网罗所有;小的也要在3种以上,使区别于单科。

《中国翻译词典》、《译学大词典》是综合型译典,都有10个左右成分,虽编排法大异。综合型译典功用最全,因而也最能体现译典的本质特征。我们在"2.2.3 译典功用种种"里面介绍了译典的7种功用,它们是:(1)展示阵容成果;(2)总结翻译经验;(3)影响相关学科;(4)规范译学话语;(5)进行译事研究;(6)贮存译学资料;(7)检索译学知识。这些功用,综合型译典都必须予以充分发挥,从而充分体现其学术价值和应用价值。

综合型词典的编写,背负最重,难度最大,其实现就1990年代至今而言须具备如下基本条件:(1)学科发展的迫切需要;(2)理论框架构建的需要;(3)有受到使命感召唤、很有魄力和能力的主编;(4)有一支能够胜任的编辑队伍;(5)有充分的材料、资金等物质条件。

综合型译典内容全、功能齐,很典型,因而赵巍将其称为译典的原型,作了深入细致的探讨,并提出了一个评价系统。

如5.2.2所示,综合型译典又可按规模、国别、语种等作进一步区分,"译学词典类型图"列出了3种:(1)国际译学大词典;(2)英语国家译学词典;(3)特定国家(国别)译学大词典。"国际译学大词典"——大型,国际,语言随机变化;"英语国家译学词典"——中型或大型,国际,英语(自然也可能是其他较大语种,如法、德、汉、俄,并不妨碍它仍是"英语国家译学词典");"特定国家(国别)译学大词典"——大型,特定一国,特定语言,例如将来有可能编纂问世的《中国译学大词典》。这种词典,因是大型,内容可不限于一国,可有国际成分,按一定准则实行优选。

5.3.2 单科型译学词典

综合型译典像是一个大家庭,有 10 多个成员,术语和理论概念为其家长。又如珍珠 10 数颗,理念一线牵。这 10 多个成员,按不同特征,又可分为 4 个类型,分别出典,故需分而述之,摸透他们各自的脾性。

5.3.2.1 理论型

图列 7 种,试分别予以描绘。(1)"特定译学丛书词典"指以某种影响较大的丛书为素材的译典,如上海外语教育出版社 2001 - 2004 年出版的包括 29 本专著的"国外翻译研究丛书"。可针对丛书所含 29 本书的作者(生卒年、经历、贡献、特点等)、背景、理论、术语、影响、地位等方面,以及丛书本身的编者、出版信息、历史影响,编写出有价值的词典。

(2)"特定译学经典著作词典",即专书词典,针对某部译学经典,以撰写词典的形式进行研究。所看好的对象,要单而精,必须是影响大、地位高、信息多、价值显的作品,否则辞书本身的价值就会受到影响。当然,这也并非绝对,并非影响最大的经典就一定会引出一部好的词典,关键在于情感和研究能力。如果有那么一个人,对某部有影响的书情有独钟,心房里有很大的研究冲动,又确实知识渊博、能究深隐、观点顾圆,有从一滴水研究大海的本领,此人所编出的专书词典,一定很有价值。

(3)"译学理论概念词典",此类词典处于译典系统的核心。不管什么事情,想明白了才能做好。此类译典的编研,关乎译学中枢,自然极端重要。在一定意义上说,人的存在就是话语的存在,译典编研的存在也是如此,更是如此。在此类里面,应有专门的术语词典,与比较综合的名词、术语、理论概念词典有别,也与囊括各种话语现象的词典有别,它们之间的区别,主要是各成分所占比例的区别。编写术语词典,在一个相当长的时期内,必须尽量发挥编者主体性,特别是决断力,以使所收术语形成完整系统。还可以大胆设想,按学派或研究途径分门别类,在一部词典里面让她们争妍斗艳,因为不同学派或研究途径的话语、术语各有千秋。这样,分开来看,各自都是完整的系统,合而观之,则看到的是形形色色的部分合成的整体,听到的是跌宕起伏、错落有致的和声。

(4)"译学专著概览",和(2)的相似之处在于它们都是以译学专著为研究对象,而区别在于,此类不限一种。须研究尽可能多的专著,至于在词典中实际介绍多少种,覆盖面大小,则有很大的伸缩性。(1)仅限于一套丛书,书目固定,(4)则自由涉及书目不定。可尽最大努力求全,凡译学专著,经眼即录;亦可突出部分,或按时期、地域等进行选择,那样,覆盖面小了,词条便应加长,使内容更为详尽。书名相应的要在"译学专著概览"的基础上做些变化,在范围、时期、地域等方面提供信息或予以限定。

(5)"译学流派词典"指按流派介绍不同的概念体系。翻译学流派众多,异彩纷呈,理论体系各不一样,在综合性大词典里不加区别,平等介绍,客观描写,那是一种境界;而在此类词典中,分别部居,不相杂厕,则是又一番景象。好处是可按流派介绍各自的术语、话语体系,而无流派术语因不够分量不能收入大词典之虞。编写此类词典,是站在译学学科高度检阅各流派,或立于某流派之地域,观外察内,仰观俯视,进行归纳梳理的好方法。

(6)"中国传统译论词典"与(7)"西方传统译论词典"的主要内容都是传统译论,所以放在一起考虑。所谓传统译论,就是历史上传下来的翻译理论,包括理论、原则、观点、方法等。但这样说仍是太笼统,还须要结合历史时期的划分,做出具体的解释。《西方翻译简史》将西方翻译分为五个时期:古代翻译、中世纪翻译、文艺复兴时期的翻译、近代翻译、现代翻译,在现代翻译部分,又认为"西方20世纪的翻译,从翻译实践的内容、形式到理论研究的性质、规模,可以分成两个不同的时期,大体可以第二次世界大战结束划一分界线。战前将近半个世纪可称为传统时期,战后可称为新时期。"(谭载喜,1991/2000:189)据此,就西方翻译而言,传统译论应指二战之前的翻译理论,即由20世纪前半叶开始,上溯至最早的翻译理论家Cicero(西塞罗)。中国翻译有所不同,分界线要晚一些。笔者以为,可以1984年谭载喜编译《Nida论翻译》和金隄、Nida出版On Translation为界,在那之前为传统时期,因为Nida是西方现代翻译理论领域中的杰出代表之一,从他那里我国学者开始领略语言学途径的系统翻译理论的风采,渐渐接触了不同学派的西方翻译理论,并学会了从各种视角审视翻译、著书立说、编辑译典,翻译研究具备了现代特征:科学性、系统性、深刻性。

5.3.2.2 实践型

实践型译学词典与理论型译学词典相对,词目取向为实践,通过介绍译技译法、典型译例、译家译作,向从事翻译活动的译者和直接研究翻译行为的学者提供参考。

在译学词典体系中,依学术性强弱参照覆盖面大小,可分出理论型、综合型、实事语型三个层次,如下图所示:

把理论型词典放在核心,是因为我们发现,翻译学词典是一个庞大的词典系统,不是杂乱无章的一堆书本;在这个系统中,理论型词典具有典型性、原发性、核心辐射性,起一种统领作用。在理论型词典家族中,起统领作用的是译学术语词典,其词目主体是翻译学术

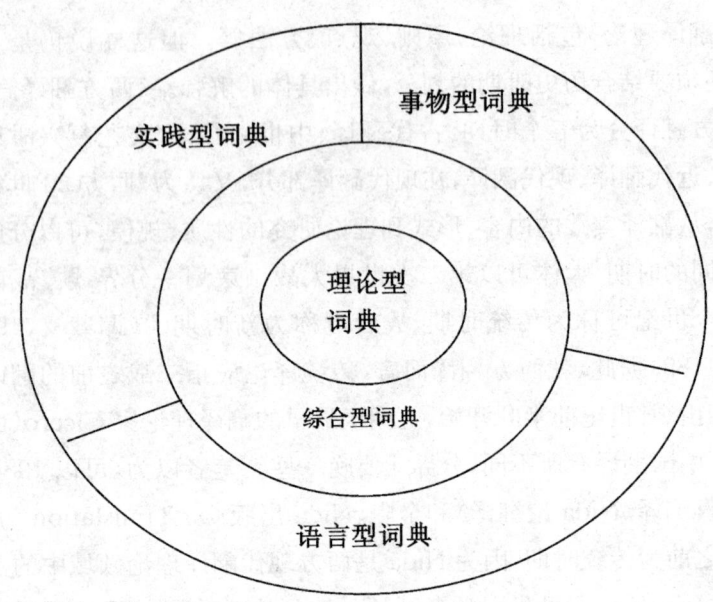

图表 3　译学词典体系层次图(理论基准)

语、名词、理论概念,居核心的核心。对于理论概念的解释,形成了翻译观与翻译理论系统、词典理论与方法系统,导引着学者的编纂行为。综合型词典因规模大、覆盖面大、学术性强、读者众多而十分引人注目,放在第二层起一种承接作用。它由理论生发而来,又可裂变为多种单科型词典。为便于把握,第三个层次将所有单科型词典尽行囊括在内,实践事物语言型兼容并包,暂不做更细致的划分。

当然,如果从实践第一的观点出发,依实践性强弱排列,顺序就完全转向了,下图由是而生:

图表 4 所反映的是一种实际发生顺序。任何领域都是先有实践,实践生于需要,升华而为理论。翻译也是这样,操不同语言的人需要交流,自打有语言的时候,自然也就有了翻译。人类翻译的实际历史有多长,谁也说不准确,只能猜测。相对而言,人类有文字记载的翻译历史就可以精确到数以千年计了,有理论思考的历史就更精

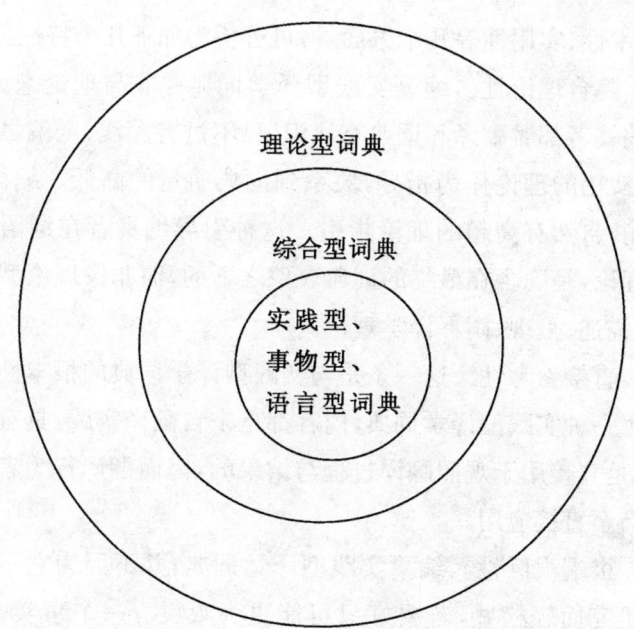

图表4　译学词典体系层次图(实践基准)

确了,同时也更短暂了,怎么说也只有两千几百年的历史。

不过,我们是在进行学术探讨,是在人类有了数千年文明史的情况下进行探讨,为的是促进译学词典体系健康发展,不断完善。从发生学眼光看,译学词典也是先有实践型的,后有理论型的,但理论型词典或者说带有理论义类的词典一旦问世,却翻转过来成了核心,起一种统帅作用。这是因为学术的需要和实践的需要性质不同,学术的需要产生理论,理论生于实践,最后表现为指导实践。要形成完整的体系,自然要靠学术思考加以构想,而不能靠旷日持久的自由发展。由图表3可知,实践型译学词典属于译学词典系统的第三个层次,接下来我们探讨其特征与功能。

5.3.2.2.1　特征与功能

实践型译学词典的根本性质自然是直接与翻译实践挂钩,从理

论性、学术性、实用性等几个方面看,可分析为如下几个特征与功能:

(1) 隐含理论性。编纂实践型译学词典并非与理论毫无关系,实际上编纂者都对翻译和词典有认识,只不过有深浅、全偏之别。有无科学、实用的理论作为指导,关系到词典质量的高低。编得好的,不言而喻,自然有高超的理论指引。这种引导编纂者在词语大海中游弋的理论,是隐含在最终的词典表象之下的,而非像理论型词典那样,直接描述、呈现、阐释译学理论。

(2) 直接参考性。这一条是与实践型译学词典的根本性质相联系的。每一种实践型译学词典,内容都是来自翻译实践,具有亲实践特征,都是直接用于观照翻译过程与结果的,因而翻译行为者可以直接参考乃至直接应用。

(3) 极端艰巨性。编纂实践型译学词典,并不因为它不直接涉及理论研究而轻松些,若要好只可能更为艰巨。一个事实、一个信息、一条例证都有可能给编纂者带来不为外人所知的困难。有的至难逾越,终须绕行;大量可以解决,但须经过长期艰苦卓绝的工作。因而业内博士说,研究词典尚可,编纂词典则令人生畏。

(4) 有助学术研究。翻译的学术研究,有纯认知思辨性的,不直接与应用挂钩,属形而上的哲学层面,这一点尚不为外行或半内行所知,因而影响着翻译学在整个学术界的地位。而另一个侧面的翻译研究则直接诉诸应用,以应用为研究的主要目的。实践型译学词典对于这第二种翻译研究不可或缺,能为之提供加工有序的研究资料,能省却从浩瀚的原始材料大海中寻觅的许多时间。即令是纯认知思辨性的探究,也偶尔需要举一两个例子,这自然可从实践型译学词典获得助力。这也体现出了实践是理论的基础这一命题。

5.3.2.2.2 远窥堂奥

对于实践型译典的深层,尚有待于有志于此的论者花巨力探索。现在所能做的,不过是凭一己之浅见,做些粗勾轮廓,远窥堂奥的尝试罢了。

（1）特定译家翻译艺术词典。可选择一位或多位公认翻译艺术高超的对象，对其从译历程、艺术思想结构、翻译特色、社会影响等各方面加以深入细致的探究。在此基础上，从思想内容、语词特征、风格传达、翻译观点等方面进行具体剖析，每个大的方面再分成若干题目，在各个题目之下选择众多具有典型意义的句段，展示并分析译家的艺术手法。既然是实践型词典，词条主体自然遵从来自实践、指导实践的原则，但对于译家的翻译理论，包括其翻译观、翻译原则、方法论等方面，亦应作适当反映，而且对其手法之分析，除以一般理论为手术刀之外，亦需结合其个人思想观点进行探究。对于译家本人的观照，亦可理出一些信息，以不同的形式提供给读者。编写此类词典，要求编者必须是研究相关译家的学者，在译典研究、翻译理论、文艺修养或专业知识等方面均有一定的造诣。

（2）学生误译指正词典。这里的学生，主要指大学生，从理论上亦不排除专门针对中学生的词典。因典种阙如，谈不到经验积累。两种语言之间，因文化背景、语言形式、语法特征、句式结构、习惯用法、修辞手段等方面的差异，幼稚的误译或看似正确实际有误的译法，在年轻的学习者中屡见不鲜。对具有典型意义的误译，加以搜集，分析归纳，按类展开，一一指正，附以评析，对学生提高翻译感知，减少跌入陷阱的机会，可起到很好的作用，对学者的研究，也能提供材料。以往曾有过从词汇、语法、惯用法角度指正错误用法的书籍，但却是凤毛麟角，或许因为学术界过分注重理论，轻视实践，现已基本不见。至于误译指正词典这片田地，则尚待有识、有志、不斤斤于利益而乐之不疲的境界较高的学者的开垦。

（3）文学翻译词典。经眼者目前只有2部，一为龚人放主编的《俄汉文学翻译词典》，一为贾卫国主编的《英汉对照描写辞典》。

龚典2000年由商务印书馆出版，为国内首部以文学名著名译作为素材的译例词典。词典正文按照俄语字母顺序编排，正文后有作家、作品、译本名称索引。译例采自19世纪30年代到20世纪80年代俄罗斯、乌克兰、白俄罗斯以及其他民族184位作家的368部原著，477个译本；体裁包括小说、戏剧和诗歌。共收录10034个词条，约17000个例句。只要译法独到，能给人以启示，均收录不弃。以翻译难度大、译法精彩的原文关键词立目，词头用黑体标注，相应的精彩译文用楷体标引，以期引起读者的注意、比较和揣摩。所收词目的译法，或近似原义，或由原义引申得出，或经升华获致，而沿用本义的则一律不收。有些例句提供两种以上译文，按译本出版的先后顺序，依次排列。

贾典2000年由上海交通大学出版社出版，共收5000余英汉对照描写片段，计1912千字。译例以文学素材为主，对照译文多直接译自英语原文，少数译自俄法文作品。译文有的出自名家手笔，亦有出自编者或译界新人者。为了适应不同读者的需要，该词典选收内容涵盖了社会、历史、文化风貌与自然风光等诸多方面，旨在为读者提供研究、翻译和写作的资料和素材。

就对译词典来说，以段落为单位可以提供更大的语境，显然有利于读者比较揣摩，但同时也会在编排上带来一些新的问题。该词典正文按照内容分人物、景物和社会生活描写3大部类，各大部类又划分为32个小类，各小类又分为390个细类，细类再分微类，微类之下才是具体片段。如人物部分分为肖像、表情、心理、生理、道德品行、动作6小类，肖像又分为男性、女性、人物局部刻画、人物整体肖像、服饰五细类。男性又分为如"老翁"、"中年男人"、"男青年"、"少年"、"幼儿"、"鳏夫"六微类，"老翁"之下收录7个描写片段。各片段另立标题，概括该段大意，以帮助读者了解选段的主要内容。末尾注出原文作者、书名及译者。这种层层统摄的编排方式适于通读鉴赏，同时也有不便查阅的缺点。(赵巍，2006：2.7，2.8)

考虑到读者因素,文学翻译词典一般应按不同语对划分,以适应不同语种读者的需要。不论内容抑形式,文学翻译词典都有极大的空间供人们去演绎。我们这里讲的虽是实践型文学翻译词典,但也可设想编纂学术研究型之文学翻译词典。

除文学翻译词典外,还可根据读者的需要,编纂科学技术、政治军事、商业信函等方面的译典,因需设典,读者居上。

(4)著名译作词典。对于著名译作,首先考虑的是内容,是文学、科学抑综合?继而需斟酌时空因素;可分现典与通典,中国与国际,予以介绍。现典即现代译作词典,亦可包括少量古代成分,以五分之一以里为宜。然后还需考虑只涉及一个语对,还是语对不拘,择要运作。通典指不限时代,由古至今,尽行包揽。介绍之时,就释文而言,自然有个详略尺度。确定准则之际,需考虑读者对象的需要,文化一般的普通读者和秉有深厚基础的专业学者,需求必然各异。另外,某些虽不著名,却具一定价值的,也不要拒之门外。

(5)译法、译技词典。"翻译虽小道,实亦多端"(张谷若,1985,见黄邦杰,1991:序),是个相当复杂的问题,既在译者个性、意识、翻译观的蒙笼之下,又涉及技巧与艺术,每一个词语的处理,都必须参照具体的语境,细心地斟酌。"小道"云云,实乃译家顺着寻常外行之人的口气所作的幽默之语,而内心实看翻译为一种功莫大焉而又艰巨异常的事业。翻译理论研究翻译的性质和规律,即译学之道,道属于形而上原理;技为道之表象,属应用研究;技有高有低,其高者有出神入化之妙,便进入艺的领域。

技分方法与技巧。翻译方法指译者在将原语材料转换为译语时所采取的整体性态度或倾向,它反映出译者的翻译观,也就是直译、意译或异化、归化,所引起的争论已持续了至少2000余年。翻译技巧是翻译方法的实施,是在两种语言间异同规律的基础上,经长期实践总结出来的一系列具体的典型处理路径。关于技巧的功能,可模仿《周易系辞传》的用语风格,这样加以概括:译穷则变,变则通,通则达。翻译技巧的表现形态多种多样,无法尽行罗列,下面是一些常见的技巧。

属于直译范围的有完全对应;部分对应;同步顺译;词句对译;不译照搬;音译;形译等。

属于意译范围的种种变通手段是方法研究的重心,就汉英互译而言,可大致概括为如下十数种:分切、转换、转移、还原、阐释、融合、引申、反转、替代、拆离、增补、省略及重复、重组、移植等(刘宓庆,1999:173)。每一种技巧都可进一步细分出多种更为具体的技巧,如"转换"可分为"词性转换"、"正反转换"、"简复转换"、"语态转换"、"语气转换"、"时态转换"、"名代转换"等。可见,技巧具有层级性,如果说以上的介绍涉及了一级和二级技巧,那么二级技巧还可以再往下分,直至最具体的微观技巧。因此我们说,一级技巧是有限的,二级技巧是浩繁的,三级、四级技巧则是不可悉数的。

顾名思义,译法、译技词典就要以译法、译技为纲,分层次、别细目,用众多展示技法的译例,对相关的技法进行描写。解释一个技法,不能只谈现象,敬学术探讨而远之。除给出定义外,还要从翻译学、语言学、交际学、文艺学、哲学、美学等方面提供理据,加以论述,说明原因、目的与效应。也就是说,必须有学术研究的深度。技法研究是理论与实践相结合的纽带,如停留在就事论事的表层,缺乏学术含量,没有深度,就不会对读者产生大的助益。阐释的风格,要言简意赅,不能耽于系统剖析,毕竟词条阐释不同于撰写论文或专著。因为亲近实践,具有直接取样特点,这种词典往往须按不同语对划分,举例限于特定语对。人们对技法的分类各不相同,加之各语对自孕其独特的异与同,翻译的方向有别,选取的范例迥异,因此技法词典可以各现其美,争妍斗艳。

(6) 译例词典。此典种的主旨在于,通过具体的翻译实例,一方面为译者提供翻译参考，一方面可提高译者对翻译的认知水平，并为学者提供研究的素材。译例的单位，有句、段之别。以句为单位的，如刘重德主编，1999年由湖南文艺出版社出版的《英汉翻译例句词典》，收录5万余单元译例，取自1000本经典英语读物，题材以文学及社科著作为主，兼顾自然科学文献。编者在序言中指出，常有人昧于词无"定"义和译无"定"法这两条译学真理，而死抱辞书逐词翻译，因而该词典通过不出注释只给例句的方法，让读者从实例中体悟翻译的规律、技巧和艺术。为保证选材精良新颖，制定了如下标准："1.单词或词组之意义已见于常用词典时，不用；2.习语即便译得再好，但已见常用的《英汉习语词典》的，不用；3.凡脱离单词或词组本义及其可能有的引申义而妄加猜测的跑野马式的乱译，一律不选；4.凡因上下文不足不能表达完整意义的例句，一律不选；5.凡翻译理论专著、论文或其他解释疑难的辞书中的现成例句，一律不选。"（刘重德，1999：序）词典以翻译难度大、译法精彩的原文关键词立目，在其下提供包含有词目词的多个英语原句及其译文，如：

Able

And the riches which she was in possession of herself, her uncle having given her ten pounds at parting, made her *as able as she was willing to be generous*. (0370)她姨父在送她启程的时候给了她十镑钱，她手里有这笔钱，就不光是想大方，而且也大方得起。‖ But now we began to find out who were the strongest and *ablest* among us. (0740)现在倒要看看我们中间谁最棒，谁最有能耐。（刘重德，1999：2）

史企曾主编的《史氏汉英翻译大词典》则是以汉语关键词为词目，在其下分不同的语境各提供多个译例。如203－204页在"发作"词目下提供了5个语境和具体说明（① have an attack〔of〕，一般只指疾病的发作；② have a fit,除指疾病,还可指精神、情绪上的某种发作；③ have a relapse, relapse into,可指疾病重新发作,也可指重犯某种恶习；④ show（take）effect,只指酒性、毒性发作；⑤ keep one's temper under control,指脾气的不发作,并且各提供 1 至 5 个译例。

以段为单位的,如孙迎春《译学大词典》中 970-1064 页的"七、汉英英汉翻译实例",分为英译汉与汉译英 2 个部分,形式简单,仅含原文、译文、译者、出版信息。提供一种或多种译文。亦可段落或整篇为单位,提供一种或数种译文,然后进行评论与赏析,如上书中 328-455 页的"三、译文赏析",特点是条目少,但每个条目的篇幅较大。

5.3.2.3 语言型

所谓语言型,是指以解决表达语汇为鹄的之译典,以翻译研究用语的对译为本质特征。可分为两类,一种称"译事知识双（多）语对照词典",譬如,你想知道"机助翻译"怎么说,翻到这个词目,就会得到 machine-aided translation 一词。关于此类译典,试以笔者编著的《汉英双向翻译学语林》为例加以说明。

这本《语林》,除前言和附录外,正文分 5 个组成部分:一、汉英术语对照；二、英汉术语对照；三、著述题目选介（分研究生、本科生论文,学者论文,学者著作题目三部分）；四、著述选段集粹（汉英对照部分含"传统翻译美学〔刘宓庆〕"等 14 段；英汉对照部分含 Adjustment（Nida）等两段）；五、论文及论著选段（汉英对照部分含笔者拙文"'神似'说探幽"等四篇；英汉对照部分含 Paradigms Gained or the Art of Productive Disagreement 等两项）。显而易见,这 5 个部分是按词、句、段、篇加以区分的。特点是内容丰富,仅作展示,不予解说。长处是容纳词条量大,易于查寻。

第二种称"译学理论语汇双（多）语对照词典",特点是信息单纯,仅收理论性语汇。与"理论型"下面的"译学理论概念词典"的区别是,此种译典不带解释,仅提供对译词,停留在语言层次。优点是词条容纳量大,便于实用,易于查寻,而那种词典的长处则是突出核心词汇,对术语、概念一一加以解释,对学者的论述主要是在概念深层提供参考。不论表层深层,都有各自的用途与功能,不可偏废。内脏重要,皮肤没有也不行。

5.3.2.4 事物型

单科型译典中,理论型、实践型、语言型各突出一个成分,其余译学知识,均纳入事物型之下,因而这个类型较为复杂。按目下思维的触角所探知的,分以下四种简述:

(1) 宗教典籍翻译词典。宗教是人类早期和而后一个相当长时期认识世界的一种重要方式,对人类文化的起源与发展至关重要,而且一直伴随人类走到了今天这个科学占主导地位的时代。在翻译文化史上,宗教典籍的翻译占有十分重要的地位,在中外都曾经是翻译的主要内容,并曾引发了人们对翻译的思考,从而产生了形形色色的传统翻译理论。拿我国来说,公认最早的翻译理论诞生于一场佛经翻译的论辩。黄武3年(公元224年),维祇难带来胡本《法句经》至武昌,与竺将炎共译。其后支谦又从竺将炎重受《法句经》,并重行校译。支谦批评竺将炎"虽善天竺语,未备晓汉,其所传言或得胡语,或以义出音,近于质直"(《法句经序》),并嫌其所译"其辞不雅",这就引起了文、质两派的一场争论,维祇难反驳说:

"佛言依其义不用饰,取其法不以严。其传经者,当令易晓,勿失厥义,是则为善。"座中咸曰:老氏称,"美言不信,信言不美"。仲尼亦云,"书不尽言,言不尽意"。明圣人意,深邃无极。今传梵文,实宜径达。是以自偈受译人口,因顺本旨,不加文饰。(《法句经序》)(马祖毅,1999:106)

"偈"音jì,指佛经里的唱词,这里具提喻性,应理解作佛经里的词语。这是质派的见解,用以支持其论点的,不仅有佛所说的话,而且有中国典籍《老子》和《周易》,更有孔圣意旨。文派的观点没有充分展开,恐怕是因为没有什么旗鼓相当的圣人话语可以引用,而文派的感性认识又刚刚走到半路,尚未升至理性的缘故吧。由此可知,质派见解即直译观点是很容易产生的,具有原始性,而文派见解即意译观点则是人们理性思维的结果,也是经验使然。历史上中外都是这样。直到现在,凡是不研究翻译的,都会自然而然持直译观。"钱钟书先生《管锥编》对上述引文评论说:'按「严」即「庄严」之「严」,与「饰」变文同意。"(同上)也就是说,佛讲译经是为了传其义,得其法,不要润饰。钱先生独到的深邃识见,见于他接下来所说的这段话:"严复译《天演论》弁例所标:「译事三难,信、达、雅」,三字皆已见此。译事之信,当包达雅;雅正以尽,而雅非为饰达。依义旨以传,而能如风格以出,斯之谓信。支(谦)、严(复)于此,尚未推究。雅之非润色加藻,识者犹多;信必得意忘言,则解人难索。译文达而不信者有之矣,未有不达而能信者也。"这段妙论,来自对佛经翻译的研究。话下之佛经翻译,人们是否已经研究透了呢? 是不是没有什么可挖掘了呢? 恐怕远非如此。只是进行这项研究,没有一颗虔诚的心不行,耐不得寂寞不行,总惦着外面精彩的世界不行,没有深厚的国学积淀不行,没有科学的方法也不行。但是,从理论上指出有必要编纂一部乃至多部佛学翻译词典,总没有什么坏处。无非是,得其人也,尚有待将来而已。圣经翻译研究非佛经翻译研究可比,从奈达一个例子就可以知道了,但不知是否已经有了一部或几部《圣经翻译词典》? 这种词典应具综合性,当包尽包。宗教典籍翻译词典须具学术探讨性,注重经验总结、译法归纳、理论升华、译事记载、文化影响,因为时过境迁,仅罗列翻译现象已没有多大意义。

(2)"中国译学史词典"和"中外译学要事词典"突出译学历史知

识。20世纪下半叶以来翻译理论开始受到重视,翻译学迅速发展成为一个独立的学科,翻译学的系统理论已有多种问世,多元互补。翻译这个学科,实践与理论同等重要。先有实践,后有理论,这是常识。要建设好翻译学,应以理论与实践相结合为主导。在当代研究翻译理论,也须有深厚的翻译史知识作为基础,不懂历史,没有批判地继承,就谈不到创新,因而这个典种也不能缺少。叫"译学史词典",比叫"翻译史词典"多了一些显性的学术含量,也就是说,史料的搜集、叙述固然重要,但从翻译学的高度去看,去编纂译典,注重学术与理论的发展,是更高的尺码。

普通翻译学、国别翻译学都必然会陆续产生。中国翻译学也会产生,而且事实上已经存在,与其他国家的翻译学有很大不同,当然还需要梳理发展完善,不断系统化、科学化。中国翻译学的独特之处,植根于它所独具的翻译文化史。人文学科与自然学科有本质的不同,而翻译作为一个人文学科,不可能没有自己的民族特色。有些人对于中国的译学传统了解太少,又没有博大的胸怀,在这方面常说些外行话。翻译是个综合一开放性的学科,不能用一个很狭的"一"去统一形形色色的译学形态。这个"一"需要有,但必须是个大"一"。中国传统译论对于指导文学翻译具有很强的现实意义,把传统译论的主要话语、命题搞清楚了,从事文学翻译就可以得到很好的指导。传统的翻译标准如信达雅,具有模糊性,人们的争议也很大,但它的指导意义确实很大,从它在理论界产生的功能看有些像核反应,具连锁性。模糊—争议,正好引发人的思考,使你产生一种不一定特别系统、严密的理论,而这种理论对你却会如同灵魂般发生作用。系统的理论学术价值很大,应用价值倒不一定大。而且,不仅应用翻译研究可以从传统译论获得灵感,恐怕描写翻译学和理论翻译学都不例外。"中国译学史词典"和"中外译学要事词典"都是必要的,一点一滴,一字一句,都是珍珠。割断历史不科学,理论研究也不可能深刻。

(3) 翻译实体词典在旧哲学中实体指万物的基础,不过,我们在这里首先用的是它的一个新概念,"指实际存在的起作用的组织或机构:经济 ～ |政治 ～ 。"(中国社会科学院语言研究所词典编辑室:1146)在翻译界它指的就是本领域内的学校、刊物、出版社、学术组织等功能性机构,都与翻译实践或理论密切相关,是翻译学学科赖以存在和发展的物质基础。它们分别在学科设置、人才培养、成果物化、组织活动等方面发挥功能。

我国在这方面有令人骄傲的历史。"从周到清的各代王朝,与周边诸民族和外国交往,都设置了配有译员的外事机构,如周有大行人下属的象胥、秦有典客和典属国,两汉有大鸿胪和尚书主客曹,魏晋南北朝及隋有大鸿胪或鸿胪寺和主客司,唐有鸿胪寺、中书省和礼部下属的主客部,宋有鸿胪寺、客省和礼部主客郎中,元有礼部下属的会同馆,明有鸿胪寺和礼部下属的主客清吏司,清有鸿胪寺、理藩院和礼部下属的会同四译馆以及后来改设的总理各国事务衙门、外务部。"(马祖毅,1999:1-2)佛经翻译有译场,玄奘曾在大慈恩寺内设翻经院;"四方馆"是隋代开始设立的官方外文翻译机构;"四夷馆"是明朝设立的中国最早的培养翻译人才的外语学校;"同文馆"是清设我国第二个培养翻译人员的外语学校。"光绪二十八年(1902年)十一月,张百熙奏请改设同文馆为翻译科。十二月诏以湘乡曾广铨为翻译科总办。翌年三月,清廷于大学堂北邻设立译学馆,并将翻译科并入。不久曾氏丁母忧,以开州朱启钤代,九月二十九日译学馆开学。译学馆课程除中学外,外文设英、法、俄、德四种。学制五年,学生考试合格者奖给出身。……"(林煌天:846)这个词条里面,记载的是"译学"较早的政府承认,最早的见本书"2.1.2.2.1 翻译学概念"所述。

《译书公会报》(*The Translation Society Weekly Edition*),周刊,1897年10月创刊;《翻译世界》,月刊,1902年12月于上海创刊;《外

交报》,旬刊,1902年1月创刊,上海外交报馆编辑,普通书堂发行;《游学译编》,月刊,1902年2月创刊,东京游学译编社编辑,东京出版,长沙矿务总局发行;1915年10月,留欧学生赵元任、任鸿隽、胡明复等发起组成中国科学社。起《社章》第(三)条内容是:"编订科学名词,以期划一而便学者。"中国科学社出版有月刊《科学》(1915－1950)。中国科学社成立于民国初期,是我国早年最有影响的学术团体。成立伊始,即宣言欲开创审定译名之基业。1916年设名词讨论会,结果在《科学》上发表。

1916年,教育部设立译名委员会,从事学术名词编订工作。1932年,南京政府成立国立编译馆,将编订译名列入计划。迄1942年,经译名委员会审定并公布名词者有15个学科领域。1950年1月,成立了中科院编译局。1950年中央人民政府决定成立"学术名词统一工作委员会"。1953年1月,中共中央马恩列斯著作编译局成立。1954年2月,中科院成立编译出版委员会。1978年经国务院批准成立了全国自然科学名词审定委员会。1982年6月,中国翻译工作者协会在北京成立,在其推动下,全国各地先后建立了翻译协会。1983年1月,中国翻译工作者协会会刊《翻译通讯》杂志正式创刊,1986年更名《中国翻译》。1988年初,中国科技翻译工作者协会会刊《中国科技翻译》创办。

发展到今天,中外翻译实体均已灿如繁星,译学学者是很需要介绍这方面知识的译典问世的。

(4)人物词典。人是从事一切活动的主体,编纂译学词典,主要面对的是翻译活动及这一活动所涉及的人、事、物。所涉及的人,都需要认真加以研究,但并不是谁都可以进入人物译典。在翻译理论研究中,作家是写作的主体,译家是翻译的主体,读者是译文阅读的主体,从而产生主体间性。理论上三者均可在"译学理论概念词典"中占有一席之地,并应在"主体间性"概念中作整体描述。然就人物译典而言,只能是译家或与译家行为直接相关的人物才能收入,单独立目,作家与读者则无须请入,因为在此所涉及的是翻译行为的核心主体,而非旁及主体。读者不必说了。原作作家虽是重要人物,但他们展示风采的所在,应是普通名人词典、文学家词典、科学家词典等,在译典中担任主角的,必须是翻译及其研究的核心主体——翻译家与翻译理论家。

人物译典可分"译学名人词典"、"翻译家词典"、"翻译理论家词典"、"翻译工作者词典"(按中国、某国、国际、西方、东方;当代、断代、通时等因素细分)、"专人词典"(仅涉及一人)等。上述词典都是有关人物的,但所涉及人物的范围、特征、条件各不相同。例如"译学名人",其范围不仅包括著名的"翻译家"和"翻译理论家",而且应包括与译学密切相关、举足轻重的出版界、政界、文化界人物。请看《中国翻译词典》所载"张元济"词条:

> 张元济(1867-1959)字筱斋,号菊生。浙江海盐人。光绪十八年(1892年)进士,授翰林院庶吉士。散馆后改刑部主事,后又任总理各国事务衙门章京,为皇帝做些秘书工作。光绪二十二年(1896年)前后参与康有为、梁启超组织的保国会和强学会的活动,提倡改革和学习西方。张元济年轻时即略懂英文,此时更深感学习外文和和翻译工作的重要。同年他带头与工部主事夏偕复、内阁中书陈懋鼎、王代通向总理各国事务衙门送上呈文,要求批准他们在京创办通艺学堂。他们四人自筹款项办过一所学习外文的学堂。在有关的文章中张元济涉及了两点重要的译论。一是他认为领会外文之精奥,必须先深通华文;要翻译、要学习西方的科学技术和政治法规,也必须博通中国历史之沿革,只有这样才能互为借鉴,得其会通。二是他明确批判了历来"士族儒流"鄙视翻译工作的错误的传统观念,这一点是切中时弊的。1897年底张赴上海南洋公学担任译书院院长,1902年

张进商务印书馆工作,在他的主持下,商务印书馆出版了大量的翻译作品。同时他也反对盲目标榜"讲求西学之名";注重揭露帝国主义列强的文化侵略阴谋,强调民族独立精神;指出"勿以洋文为常课","国家之气,恃教育以维系之"。这些都是他的卓识远见。在1939年出版的《德诗汉译》的译文中他又提出了两个重要见解:一是他认为"唐世译经之例"尚有足供当今译者参考之处,并高度肯定了严复"自定译例之例"。二是他批评了当时某些死板照搬的"直译",认为这是"穷而思遁"、"自欺欺人"。这些也是译学史上的宝贵经验。(任荣珍,见林煌天:920)

从词条内容可见,张元济并非翻译家或翻译理论家。他主要是位政界、出版界人士,爱国心强,秉独特见识,洞悉外语学习与翻译之重要性,故竭力倡导译书。不仅大声疾呼,以克服"士族儒流"鄙视翻译的传统观念,且身体力行亲任译书院院长。虽不是理论家却对译事有深刻的领会,虽不是翻译家却作为出版家主持出版了大量的翻译作品,其作用远在一般理论家和翻译家之上,因而进入译学词典不亦宜乎?

进入"翻译工作者词典"的不必是名人,只要在翻译工作中有突出的贡献即可。而"专人词典"则是专就某一位成绩斐然、影响极大的学者所编。譬如关于国际著名翻译理论家 Nida,即可编纂一部词典,名称可叫《奈达词典》或《翻译理论家奈达》。专人词典宜少而精,名实相符。Nida 是一位合适的人选,这是因为,(1)Nida 是国际著名的翻译理论家,理论著述极丰,在建立翻译学理论体系方面发挥了奠基性重要作用。仅从1945年至1983年,就先后发表了180多篇文章,30来部著作,论述涉及翻译的各个方面。在20世纪60—80年代,Nida 是世界译坛最重要的人物,其理论占据着核心地位,1968年更担任了美国语言学会主席;(2)研究范围广泛,在翻译理论、语言学、社会符号学、语义学、文化学、人类学、通讯工程等方面均造诣很高,这与翻译学作为一个综合性学科须建立在诸多学科的理论基础之上的学科性质恰相契合,其理论可从多方面为词典提供词条;(3)对翻译学科的建立做出了杰出的理论贡献。他于1947年在纽约美国圣经协会发表 Bible Translating: an Analysis of Principles and Procedures,运用现代语言学手段,首次较为系统地对翻译的过程加以阐述,后又在《翻译科学探索》中明确提出翻译是科学的主张,因此被某些西方学者尊为现代翻译科学的开山鼻祖,例如德国翻译理论家 Wilss 说,现代翻译学的起源,可追溯到1947年问世的上述 Nida 著作;(4)寿高跨大,德高育人。Nida 出生于1914年,已是90余岁的老寿星,见证了现当代译学发展的最重要时期。在其60余年的译学生涯中,既有登峰造极的理论成就,又有极为丰富的圣经翻译实践,且常到世界各地讲学,谆谆诲人,谦虚和蔼,魅力独存,堪做楷模。

第六章 译典编纂方法论

我们在本书中已经探讨过的课题，如译学词典的性质与功用、译典编研的对象与结构、学科定位、类型划分等，基本都属于本体论范畴。"在学科建设中，本体论之外，最重要的就是方法论。本体论与方法论的关系是'体'与'用'的关系，'方向'与'路线'的关系。本体论决定方向，而方法论决定路线。"（潘文国、谭慧敏：256）两位学者在这里指出的本体论与方法论之间的关系，是科学而深刻的。之所以说本体论是"体"或"方向"，原因如上章所说，即本体论探讨的是事物的"本原"、"本性"或"最根本实体"。我们已经指出，构成译典编研的"最根本实体"是"译典"，而构成译典研究的最根本实体则是"形而上的译典理论"，本章接下来所要探讨的问题是译典编纂方法论。方法论研究对于一个学科的建设来说，不是可有可无，而是不可或缺。

6.1 方法论：概念与特点

根据《简明社会科学词典》，方法论指"认识世界和改造世界的一般方法，亦指关于这种方法的理论。黑格尔第一次指出哲学方法论的特殊性质，把哲学方法论和具体科学的方法论区别了开来。方法论取决于世界观，两者是统一的。有什么样的世界观，就有什么样的方法论。辩证唯物主义和历史唯物主义是唯一科学的世界观，也是唯一科学的哲学方法论，它要求人们从实际出发，客观地、历史地、全面地看问题，具体地分析具体问题，根据主客观条件，制订切实可行的计划，能动地改造客观世界。"（《简明社会科学词典》编辑委员会：167）这条定义告诉我们，方法论既指一般方法，又指关于这种方法的理论。一般方法研究属于纯理论研究,而具体方法研究则属于应用研究范畴。辩证唯物主义和历史唯物主义既是一般方法,又包括其理论基础。具体科学的方法论也应具有哲学的深度,要合乎哲学方法论,有哲学方法论作指导,在本领域内具有普遍适用性。相对于哲学方法论而言,它不具有普遍适用性。具有普遍适用性的,只有哲学方法论,不论对于自然科学、社会科学还是人文科学,均具适用性。而译典方法论则只适用于译典编纂与研究,但在这一领域范围内,它必须具有普遍适用性,不能仅适用于某些部分,而不适用于其他部分,不然就称不上方法论。对于其他学科,它具有参考或参照价值,但不必全然适用。

另据学者针对学科建设所做的研究,方法论有三个特点:"第一,方法论是形而上的,即具有哲学性。在哲学上,方法论是相对于本体论而言的,是完成本体论所规定的目标的指导性原则。对本体论的认识不同,就会导致不同的方法论。……第二,方法论是'为研究某一特定学科所使用的',即具有针对性。……第三,方法论是'指导原则',因而具有宏观性。"(潘文国、谭慧敏:259-260)结合这些关于哲学方法论、学科方法论的知识,我们就有了一个探索译典编纂方法论的基础了。我们必须从翻译学和译典的实际出发,看准其特征和具体矛盾,从而具体地分析具体问题,做到客观、历史、全面地研究问题,根据主客观条件,提出既具有本领域普遍适用性,又切合实际,对译典编纂与研究具有针对性、切实可用的方法论,避免空发议论,不着边际的弊端。

6.2 方法论的原则

我们已经知道,方法论与方法虽有密切联系,却是存在实质性差异的不同概念。方法论具有哲学性、针对性和宏观性,是对学科总体具有指导意义的原则,而方法则具有微观性、局部性,是针对个别问题研究具体矛盾或处理具体问题的途径。同时我们还要进一步了解,方法论的探讨及采用不是随意而为的,不能够心血来潮,放马由缰,而是受到某些条件制约的。这些制约成分被称作方法论的原则。以下我们参考潘文国、谭慧敏(283-294)结合对比语言学所作的研究对这些原则作一个简略的介绍,并针对译典编纂的实际情况做一些修订。

6.2.1 背景性原则

指潜移默化在方法论背后起决定作用的因素,主要有3个:

(1) 本体论的决定作用。本体论的建设对任何学科都是最重要的事情,没有本体论就谈不上方法论。我们现在要考虑译典编纂的方法论,如果没有预先对一些本体论问题——如译学词典的性质与功用、译典编研的对象与结构、学科定位、类型划分等——加以研究和论述,就不可能做得到。没有"体",何来"用"? 不定"方向",何需"路线"? 本体论决定方向,方法论确定路线,因此说方法论受本体论的制约。

(2) 目的论的决定作用。在本体论中,应当说学科目的论对方法论的影响最大。方法论之为"用"和"路线",即是作为一种手段,服务于学科目的。拿对比语言学来说,如果目的是要说出两种相关语言的异与同,有助外语教学,自然会采用结构主义的方法进行描写;而若是为了证明表面异同背后的"普遍语法",那就会采用转换生成语言学的方法加以解释。因此,对于译典编纂的目的解释不同,相应的所采用的理论原则和一般方法也就会不同,所涉及的"形而上"层面的方法论就会有体现不同思路的迥然相异的理论呈现。

(3) 译典观的决定作用。在本体论、目的论之外,决定方法论的更重要的因素是基本观点。拿对比语言学来说,对学科本体论和目的论的认识都是由语言观决定的。不同的语言观引发了不同的语言理论,也确定了对学科性质的不同定位,从而制约了学科研究方法论的选择。例如,因为语言观迥异,结构主义学派强调的是语言间的差异,而转换学派则致力于证明语言在本质上是"同一个模子浇铸出来的"。结构主义者的主体哲学观是相对主义,信奉弱势甚至强势沃尔大—萨丕尔假说,采用归纳法;而转换学派的哲学基础则是笛卡儿思想,是绝对主义,认定在高度抽象的层面,不同的语言都是一样的,采用演绎法。当然,他们看到的都不是全象,而是组成部分。为了观照到全象,需要先把各个部分了解清楚,而了解各个部分也并不容易。对于不同部分的真实反映,具有局部意义,同时也对把握全体做出了一定的贡献。局部认识具有相对真理性,合起来就会接近对于整体或曰全象的科学观照。对译学词典持什么基本观点,比如认为它是"权威"、"典范"呢还是"译学知识汇编"、"参考资料",或是两者的折中,就会形成怎样的译典观,第一种译典观与绝对主义相联系,第二种与相对主义挂钩,第三种指向中庸之道。译典观方面的差异,自然就会导致不同的本体论、目的论,以及差异明显的编纂方法,它们也同样具有片面性,所以学者之间的争议,要有一种既观点鲜明,能够准确阐释自己所观察到的对象特征,同时又不绝对化,允许别人发表不同见解的包容态度。要知道,译典编研不是一泓清澈见底的山间水潭,而是构成成分众多,关系复杂,层次多而不易把握的高度复杂的研究对象。

6.2.2 选择性原则

上面介绍的背景性原则具有强制性,研究者一旦有了归属,便失去了选择的余地。如果我们知道某位研究者的语言观属于哪一种,信奉的是哪一家的语言理论,便几乎可以断定他在研究过程中会采取什么方法论路线;甚至题目刚一映入眼帘即能预见他想达到什么

结论。下面所要说的选择性原则可说是一种主观性原则,指研究开始前尚有一定程度的选择自主性,体现在如下几个方面:

(1) 研究理论。首先是基本观点和基本理论的选择。拿语言学来说,"语言观和语言理论是两个层次。语言观是最高层次,从本质上来看只有三种,或是着重语言的自然属性,把语言看作自然科学研究的对象;或是着重语言的社会属性,把语言看作社会科学研究的对象;或是着重语言的人文属性,把语言看作人文科学研究的对象。语言理论是第二个层次。三种语言观是从大的格局上来说的,未必人人都坚持得非常彻底。对三种语言观的细分、排列和组合,可以形成形形色色的语言学理论。例如强调语言自然属性中的系统性的,形成了结构主义理论;强调语言自然属性中的人的生物性的,可以形成仿生语言学;强调语言社会属性中的人际交往性的,可以形成交际语言学;强调语言人文属性中不同侧面的,也可形成文化语言学、人类学语言学,等等。也可以同时注意到语言的两种或三种属性,但由于侧重点或位置先后的不同而形成了不同的语言学流派。"(潘文国、谭慧敏:287)

译典研究因为刚刚起步,还没有形成什么异彩纷呈的流派,往上追溯,也就没有多种多样标志明显的译典观可供研究。目前译典学者的研究还很少有深入到哲学层面的,人们还不太清楚译典观的思考与译典编研领域的发展生命攸关,如果不重视译典观的思考,就难于使研究深入下去,从而滞缓学科的发展速度。假如译典观不清晰,译典的本体论与方法论研究势必会因缺乏自觉性、深刻性而大受影响。可以设想,我们的目光与兴趣有异,关注的焦点不同,所形成的译典观也就会各自相异。譬如,我们可以关注译典的社会属性、交际特征、人文特征、市场效应、术语规范作用、资料保存功能等不同方面,从而形成色彩纷呈的译典观和译典理论。

(2) 研究层级。译典观一旦确定,可说方向性问题就确定了,以下的选择都是具体"路线"上的。当然,这些路线问题的选择很多还是离不开本体论。研究者首先可以选择研究的层级,即在译典理论、应用理论、编纂实践三个层级上确定自己的主攻方向,是侧重理论探讨,在宏观的哲学层面上对译典编研进行深刻、系统的认知、描述和阐释呢,还是结合具体问题,聚焦于应用理论的探索或编纂方法、技巧的分析总结?理论研究、应用研究、编纂研究层次不同,深度有异,因而思考的线路、参照的对象、运行的轨迹和采用的方法各不相同,如理论研究可以用宏观视角在哲学或近乎哲学的层面上运行,抽象思维是其主要特征,而应用性研究和实践性研究则一般多用微观方法,采用现有理论作基础,论述需结合较多的实例,得出的结论针对性强,意在解决问题。每个人的阅读、学术背景不同,兴趣不一,环境要求各异,可根据学科所需,各自做出适合自己的选择。不同层面的研究,尽管存在差异,但都是译典研究的有机组成部分,缺一不可。

(3) 研究对象及其层面。在第三章我们曾列出了译典领域的 6 个研究对象——译学知识、词典知识、编者、编辑过程、译学词典、读者,它们也是整个译典编纂过程所涉及的 6 大要素。在"图 1 翻译学词典编纂与研究结构"中,处于第一层面的这 6 项之内,编者处于核心地位,另外 5 个要素围绕这一核心要素组合在一起,构成了一个系统。编者是最活跃的因素,其主体性在译典编纂中的作用,比译者主体性在翻译过程中所起的作用要明显大些。词典面貌如何,在市场上效用怎样,影响大小,最主要取决于编者,取决于编者的学术眼光、理论水平和修养以及刻苦耐劳等敬业精神。研究者自然可以一个或几个要素作为自己的研究对象,而且还可以再往下细分,在第二、三层面上进行选择,如对"编辑过程"可以研究编前准备工作;确定编纂宗旨、宏观框架、体例细则;词目搜集;确定词条微观结构;撰写释义;校对定稿等内容,从中进行选择,深入研究。所选的研究对象、层面不同,研究的方法也会随之发生变化。这里当然也涉及视角的选择问题,如设定对象不变,研究者的视角可以有哲学、文化学、翻译学、词典学、社会学、心理学、交际学、接受美学、市场营销、综合等不同的角度变化,研究的方法、结果、表述都会有很大差异。

(4) 研究方法多元互补。研究者在方法上选择的余地更大,因为方法具多元性和开放性。方法论则有其局限性。对于学科的方法论,本学科的每位研究者都必须考虑并做出选择,几无回旋余地;而对不属于学科方法论的一般方法,则完全可从自己的角度考虑,是否采取,怎样采取。比如,对分析与综合、宏观与微观、定量与定性;取样法、比较法、阐释法、互文法、历史法、模型法等,研究者均有自由据需决定取舍。各种研究方法是多元互补关系,多角度的观察合在一处,才能映射出全象。

(5) 研究模式。研究模式可定义为方法集,研究者能够在这方面大有作为,展示自己的独创能力。它的产生是研究者在大量实践基础上对前人、特别是自己经验体会进行荟萃和升华的结晶,对学科的深入发展和对后继者的培养、启示,都有重要意义。这是译典研究的薄弱环节,有志于此者可以大显身手,各显其能。

6.2.3 同一性原则

如果说在三原则中,背景性原则体现了客观的强制性,选择性原则孕含有主观的自主性,那么同一性原则可称为主观的约束性原则。实在说来,它对选择性原则生发着一种约束性,就是说在选择的过程中并不存在绝对的自由,仍将受到一定的约束。

(1) 理论的和谐统一。首先讲一下理论的一贯性问题。一贯性指运用某种现有理论要前后保持一致性。例如进行语言学研究,不要忽而用结构语言学,忽而用生成语言学,忽而又变为功能语言学、话语分析理论等等,理论的应用要体现一贯性,始终保持一致。机会主义的态度单从一篇文章看或许并不明显,但若把同一人的几篇文章放到一起审视,其理论上的前后矛盾就很容易暴露出来。这里面有个哲学观点问题,无故变化多端说明研究者缺乏哲学的深度,在哲学层面没有什么原则,为发文章而发文章,只要能达到一定的功利性目的,采用什么理论无所谓。

不过,坚持个人研究根本理论的一贯性与倡导全局的"理论与方法多元化"可以并行不悖。译典编研是一个新近开拓出来正处于发展过程中的领域,因而在理论与方法的应用上必然要走过一个摸索、试验的过程。在进行译典研究之时,应当敞开胸襟,博采众长,对各种翻译学、词典学、语言学、交际学等相近学科理论中能够为我所用的部分兼收并蓄。有继承才能有发展,有批判才能有创新。"理论与方法多元化"不仅是整个学科的前景,也值得每位学者积极尝试。可以说在不同层级、不同层面、不同对象、不同目标上博采多家理论和方法展开研究,实是发展之需要和必然。不过,需要记得,这种多元化研究,必须是各家理论、学说、方法的有机融合,处于一种和谐状态,而不是胡乱的杂凑拼合,头痛了医头,脚痛了医脚,甚至矛盾丛生,不能自圆其说。各种吸收来的精华,经过了研究者的心灵运作,要在译典编研这一新的基础上,生成一个新的体系,内部融合一致,服务于新的学科目标。这是一种富于创新精神的"理论的和谐统一"。

(2) 模型的对应性。在 Mona Baker 主编的 *Routledge Encyclopedia of Translation Studies* 中,有一个条目叫"翻译模型"(Models of translation),分"理论模型"(Theoretical models)、相似模型(Analogue models)、翻译作为模拟(Translating as modelling)、模型与规范(Models and norms)这几个次条对模型在翻译研究中的运用进行了介绍。翻译可视为原作的模型,它与原作虽不相等但须相似。"对等"是西方人传统翻译理论的基石,其权威地位在当代翻译理论中受到了挑战,而"似"则是我国传统翻译理论的精髓,它更为科学,因为它更接近事实。我国《礼记·王制》载有周代所设翻译东、西、南、北各地区少数民族语言的官员的职称:"五方之民,言语不通,嗜欲不同。达其志,通其欲,东方曰寄,南方曰象,西方曰狄鞮,北方曰译。"(马祖毅,1998)这里面的"象"字,用现代语言来说,就是"模型"或"模拟"。模型理论可说是对古代的"象"观念的现代阐释。

如果我们结合自己的研究对象对模型理论作一番深入的探讨,就会发现,译学词典即是翻译学的模型,也就是说,译典须象于现实当中的翻译实践和译学研究,不象则违背译典的性质。"象"的工程很大,编纂者的学术水平和刻苦耐劳精神都会受到挑战。这里面乍看没什么,实则天地很大,大有文章可作。

《辞海》的"模型"条目有两条解释,其中第一条说:"在自然辩证法上,与'原型'相对。研究对象的替代物。原型,即客观存在的对象客体;模型,则是具有原型相似特征的替代物。是系统或过程的简化、抽象和类比表示。根据代表原型的不同方式,可分为物质模型和思想模型两大类。参见'模型方法'。模型被运用于不同的领域。如在经济学上,模型能描述出事物实体或社会经济现象的主要特征和变化规律,是一种定量的抽象和概括。按性质可分为:实体模型,参照实物制作,几何形状尺寸应符合相似要求;图形模型,利用抽象概念,反映事物变化规律,如需求曲线等;数学模型,运用符号或数学公式,予以模拟描述;经济模型。"(辞海编辑委员会:1185)由此我们了解到,模型方法是以研究模型来揭示原型即被模拟对象的形态、特征和本质的科学方法。用于研究译典,就是把译典看作模型,模拟其原型翻译学和翻译实际。在物质和思想两大类模型中,译典在整体上属于思想模型,与翻译学、翻译实际之间存在模拟和被模拟关系,简称对应性,这也是同一性的一种。

译典是翻译学、翻译实际在编者头脑中的理想化反映、摹写,模拟的手段主要是条目,条目的功能相当于中国画的线条和西方油画的油彩。在理论上,模型可将客体放大或缩小,就译典而言,主要是浓缩。每个条目,恐怕都是许多内容浓缩的结果。每部译典都反映着翻译学或翻译实际的一个或几个部分,而从整个译典系统来看,要能够反映出翻译学科的全部。

(3) 层面的递进性。以上我们谈到,整个译典研究领域可分为译典理论、应用理论、编纂实践三个大的层面,它们各自又可以往下细分,可知众多的研究课题实际上并不处在同一个平面,而是有着层次性或递进性。从理论到实践是"指导"关系,即哲学性译典理论指导普通理论,普通理论指导应用理论,应用理论指导实践研究。这是一种由形而上到形而下的递进,当然,亦可反向递进。从实际情况看,不少人都是先从事翻译工作,或口译或笔译,积累了丰富的经验和感受之后,开始从事实践研究,有的人就此止步,有的接着进行应用理论研究、普通理论研究,乃至上升到哲学性理论研究。译典研究也是这样。当然,也可以先理论后实践,一些博士即是如此。如果只停留在一个层面,发展的空间就很有限。以哪个层面为主进行研究,发展到几个层面,或涉及几个层面,是因人而异的,不能强求,适合就好。

在不同的学科属性之间,存在着另外一种递进关系。这里我们需要参照语言研究的情况。"语言本身既有自然属性又有社会属性和人文属性,我们可以从任一角度出发去给语言定性,但只有从人文属性出发才具有最大的包容性。""语言的人文属性对社会属性、人文社会属性对自然属性有'管辖'关系。因而,在语言学(包括对比语言学)的整个体系中,从自然属性出发的研究要'服从'从社会属性出发的研究,进一步更要'服从'从人文属性出发的研究。举语音研究为例,语音学是从自然属性出发的研究,音位学是从社会属性出发的研究,韵律学是更多地从人文属性出发的研究。因而,韵律学可以'管辖'音位学,音位学可以'管辖'语音学;反过来,语音学的研究结果必须'服从'音位学,音位学的研究结果必须'服从'韵律学。"(潘文国、谭慧敏:293-294)这里指出的"管辖"、"服从"关系,合乎实际,是颇有见地的。

那么,译典编研学科是不是有自然属性?它体现在哪里?有什么性质、规律?这一点尚有待研究,笔者倾向于无,但社会属性和人文属性肯定是都有的。在打由这两者出发的研究之间,也同样存在着"管从"关系。这样分析的结果告诉我们,尽管研究者对课题的选择有自己的自由,但这是一种受整个研究系统制约的自由,而不是脱离体系的孤立的、绝对的自由。每位译典研究者在选择自己的研究课题时,一定要清楚自己的研究在译典编研、进而在整个翻译学体系中的地位,从宏观上把握自己研究课题的定位,从而做到不论从哪个角度研究什么具体课题,都能对整个学科的建设做出具有实质意义的贡献。如果没有这种"管从"意识,缺乏"系统"概念,所选课题就不一定有很大学术价值,或许还有可能违背学科的需求,对学科的发展帮了倒忙。

6.3 译典编纂方法论的哲学思考

必须承认,译典编纂方法论是一个很大的课题,需有众多学者多年精心钻研,学术争鸣,才有可能获取实质性成果,既有比较系统、清晰并得到广泛认可的理论,又有经得起推敲、科学细密的论述。我们在这里进行的,只是一种初步思考,权作引玉之砖。

6.3.1 哲学基础重申

我们已经讨论了方法论的概念与特点,也探讨了方法论的原则,接下来需要做的是简略陈述笔者所认识的译典编纂方法论。笔者认为首先有必要重申,辩证唯物主义和历史唯物主义是唯一科学的世界观和哲学方法论,也是译典编纂方法论的哲学基础。这个哲学基础,是整个译典编纂方法论牢固的基石。

任何事物都存在对立的两个方面,而对立的双方都是既对立又统一的,这种固有的本性及其在人们头脑中的反映就是矛盾。世界上一切事物、现象、过程之间及其内部各要素之间都包含着既相互区别、相互排斥又相互一致、相互关联的两个方面,自然、社会、思维都不例外。矛盾决定一切事物的存在,推动事物的发展。认识和实践的矛盾,推动人们的认识由低级向高级发展。这是最基本的矛盾观。《哲学原理》对事物的矛盾运动论述道:

> 事物的运动和发展,都是由矛盾双方又同一又斗争引起的,是同一性和斗争性共同起作用的结果。它们的作用主要表现在:
>
> 第一,矛盾双方相互依存是事物存在和发展的前提。对立面的相互依存,一方的存在以另一方的存在为条件,这是任何确定的事物、具体的矛盾得以存在的前提。发展都是具体事物的发展。每一具体事物都是矛盾的统一体。因为对立面相互依存的同一是发展中的同一,因此,一方的发展也以另一方的发展为条件,发展是在矛盾统一体中的发展,矛盾一方不能脱离它的对立面孤立地发展。
>
> 第二,矛盾双方相互包含,相互吸取有利于自身的因素而得到发展。矛盾双方相互利用,利用有利于自己的因素,促进自身发展,从而推动整个事物的发展。
>
> 第三,矛盾双方相互贯通,规定了事物向着自己的对立面发生转化的基本趋势。矛盾双方的斗争是推动矛盾双方转化的动力,要促成矛盾的转化,推动事物的发展,离不开同一性的作用。发展是矛盾同一性与斗争性共同作用的结果。矛盾双方的转化之所以是普遍的、必然的,并且总是朝着自己的对立面转化,这

是因为矛盾双方虽然是互相对立的,但又是互相联系、互相贯通的,两者之间有着一个由此达彼的桥梁。

第四,矛盾双方的相互排斥、相互否定、相互斗争,推动事物的发展。矛盾的斗争能够引起矛盾双方力量的消长,造成它们之间力量对比状况的变化。这种变化发展到一定阶段,就会突破事物存在的限度,引起事物的根本变化,使旧的统一体破裂和新的统一体建立。一切矛盾着的对立面,既相互依赖又相互排斥,既同一又斗争。在同一与斗争中,双方力量对比不断发生变化,引起矛盾双方的相互转化。对立面的斗争是实现转化的决定力量。(肖明:122 – 123)

译典编纂的全过程都充满了矛盾,正是矛盾的既同一又斗争的关系,推动着译典编纂工作的发展。只有充分认识到这一点,才能处理好各种关系,不断对学科建设作出贡献。

6.3.2 译典编纂基本矛盾

译典编纂是一个由许多矛盾构成的复杂的矛盾体系,为了研究译典编纂方法论,我们首先就要搞清,在这个矛盾体系中,什么是基本矛盾,然后才能针对这个基本矛盾和其他相关矛盾,提出具有宏观指导意义的方法论。

译典编纂是为译学学科的研究与建设服务的。翻译学的事实情况是:翻译研究虽源远流长,从古罗马的西塞罗开翻译理论之先河至今已有二千零数十年的历史,但具有科学、深入、系统特征的翻译学学科建立的年头较短,一些方面尚不十分成熟;理论界学派林立,见仁见智,术语纷繁,百家争鸣;实务界五花八门,争奇斗艳,章程不一;教育界根基初创,热情高涨,八仙过海,各显其能,自由有余,规划不足。译学实情与译典职责的矛盾构成了译典编纂的基本矛盾。译学实情的主要特点如上所述,可概括为八个字:学派林立,百家争鸣。译学词典肩负种种职责,但最重要的是:梳理学科情状,规范译学研究。翻译学的实际情况将会长期存在,但译学词典的职责也是无法推卸的,因而学术争鸣与话语规范,各闯新路与规划未来,既同一又龃龉,基本矛盾的两个方面各以对方为自己存在的前提条件,共处于译典编纂这一统一体中。矛盾双方的斗争,推动着学科的发展。

6.3.3 译典方法论简述

描写性与规范性、综合性与单一性、理论性与实践性、实用性与学术性、开放性与封闭性,这些编纂原则上的具体矛盾都是译典基本矛盾在实际的编纂过程中的活性体现,而最具代表性的是描写性与规范性这对居于首位的矛盾。之所以这样说,是因为这对矛盾着的编纂原则集中体现了编者为解决译典基本矛盾所做出的努力,一种照顾到两个方面的努力。

正如毛泽东所揭示:"在复杂的事物的发展过程中,有许多的矛盾存在,其中必有一种是主要的矛盾,由于它的存在和发展,规定或影响着其他矛盾的存在和发展。"(毛泽东:295)描写性与规范性正是这样一种起决定性影响的矛盾,它在译典编纂过程中起着领导作用,其他则处于次要和服从的地位。抓准了主要矛盾,一切问题就迎刃而解了。毛泽东批评那些不谙个中原理的人说:"万千的学问家和实行家,不懂得这种方法,结果如堕烟海,找不到中心,也就找不到解决矛盾的方法。"(同上:297)因而,事物越是复杂,头绪越是繁多,越要注意抓主要矛盾。

译典编者在履行译典职责的时候,为了梳理学科情状,规范译学研究,面对学派林立、百家争鸣的状况,就需要考虑,是照顾现实,注重客观,以描写的精神反映译学实际、适当梳理学科情状,规范译学研究呢,还是要矫正当前倾向,突出主观,以规范的尺码加以衡准、尽最大努力去完成译典职责呢？这里就有一个一般方法的抉择问题，它关乎大局，既有针对性，又有宏观性。在此形成分野，选择了前者的，可称为描写学派；青睐后者的，可叫做规范学派。两派各执一端，形成一对起主导作用的矛盾。

关于矛盾的学问，毛泽东继续说："……在各种矛盾之中，不论是主要的或次要的，矛盾着的两个方面，又是否可以平均看待呢？也是不可以的。无论什么矛盾，矛盾的诸方面，其发展是不平衡的。有时候似乎势均力敌，然而这只是暂时的和相对的情形，基本的形态则是不平衡。矛盾着的两方面中，必有一方面是主要的，他方面是次要的。其主要的方面，即所谓矛盾起主导作用的方面。事物的性质，主要地是由取得支配地位的矛盾的主要方面所规定的。"（同上）因此，描写派实际上就是在认知的时候，认定描写是占主导地位的，规范占次要地位；而规范派正好翻过来，认定规范占主导地位，描写次之。当没有冲突的时候，就是说，当确定词条、撰写释义、规范术语等译典的职责可以顺利履行的时候，两派并没有矛盾，这时风平浪静；然而，一旦出了问题，比如对于"翻译"条目，人们视角各异，见解不一，无法统一，这时就会风浪顿起，争执不下——前者认为要尊重事实，既然找不到一个能够达成共识的定义，而且也看不到在近期的将来能够解决问题，那就在释义中介绍多个典型的理解，以此"描写"实情，为学者提供参考。这时，"翻译"是作为一个话题处理的；后者则认为要坚决履行译典的职责，正因为没有达成共识，才需要译典给出一个权威的定义，用以统一人们的认识。这时，"翻译"是被当作一个术语对待的。

笔者属于描写派，在可以预见的将来，在有生之年，会始终如一地坚持描写精神，但是笔者并不固执。描写是就整体来说的，如果是个别现象则另当别论。比如翻译策略问题，在1920-1930年代的鲁迅时期，那时是用"洋化"去对"归化"的，主要涉及的人物有鲁迅、梁启超、瞿秋白、赵景深等,学术争鸣搞得热火朝天,火药味十足;但是到了 1995 年,美国人 Lawrence Venuti 根据 Schleiermacher 的理论,提出 foreignizing 和 domesticating 这一对翻译策略时,就存在个术语的翻译问题。domesticating 毫无疑问要译作"归化",foreignizing 译作什么呢? 是不是沿用"洋化"呢? 多数人赞成译作中性的"异化",而不是"洋化",因为"洋化"一词虽在鲁迅使用的时候具褒义,但在后来数 10 年的使用中却带上了明显的贬义。作为一种必不可少的翻译策略,用贬义词去译显然不妥。这时,就不必非要坚持描写的精神,并在译典中为该词提供"异化"和"洋化"两个对应词。恰恰相反,我们在这里应贯彻规范原则,仅提供"异化"一个对应词,但在释义中有必要提及"洋化"及它所出现时鲁迅时期的翻译策略争鸣,因为这是对于历史的尊重。不然,年轻的硕士、博士们还可能以为这是一对新创词,全然是洋人的功劳,而中国人则根本还没有考虑过这个问题呢。如果那样,就太对不起我们的前辈学者了,也太不合乎事实了。再比如,还用"翻译"这个条目来说事,假使 10 年以后的某一天,随着人们认识能力和表述能力的提高,有了一个大部分人认可的定义,笔者完全赞成在新的译典中只给出那个转化到了矛盾主导方面的定义。这就是用发展的辩证观点看问题,完全不同于僵死、凝固、停止的形而上学。

事物不是一成不变的,而是在两个对立面相互作用的过程中发展变化的。在这方面中国最有研究,阐释矛盾双方对立关系的阴阳学说已经存在和发展了四千多年了。根据这个学说,"阴阳之间的关系包括阴阳对应、阴阳互根、阴阳消长和阴阳转化等四个方面。"(许文胜:73)下面我们就结合许文胜在《易经之道》(74~77)中所作的论述对描写与规范这对矛盾作进一步的述说。

所谓阴阳对应,就是阴与阳两个方面的对立、对应、对待,世间存在的任何一种物质、事物都有阴阳属性之分。总的来说,凡是流动的、兴奋的、外在的、上升的、温热的、明亮的、属天功能的或机能亢进的等等都属阳；沉静的、抑制的、内在的、下降的、寒冷的、暗晦的、属地功能或机能减退的等等都属阴。例如，就天地而言，白天属阳，夜间属阴。就脏腑而言，六腑（胆、胃、大肠、小肠、膀胱、三焦）属阳，五脏（心、肝、脾、肺、肾）属阴。描写与规范是译典编纂的主要矛盾，描写具流动、兴奋、亢进等特征，因而属阳；规范具沉静、抑制、保守等特征，因而属阴。二者相互对立、对应、对待，形成一对矛盾。当然，事物的阴阳属性并不是绝对不变的，阴与阳只是相对而言。二者之间存在着必然的联系，可说是阴中有阳，阳中有阴，阴阳各自之内又有阴阳，事物具有无穷可分性。比如，男为阳，女为阴，这是人类性别的自然对应。男性与女性又各自包含了新的阴阳。不管是阳性的男人，还是阴性的女人，身体的正面因其相对虚弱、柔软而属阴，身体的背面因其相对强壮、坚硬而属阳。整个的外部是阳，内部器官是阴。白天活动属阳，夜晚睡眠属阴。有的男人带有些阴性，有的女人具备些阳性。我们对于译典编纂中描写与规范这对矛盾的进一步分析，还有待将来。

阴阳互根，是说二者是互相依存，互为根基的。任何阳的一面或阴的一面都不可能离开其对立面而孤立存在，拿方位来说，上为阳，下为阴；东、南为阳，西、北为阴。若没有下阴，何来上阳？不对西、北，怎辨东、南？体现中国哲学特别典型的如中医学，其中更是有"阳根于阴，阴根于阳"，"孤阴不生，独阳不长"和"无阳则阴无以生，无阴则阳无以化"的论述。像这样深刻的辩证法，并不是黑格尔哲学问世以后才产生的。再如，弱势的群体中会出现强者，而强势的集团中也会存在着相对的弱者。在最富强的美国也会有很贫困的人，在最贫困的非洲国家也会有比较富有的人。此即阴阳互根，缺一不可。用以论述译典主要矛盾，描写与规范也是互根的。舍规范无所谓描写，去描写也无法令规范独存。当一个术语只有一种释义时，编者只需照样提供这种释义,当然还须按词条的撰写格式严格行文,这时不存在描写与规范的矛盾。例如,Shuttleworth 的《翻译学词典》中的如下词条:

> **Gist Translation** A term common in discussions of translation, and used by Hervey & Higgins to refer to "a style of translation in which the TT expresses a condensed version of the contents of the ST" (1992:250); in other words, a gist translation is one which provides "a synopsis of the ST" (1992:250). Within Hervey & Higgins' framework gist translation contrasts with EXEGETIC TRANSLATION in terms of the amount of detail which it provides. See also REPHRASING Further reading: Hervey & Higgins 1992.(提要译法 译论常用术语,赫维与希金斯用以指称"对原文进行浓缩的翻译风格"(1992:250);换句话说,提要译法提供的是"原文内容的提要"(1992:250)。在赫维与希金斯的理论框架中以内容细节译出之量为参照系,与释义译法相对。参见"重新措辞"。阅读:赫维与希金斯1992——笔者译)

但是当一个词目存在多种有影响的解释时,描写派与规范派就会有不同的表现,前者会照实给出数种释义,后者则会通过比较、遴选,只提供一种。例子很多,这里就不再列举了。

阴阳消长,指的是双方在相互对立、依存的同时,它们的关系还处于一种永恒的变化和运动状态之中,不断地出现"阴消阳长"与"阳消阴长"的情况,而不是一成不变的。比如从"季节的由冬到夏、气温的由冷变热、活动的由静到动"等现象我们可以窥见"阴消阳长",而面对"季节的由夏到冬、气温的由热变冷、活动的由动到静"等过程,"阳消阴长"将无疑是恰当的观察结果。人们看到女子在某些运动项目中取得了优异的成绩,就说中国足球等某些运动项目是"阴盛阳衰",这相对于这些种类的女子运动取得耀眼成绩,并且男子运动停步不前乃至有所退步的时候,是"阳消阴长",但是随着男性运动水平的提高,也有可能将来会出现相反的情况。在描写与规范之间,随着翻译学术语的变化发展,"阴消阳长"与"阳消阴长"的情况也必然会在译典领域中时时发生。

阴阳转化,是指矛盾的双方发展到一定阶段,因着一定的条件和作用,可向其相反的方向转化,即阴可转阳,阳可转阴。比如冰坚属阳,水柔属阴,但在一定条件下,即温度产生了或热或冷的变化,冰和水便可相互转化。再如,人在初生之时,阳性极盛,经历了若干年的成长,数十年后会慢慢向死亡转化。当然,由于每个人所处环境和条件各不相同,这个转化的过程长短、表现千差万别,但这种生命规律的阴阳转化是必然要发生的。这些都是简单的常识,复杂的事物亦复如此。拿译典的主要矛盾来说,不仅描写与规范的阳位与阴位可随着时间的推移和条件的变化而相互移位,即由这个矛盾主要方面占主导地位转化为由那个矛盾主要方面占主导地位,就是译典编研的整个领域,在其产生、确立、发展的过程中,也会像人的一生一样,存在个阴阳转化的问题。

6.4 方法论与具体方法的关系

在方法论与具体方法之间,用中国哲学来说,也是一种"体用"关系,即本体和作用之间的关系。一般认为"体"是最根本的、内在的,"用"则是"体"的外在表现。关于什么是体,什么是用,在哲学上人们的见解差异很大,乃至完全相左。或以"无"、"理"、"心"等为体,或以实有的事物为体,指"有"、"气"、"物"等概念,事物的运动则是用。例如明清之际的唯物主义哲学家王夫之指出:"天下之用,皆其有者也,吾从其用而知其体之有,岂待疑哉?"(《周易外传》卷二)他认为一切作用都是由实有其体的东西即物质产生的。(辞海编辑委员会,1980:228)

笔者以为,就译典编研而言,方法论是体,它具有宏观性、深刻性,在哲学的层面阐释矛盾的性质及其运行规律,因而是内在的、根本的;而具体方法则是其外在表现,源自方法论,体现方法论。

例如《中国翻译词典》选词立目的宗旨是:"为了繁荣翻译事业,本书遵循'百花齐放,百家争鸣'的方针,对不同的流派、不同的翻译观兼容并包,只要言之成理,持之有效,一概并录不弃。"(林煌天,1997:编者的话)选收翻译人物的原则是:"凡在翻译理论、翻译技巧、翻译家的研究、翻译工具书的编纂、中外作品的译介或其他领域对翻译事业作过较多贡献的人均可收列。"(同上)这里所说的"兼容并包"、"并录不弃"、"均可收列",都是些具体方法,向上追溯即可发现,它们所体现的正是以描写占主导地位的方法论,映射着描写与规范这对译典主要矛盾。

Mark Shuttleworth 的 *Dictionary of Translation Studies* 在不存在争议的时候,只为相关词条提供一种释义,而当人们见解不一、相持不下的时候,则给出多种释义,加以描写。例如关于 Direct Translation(直接翻译),就提供了分别来自 Toury、Kelly、Gutt、Vinay & Darbelnet 的 4 种阐释,且以阿拉伯数字明确标示。(见 Shuttleworth:40-42)这种做法的实质,亦如上述。

方梦之主编的《译学辞典》以术语为主,兼收人物及翻译史类词条,标举术语学原则:"编者广泛地收集译学的常用术语,并对之作一番去伪存真、去粗取精的梳理工作,根据确定术语的单义性、简明性、科学性、系统性的原则编撰本词典。"(方梦之,2004:前言)这里体现的,自然是规范派精神。

方法论与具体方法的关系,还可以说是难与易、大与小的关系,正如《老子》六十三章所说:"图难于其易,为大于其细:天下难事,必作于易,天下大事,必作于细。是以圣人终不为大,故能成其大。"(老子:157)在六十四章又说:"合抱之木,生于毫末;九层之台,起于累土;千里之行,始于足下。"(同上:160)老子在此阐明了"难易大细"的关系应当如何处理,特别强调解决困难、成就大事必须从易为之事与细小之处着手。易为之事虽易,但当须做的事情特别多,耗时特别长的时候,易也就不易了,而是转化为艰巨;细小之处虽细虽小,却事关重大,决非无足轻重。比如排球的主攻手,其扣球要重而狠,猛而刁,一锤定音,这种要求可谓难,任务可谓艰巨,但仍是有人可以做到,那是以天才条件为前提,并在顽强毅力支撑下几千次几万次按照实战要求扣击练出来的。足球的传接球、定位球也是如此。教练安排战略战术得当,但你的传接球技术不娴熟、定位球发射技术不精湛,频频出错,队员之间配合不默契,那战略战术又何以得到实施和体现呢?比赛的结果,有时就取决于一个动作的见效与否。译典方法论是认识译典和撰写译典的一般方法,同时也指关于这种方法的理论。没有具体方法的实施,一般方法及其理论就得不到贯彻;没有一般方法及其理论的指导,具体方法就无由产生,如果在感性认识引导下任马由缰,就缺乏合规律的深刻性,盲目从事的结果必然会影响所编词典质量。具体方法的运用,又离不开编者在翻译学和词典学方面的修养,更需以敬业精神为支柱,舍此则虽欲为之却又何以为之?学术修养和敬业精神是一点一滴积累、长期锻炼形成的,高难、巨大寓于简易、细小,这种辩证关系不难认识,但说易行难。

一言以蔽之,译典方法论以辩证唯物主义和历史唯物主义为哲学基础,辩证地、历史地看待编纂中出现的问题,主张在解决问题的时候找出主要的矛盾和矛盾方面,按照对立统一规律进行处理。既讲究原则性,又倡导灵活性,兼顾多面,在抓主要矛盾的同时,要弹好由多对矛盾原则构成的键盘。译典方法论从外部联系上看具有显著的系统性,它以某种译典观为指导,服务于一定的目的,含有明确的目的性;以具体的编纂方法为实施手段,或者说,具体的编纂方法是方法论的外现,体现着一定的方法论原则和精神,二者互为表里。没有方法论,具体方法就成了缺乏理论基础的无本之木;没有具体方法,方法理论就会沦为无的放矢的空洞议论。在以往的实践中,出现了不少具体的方法,在一个长时期里仅是在感性认识指引下的仍具盲目性的行为。现在,我们需要通过深刻的逻辑思维,使感性认识向理性认识飞跃,结晶出具有针对性、理论价值与实用价值并重的带有普遍意义的方法论。本章所做的工作,只是一种大胆的尝试。

第七章 编纂原则

作为词典编纂所依据的法则或标准,原则是理论的一部分,因格外重要,特专设一章,进行探索。译典编纂是一种对译学知识、理论加以梳理、选择并确定词目,继而对词目予以解释的过程,没有原则固然不行,原则不明晰也不行;有原则而不能严格遵循,或遇到复杂情况,在不同原则之间不能根据具体情况灵活处理之时,词典质量都会失去保障。

7.1 译学词典的特殊性

原则产生于人们对于译典性质、功能、规律的认识。没有正确的认识,也就不可能产生与译典性质、功能、规律相吻合的原则。事物各不相同,词典互有差异,需鉴别以洞悉不同,细审差异而厘定原则。

7.1.1 语文词典与双语词典

首先来看语文词典与双语词典各有什么主要特点。

单语语文词典最突出的是语文性,它来自对词目作为符号的说明。当一个词语被设为词目,其身份可有两种:它既可以是"指物符号",也可以视若"所指之物"。仅针对"指物符号"加以解释而不涉及事物更多方面与细节的词典,即为语文词典,其职责在于对符号提供信息。

一般双语词典多是语文性的,兼收一些百科词语。如以解说"所指之物"为宗旨,不论单语或双语,则是百科词典或专科词典。双语词典因涉及两种语言,其词目为甲语言,其释义为乙语言,这种释义的核心体现为选择对应词对译。详解式词典的释义除提供词目的对应词外,还给出指物信息,其乙语言文字叙述多有隐性甲语言文字作参考,如甲语言文字由隐化显,则所编词典称为双解词典。

双语科学词典的本质特征是科学词汇的对译,其不同于一般双语词典的地方主要在词目释义所涉及的内容。尽管释义中甲语言文字在多数情况下并不在场,而就过程而言其本质特征仍是对译。因此,双语科学词典的本质特征是,除双语词典共有的选择对应词对译外,释义也主要体现为对译,另外最为显著的就是,其词目主要涉及科学词汇。

语文性双语词典具完整性,尽管在编纂宗旨、收词规模、读者对象等方面各有千秋,但都是语言词汇面貌相对完整的反映。双语科学词典与之不同,一则它仅限于一个学科或跨学科术语,二则其词目多为名词和名词性词组,动词极少,其他词性的词汇则根本不收,只能反映词汇体系的侧面,而不顾及全貌。概括地说,双语科学词典具侧面性、局部性的特征,在词目内容上体现为多科性或专科性,在词目词性上体现为专一性。谢振清的《汉英英汉经贸大词典》600万字,仅提供词目的对译;单其昌的《英汉经济贸易词典》,从部头上看不及谢书之一半,但除提供词目对译外,还对词目所指的具体内容加以解释,这取决于各词典不同的主旨。

7.1.2 译典特殊性观照

把译学词典从林林总总的词典中提出予以重点研究,探讨其编纂原则,是因为尽管词典都有共同特征,都是"汇集词语(含词语的组合或词语的某些成分)、加以分别处理、提供一定数量信息、并按一定方式编排的工具书"(黄建华,2001:2),译学词典和语文词典、一般双语词典、双语科学词典等典种相比,还是存在着相当鲜明的特殊性和迥然相异的特征。有比较才有鉴别。以上我们简略介绍了语文词典、一般双语词典、双语科学词典的特征,意在拿译典和它们作一个比较,因为有比较才有鉴别。只有攉出译典的特殊之处,才好对症下药,看准对象厘定原则。我们在 2.1.2.1 中已经说过:"译学词典的本质特征在于运用形态各异的词条之特殊形式,通过词目释义和词条之间的内在联系,凸显翻译学的系统性、科学性、知识性、理论性、实践性、综合性,为读者在学术研究和翻译实践两个方面提供参考信息。"同时指出"'对译'只是部分语言型译学词典的特征。这是与双语词典迥异其趣的。译学词典与双语词典,分属两个不同的领域,其间只有小部分的重叠。"这里所讲的本质特征,也就是译典在总体上具有的特殊性。进一步明确地说,译典的特殊性,一是它在内容上与翻译学之间存在着密切关联,而与其他专业无涉;二是它具有明显的学术性,尤其突出译学理论研究,以术语性词条统领其余。第一条指向词目的内容,具有单一性,非与翻译的实践或理论相关则不收。第二条指向词目及其释义的性质,那就是它们具有鲜明的学术性。我们前面说过,之所以称之为"译学词典"而不叫"翻译词典"或"翻译工具书",就是为了突出其学术性。这些特殊性,使译典的读者面受到限制:它主要是面对译学学者的,而不是面向广大的外语学习者。

词典作为知识的宝库,涉及的方面不胜枚举,如读者需求、编纂原则、收词立目、词义解释、附录设置等等,在各方面译典的特殊性都会显现,这里我们主要涉及编纂原则。

7.2 "原则"问题

编纂任何词典,都不可避免地存在遵循什么样的原则的问题。清晰的原则意识在词典的编纂过程中时时处处发挥着质量保障作用。

7.2.1 定义

曾东京(2007:090-092)在探讨译典编纂原则时提到,笔者在《论综合性译学词典的编纂》一文中首次论及译典的编纂原则问题,并介绍了6种不同词典给出的有关"原则"的定义,因大多差异不大,现仅将其中较典型的转录两种如下:

(1) a rule or belief governing one's personal behavior (*The New Oxford Dictionary*, 1998:1474;指导个人行为的法则或信条);

(2) 说话或行事所依据的法则或标准(范庆华:现代汉语辞海,2002)。

第(1)条中的"信条"(belief)主观性极强,不宜用在词典编纂上;第(2)条从定义角度看没有什么问题,但经比较会发现《辞海》中的释义更好:

"观察问题、处理问题的准绳。对问题的看法和处理,往往会受到立场、观点、方法的影响。原则是从自然界和人类历史中抽象出来的,只有正确反映事物客观规律的原则才是正确的。"(辞海编辑委员会:2100)这条释义告诉我们,"正确反映事物客观规律"最为重要,要正确就不能主观,而人们观察或处理问题,"往往会受到立场、观点、方法的影响",为了纠正这种倾向,就需要设立"观察问题、处理问题的准绳",这就是原则。

7.2.2 要素分析

之所以说这最后一条释义好,进一步分析,是因为它包括如下几个要素:

(1) 定义准确。既包括外在的"处理问题",又包括内在的"观察问题";"观察"后可以"处理"也可以"不处理"问题,重要的是能够找出付诸应用的对策。"准绳"即标准,是根据对"法则"的认识作出的表述，而不直接用"法则"一词。"7.2.1"的例1中用了"法则"(rule)一词，那么，用"法则"好呢还是用"准绳"对呢？

（2）理据明白。第二句话告诉人们"准绳"或"原则"的必要性在于，人们的立场、观点、方法经常会影响他们对问题的看法和处理，而这是不妥的，必须遵循一定的原则。原则是用来约束人们的行为，克服主观倾向的。

（3）实质显豁。第三句话说明，原则是人进行抽象思维的产物，因而有正确与错误之别。如不能正确反映客观规律，就不是正确的原则。可见，对于制订原则的基本要求，就是正确反映客观规律。

然而，人的认识能力和抽象概括能力受到种种主客观条件的限制，在编纂原则的确定上又往往体现着形形色色的编者主体性。"主观"是主体性的主要成分之一，人在制订原则的时候，自然知道要尽量避免主观因素，而实际上又难于完全做到。现在，我们可以回答（1）的末句所提出的问题了：用"准绳"好，因为"法则"指"事物发展中本质的、必然的联系。具有必然性、普遍性和稳定性。其存在和作用都是客观的。人们能够认识它，运用它，却不能创造它，消灭它。自然规律自发地起作用。社会规律则通过人们的活动起作用。"（新华词典编纂组:324）人们的愿望是认识、运用法则，而法则却不是那么容易被认识清楚的。人们可以尽量去揭示法则，设立"准绳"，不同的人设"准绳"不同，而"法则"却只能认识、利用，不能设立。

7.3 译典编纂总则

尽管译学词典种类繁多，各自都有反映特殊性的不同编纂原则，但毕竟它们之间还存在着共性，故此我们在讨论具体的编纂原则之前，首先应当概括出一个总则，发挥统领作用。这个总则，要具有科学性、概括性、深刻性和针对性。

科学性　要求合乎事实,反映客观规律;
概括性　要求简明扼要,适应译典共性;
深刻性　要求达到本质,脱离表象描述;
针对性　要求有的放矢,切实对准问题。
本着上述要求,对于译典编纂总则,试做如下概括:

> 译学词典编纂总则:遵循专科词典的编纂规范,汇集译学理论概念及各种译学事物知识,按某种次序排列,描写译学的不同侧面或历史与现状,解释各词语所指称的概念和事物,为读者提供了解和研究译学的相关信息;抑或提供源语词在不同语境下的不同译法,或不同译家对源语段落的不同译法,供翻译人员参考选用,或满足学者进行研究之需。

道是无所不在的,《庄子·外篇·知北游》里面把这一点讲得很清楚。"东郭子问庄子说:'所谓道,在哪里?'庄子说:'无所不在。'东郭子说:'指出一个地方来。'庄子说:'在蝼蚁里面。'问说:'怎么这样卑下呢?'答说:'在野草里面。'问说:'怎么更加卑下呢?'答说:'在砖瓦里面。'问说:'怎么愈来愈卑下呢?'答说:'在屎溺里面。'"(陈鼓应:664~665,略有重译)其实,庄子所要说明的是,任何事物中都有道,道充盈于天地间。只是人们缺乏认知的眼光。鲜花长遍了山坡,但在牛羊的眼睛中,它只是饲料。由此可知,译典编纂里面也有道,而且不同类型的译典,对于道的体现也有所不同。下面就结合不同译典,对具体的编纂原则加以探讨。

7.4　综合性译典编纂原则

原则因涉及因素、层面不同而呈现出不同的性质。从大的方面来说,分形式规范原则和内容处理原则两类。形式规范原则主要与词典编纂理论与方法相关,可称之为经;内容处理原则主要与所收录内容即译学知识相关,可称之为纬,经纬交织而一部部译学词典问世。前一类原则关乎词典学水平之高低,后一类映射翻译学修养之强弱。

7.4.1 形式规范原则

形式规范原则纷繁复杂,针对所编词典性质确定必要的形式规范原则是编好词典的基本保障之一。综括来说,可分为以下3个大类:

(1)总体结构——一部词典,在总体结构上要完整。除正文外,前页材料中的序、前言、导论,体例或使用说明,后页材料中的附录、索引、主要参考书目,各部分相辅相成,缺少了任何一个成分,都可能影响总体结构的完整性。

(2)编排体例——要规范化、模式化。例如,要根据词目的音、形、义等特征,结合编纂主旨,选择适当的排检方法。常见的有音序排检法、形序排检法、义序排检法,亦可综合使用,使之更加科学、简便。

(3)微观结构——即条目中经过系统安排的全部信息的结构,亦可称作词条结构,要以细致的结构提供必要的信息,各信息按一定的程式排列。提供什么信息,取决于词典的性质和规模,总的要求是准确、适用、简洁。词典的质量高低,主要取决于微观结构。

这3个方面涉及许许多多更加具体的细则和方法,合起来构成一个很庞大的系统。其中的大多数成分具有不同程度的普遍适用性,而具体到一部词典,就需要进行选择,并非所包含的成分越多越好。词典的篇幅十分宝贵,优化选择是必不可少的一个原则。例如释义性辞书在行文语言上必须贯彻简洁、明确、精练的原则,即合乎辞书语言规范。比如开头不需引语,要开门见山,用最简洁的语言写出释义,释文随之。释文无须转折、过渡,少用乃至不用虚词,结尾干脆利落,戛然而止,不要收尾性文字赘述。这种貌似"生硬"的表述方法是释义性辞书所特有的,一般科技图书则不宜采用。(张玉崑:324)

在形式规范原则方面,人们的分歧不大,即便有,一般也是个度的把握问题,具体做法有差异也往往易辨是非。至于更为具体的准则,可参照"10.3.2.1"的相关部分,我们在此就不再占用过多篇幅。关于语文词典、百科词典、专科词典的形式规范,有许多词典学论著或文章可以参考。对于译典编纂哪些适合直接使用,哪些适合参照使用,在多读、多思考的基础上是不难决断的,难的是实施,特别是在撰写词条右项进行释义的时候,说易行难。

7.4.2 内容处理原则

这条原则直面内容,首先是收什么样概念的词作为词目,其次是本着什么精神释义,这是我们讨论的重点。从理论上说,编纂原则的数量很多,原因是我们面临的实际情况有无数种。前面说过,正确反映客观规律的原则才是正确的原则,但客观规律是靠研究者透过现象之迷雾观照出来的,不同的研究者难免有不同的观照结果。再者,词典编纂本身充满了种种矛盾,解决这些矛盾,必须具有辩证思维,照顾到两面乃至多面,往往体现为灵活运用一对对相互矛盾的原则来观察和处理种种编纂难题。也就是说,即便是同一位学者总结出来的原则系统,这个系统的各个成分之间,也是充满了矛盾的,运用时需有辩证精神、整体把握精神,时时进行权衡和选择,此处用此原则,彼处用彼原则,既有一定之规,又蒙笼在活用原则、场变法亦变的辩证精神之中。

辩证法作为普遍适用的一种分析方法,既能够避免片面性,使人们不静止地、僵硬地看问题,又具有很大的可操作性,应用价值明显。

辩证法是"关于世界运动、变化、发展的一般规律的哲学学说。辩证法一词,源出古希腊文,是进行谈话和辩论的意思。古希腊哲学家把揭露和克服对方议论中的矛盾而求得真理的方法称为辩证法。后来被用来指一种同形而上学相对立的认识世界的方法。辩证法认为,世界是普遍联系和永恒发展着的,世界的发展是它自身所固有的矛盾推动的。"(新华词典编纂组:56)译典编研是一门实践性很强的学科,在我们今天注重学科理论建构的时候,一定不要忘记这一点。近当代辩证法强调认识对实践的依赖关系,以主观和客观、认识和实践具体的、历史的统一为其总结论(同上)。它告诉我们进行抽象思辨不要脱离实际,这对于研究编纂原则具有很大的价值。运用辩证法对词典编纂中的成对原则进行探讨,其价值就凸显出来了。

7.4.2.1 描写性与规范性

我们在第六章已经讲过,描写与规范是译典编纂的主要矛盾,那是从方法论角度论述的,本章将其作为首要的一对编纂原则,进一步作些具体的探讨。

试以《译学大词典》为例,在其编纂过程中,编者"力求实现五种特点:描写性、综合性、理论性、实用性、开放性。(1)描写性。翻译活动是复杂的,翻译研究也是复杂的,如欲定下一些条条框框,加以规范,既不必要,也不可能,故以丰富的词条'描写'、反映翻译及翻译研究的实际。而一旦读者经比较、研究、采纳、选用了某些词条,那些词条所介绍的理论便自然生发出一种规定性;(2)综合性。既存为翻译研究者集中提供大量资料之目的,那么综合性的重要便是不言而喻的了。涉及的方面少,内容单调,便无法达此初衷;(3)理论性与(4)实用性。理论性要求我们,在选编词条时,要有理论的深度,能够反映当代译学研究的新成果,不能光是干巴巴的几条传统概念。同时,还应具备实用性,即部分词条应提供大量的具体对策,具备可操作性,或提供某些具体知识;(5)开放性。不受狭隘观念的束缚,只要是对译学研究有参考价值的,不拘一格,均在考虑范围之内。"(孙迎春,1999:前言4-5)这五条原则,充分体现了《译学大词典》编者的主体性,是其主导性意识的文字体现。例如把"描写性"放在第一位,是因为它反映了译学词典的特殊性,又有描写语言学作底蕴,映射着科学态度。大多数详解语文词典、双语词典均具规范性,也就是说,是用来统一、标准化人们的语言表达的。于是,一般读者根据自己的常识便很容易得出"凡词典必以规范为首务"的论断,然而译学词典就其整体而言却不能将规范性作为首要原则,不是不欲,而是欲也不能。

《译学辞典》(方梦之)所追求的正是规范性原则。编者指出:"术语是一种形式和意义相结合的语言符号。术语的意义必须以明确定义的科学概念为基础,具有单一的理性意义和感性色彩,它是描述和传播科学概念、定义和规律的基本要素,也是促进学科建设的有力工具。"所以"编者广泛地收集译学的常用术语,并对之作一番去伪存真、去粗取精的梳理工作,根据确定术语的单义性、简明性、科学性、系统性的原则编撰本词典。"(方梦之,前言:3)这里,编者所说的四性中,简明性显然属于形式规范原则,而科学性、系统性则同时涉及两个大类,兹不论。列在第一位的单义性则与上述之描写性形成鲜明的对照,充分体现着两位编者的不同主体性。

以上的比较只是从这两种词典编者的思想差异这一点切入而提出问题,接下来就需要深入地作一番分析。描写与规范这对原则具有特殊的重要性,在曾东京(2007:076-089)那里是当作编纂方针,用专门的一节(第二章分论·第一节论翻译学词典的描写性与规定性),放在"第二节论翻译学词典的编纂原则"之前进行探讨的,因为他说"编纂方针是辞书编纂的根本环节,规定了本词典的指导思想与期望达到的目的,为指导全书编纂的准则,对保证辞书质量与形成辞书特色具有决定性的作用。"(076-077)这话不假。规范与描写之争在世界词典史上已进行了许多年了,甚至词典可以分为规范性词典和描写性词典两大类。规范性词典的宗旨是提供标准。如《现代汉语词典》,就是一部规范性词典。1956年国务院下达了在全国推广普通话的指示,要求编一部确定现代汉语词汇规范、为推广普通话和促进汉语规范化服务的词典。《现汉》就是为贯彻这一指示而编纂的,它在收词、释义等方面都遵循这一宗旨。而描写性词典则"重客观描述",如 Webster's Third New International Dictionary of English (Philip Gove 主编)和《英汉大词典》(陆谷孙主编),后者的主编在"前言"中说"《英汉大词典》顺应20世纪60年代以来国际辞书编纂重客观描述(descriptive)的大趋势,在收词、释义、举例、词源说明等各方面都侧重客观描述各不同品类的英语以及英语在不同文体和语境中实际使用的状况,并如实记录词义及词形在源流动态中的递嬗变化,尽量避免作孰优孰劣的评判和孰可孰不可的裁断。"

事实上,描写与规范虽然构成一对矛盾,思路与做法相反,但同时又是相辅相成、互相补充的。在具体的使用过程中,如果没有遇到难题,自然会按照传统的做法,实行规范原则,不必无端地为描写而描写。在遇到难题的时候,按不同的原则就会有不同的处理,譬如在拼写这个非常稳定的方面,Webster's Third New International Dictionary of English 在处理时也透露出描写的精神,而不是武断地作出裁决。例如,"剧院"一词的英语对应词拼作 theater 是正确的,但拼作 theatre 也同样不错。traveled 与 travelled,plow 与 plough,catalog 与 catalogue 等与数10个其他的例子,也都是这样。按照描写的原则,词典必须记录事实。英语的事实就是,有不少单词都有两种拼写方法,在有教养的使用者中同样普遍,因而都是正确的。而如果遵循规范的原则,就必须去掉一个,保留一个,要么是美国拼法,要么是英国拼法。绝大部分英语词的拼写,英美是没有区别的,这时照录就行,自然起的是规范作用。假如有一个词除了标准拼法之外,还有一种并非有教养者普遍使用的拼法，这时就不必要去"描写"，而是要采取规范做法，将其排除。

在词典编纂的实际中，可以有规范为主描写为辅、描写为主规范为辅和基本均衡这三种情况。规范中有描写，描写中有规范，你中有我，我中有你。比如描写性词典 Webster's Third New International Dictionary of English 在释义方面可谓准确、详尽、义项完备，并采用单一短语释义法，显然排除了句子释义，这是规定精神在释义上的表现。规范性词典《现汉》中的凡例二·5·(b)所介绍的几个写法并列（一般用得较广的写法列在前面）的做法则是描写，如：［鱼具］［渔具］，［约莫］［约摸］，［耿直］［梗直］［鲠直］；(c)注解后加"也作某"，如：［缘故］也作原故；［原原本本］"原"也作源或元。不硬性规定一为对，余为错，这是描写精神在规范性词典中的显露。

译学词典在性质上与语文词典有很大的不同，它不能像语文词典那样以规范化为目的；译学词典如果以一种译学思想规范译学研究，便会违背译学研究的性质和实际，从而遭到广大学者的鄙弃。所以，St. Jerome 出版社在为 Mark Shuttleworth 等编写的 Dictionary of Translation Studies 所作的介绍中说："Published at a time of unprecedented growth of interest in translation, the Dictionary of Translation Studies aims to present the insights of a number of different approaches to translation in an unbiased, non-partisan way."(Dictionary of Translation Studies 在世人对译事的兴趣空前浓厚的氛围之中问世，它的宗旨是不抱偏见，不拘门户，将几种不同的译学研究途径的深刻见解展现给各位读者。) Mark Shuttleworth 在前言中宣称："本词典认为有必要对术语提供涉及面较广的解释，而不是仅仅提供一种观点。"言外之意，必要时对同一个话题乃至术语将提供客观存在、各有论理的多种理解或定义，原因在于，"翻译研究中存在着许多不同的、常是相互冲突的概念、认识与理念。与此相应,本词典不拘泥于任何一种途径。故此读者可能会察觉,不同词条的话语,脱离上下文就会彼此矛盾。"还具体举了 Exegetical Fidelity(诠释忠信)之类反映《圣经》译者理念的术语和 Information Offer(信息提供)、Metatext(元文本)所述观点相反为例。再如,对于 Adaptation(改编)、Literal Translation(字面翻译)等译法的效用与可行性,仁者见仁,智者见智,也不刻意去加以调和,而是如实照录,不加评说。这是宏观层面各词条之间的情形,在微观层面亦复如此。某些学者因为翻译没有一种权威、封闭、系统、严谨的理论,无一定之规可以恪守,无法与自然科学相比而犯愁慨叹,在这里描写的原则带来一股清新的气息,它体现着一种译典编者所独具的包容性翻译观,认为多姿多彩、多元互补正是译学研究的常态,大可不必杞人忧天。

当然,对于某些术语的解释,可能会出现这种情况:开始时采用描写原则,给出3、4个释义,但经过一个时期之后,人们的用法趋同,认识达成了一致,另外那两三种释义自然消亡,这种情况下最初的描写处理,就具有过渡性质。而相反的情况也必然会有:一个术语,开始时只有一种释义,后来产生争鸣,又出来了几种新的释义,这时,术语就变成了话题,在新的词典中规范让位于描写。

当然,译学词典也不是与规范性无缘。如果毫无规范性,词典与读者就很难沟通了。因规范性不是译学词典的主要原则,这里只简单提一两点,想足以说明问题。首先,所收内容必须有序排列,例如,"词目按音序排列,首字相同的按第二个字的读音分别先后,余者类推……"(林煌天,1997:凡例),即是一条规则。Mark Shuttleworth 的 *Dictionary of Translation Studies* 希望做到高度透明、灵活、易用,为此,每一词目的释义均遵循同一基本格式,使用同一总体规范,对此编者在前言的"如何使用本词典"部分做了较详细的说明。如前所述,针对所编词典性质确定必要的形式规范原则是编好词典的基本保证之一。其次,所收内容,虽很宽泛,以 *Dictionary of Translation Studies* 为例,包括(1)

名词、术语、理论概念;(2)翻译的方法与技巧;(3)译文赏析等九项,但这九项也就形成了一个范围,具规范性,即必须与译学相关,无关的内容则不收。第三,在释义层面,凡是能够做到的时候,要遵循"单义性"原则。同时,不反对以单一性释义原则编写整部术语性词典。最后一条是潜在的规范性,这种规范性以读者的使用为前提:"……一旦读者经比较、研究、采纳、选用了某些词条,那些词条所介绍的理论便自然生发出一种规定性"(孙迎春,1999:前言)。总之,没有规范性,不足以成体系,没有描写性,便背离了实际,二者相激相荡,相参相照,相反相成,方能成就一部部有价值的译学词典。

7.4.2.2 综合性与单一性

综合性与单一性是从翻译学内部来说的。翻译学的内容可分为若干大类:(1) 名词、术语、理论概念;(2)翻译的方法与技巧;(3)翻译史(人、事、物、传统译论);(4)译学名人(包括中外翻译家、翻译理论家、流派代表人物和对翻译事业做出重要贡献的各界人物);(5)著名学术著作;(6)著名译作;(7)翻译实例;(8)翻译批评(包括针对译作的批评、针对论著的批评和针对包括译学词典在内的各种工具书的批评,以及批评理论);(9)翻译教学(专业设置、教学理论与方法);(10)翻译实体(包括政府主管部门、翻译公司、学术组织、学校与学科、出版社与刊物);(11)本族语与外族语译学话语对照;(12)相关学科(哲学、语言学、美学、认知科学、文化学、交际学、心理学等)基础知识;(13)其他译事知识。

仅收录一种内容的词典具有单一性,属单科性词典。收录多种内容的词典属综合性词典,而那些对各种内容均予收录的则可称作全科综合性词典。

单科性词典只收译学中的某一类词汇,如"中国译学名人词典"只收古今中国译学名人,外国的则不收,名人以外的其他译学知识,如术语、方法技巧、翻译实体、话语对照等则绝不旁骛,必须提及的著作、译品、翻译观等也只是简略点触,与单独出条截然不同。这是单科性词典第一需要注意的。第二条准则是在所定科目内要求全,愈全愈好,使读者欲查找的词汇应有尽有;残缺不全是质量低劣的症候。第三条是高标准、严规范,这在单科性词典是必须遵循的。既具单一性,标准、规范应该更好把握,略有不符的词汇就应排除在外。事实上,综合性词典之内的各大义类,都要分别按照单科性去要求,相互之间有一种排他性;而内在的有机联系使它们合成一个完整的译学知识系统。

一部全科综合性词典从上述十多种翻译学内容中采撷词汇,各子领域无所不包。这是从理论上说,而实际编纂中,无法做到穷尽所有词汇,所以虽应追求全面,实际仍存在一个选择的问题。就拿翻译实体来说吧,历代政府主管部门、各种翻译公司、学术组织、学校与学科、出版社与刊物数量多得数不胜数,如把各国的情况都包括在内,就更无法计数了。在一部综合性词典当中,该收多少翻译实体呢?在其内部,是经眼即录还是预先定出比例和标准呢?所以精心选择、审慎对待就显得极其重要了,集中体现出编者的眼光和学识水平。

根据学界研究成果,我们将编纂全科译学词典时应遵循的原则概括出以下几条:

(1) 兼顾各项,避免重大缺漏。词典规模可有大小之别,而缺收某一类别的词汇,就会出现残缺不全的弊病。虽无法做到理想,也要尽量努力,在条件许可范围内,尽量覆盖各个类别。

(2) 宽严一致,力戒主观任意。对待各类词汇,取舍尺度要遵循一定的标准,不能任性而为。各类词目,要有步骤、有比例地加以收录,多寡要合乎实际和需求。如果由于个人偏好或知识欠缺等原因,某些类别收录过多,另一些类别却收录太少,就会产生比例失调。若部分类别按标准收录,另一些类别却随意采摘,就不够严肃、科学。

(3) 注重实用,采取辩证观点。任何一条原则,都不应机械对待,妨碍词典发挥应有的功能。各条原则,应综合运用,权衡利弊,灵活处理。如收词严格、全面、平衡,这条原则体现了宏观结构上的严密性,无疑十分重要,但有时为了解疑释惑,服务读者,就可以在一点上突破这一原则,收录某一词语。例如译学名人,设使原定只收教授、正高以上的著名学者,却遇有某一民间译者,并非教授,却译绩斐然,贡献甚大,即便连讲师也不是,亦不妨收录。全科词典往往服务面很大,各种背景的读者都有,因而系统性原则在实行时还要参照实用性原则。再如,翻译专业设置词条,事先确定了根据所在学校影响的大小、在历史上地位的高低,分别以短条、中条、长条、特长条加以介绍的原则,但具体实行起来却可能遇到困难。有的影响很大,编者尽了很大力却仍对之了解不多;有的贡献相对小一些,编者掌握的信息却很详细。遇到这种情况,只能因材施编,切莫削足适履。

综合性译学词典的例子,如林煌天主编的《中国翻译词典》(湖北教育出版社,1997 年 11 月,16 开,1327 页,2452 千字),共收词目 3700 余条。尽管存在这样那样的问题,优点仍很突出,在翻译史上是有重大意义的。同年在英国出版的由 Mark Shuttleworth 和 Moira Cowie 编写的 *Dictionary of Translation Studies*(St. Jerome Publishing, Manchester,32 开,233 页,400 余条)与之相比,"无论是篇幅与收条,性质与目的,方针与原则,体例与内容,分类与附录,索引与特色"都是不能"相提并论、同日而语的"。(曾东京,2007:167)

据学者研究(同上:168-172),《中国翻译词典》拥有如下特色:

(1) 首创性:①前无古人;②方针正确;③定性无误;④理论阐述;⑤音序排列;⑥凡例科学;⑦内容宏富;⑧索引单列。

(2) 总体结构完整。

(3) 索引简便实用。

论者对各项均有较详细的论述,现仅摘录第一项下第(7)条内容宏富的部分内容,用于展示该词典的高度综合性:"《中国翻译词典》正文共收词目 3700 余个,包括翻译理论,翻译技巧,翻译术语,翻译人物,翻译史话,译事知识,翻译与文化交流,翻译论著,翻译社团、学校及出版机构(计 3400 余个词目)与百家论翻译(计 249 个词目)等 10 个方面,记录了 100 余位译家的观点,介绍译学名人 600 余位,学术著作选介 650 余种,著名译作选介 330 余部,基本上涵盖了翻译活动的方方面面,材料丰富,气势恢宏,洋洋 1327 页,2452 千字。"(同上:169)外加七个附录和一个索引,显得内容更加丰富多彩。

当然,也可以编写由几个类别组成的跨科式译学词典,但要经过详细的论证,搞清楚所收类别之间的内在联系,为什么要将它们组合在一起,如何平衡它们之间的关系,这种组合有什么优越性,读者市场如何等。

7.4.2.3 理论性与实践性

译学词典需要具备理论性,这是它不同于传统所说"翻译词典"的主要特征之一。传统的"翻译词典"就是双语词典,相对于单语词典而获此称谓,"其本质特征是对译,即两套符号的对应。"(黄建华 & 陈楚祥:25)在上面所列的 10 多种译学内容中,只有"(11)本族语与外族语译学话语对照"具有对译之特征;从整体上看,译学词典和双语词典之间有着本质的区别。那么,理论性究竟指什么呢?让我们先看看《辞海》对于"理论"是怎样释义的:

> 概念、原理的体系。是系统化了的理性认识。具有全面性、逻辑性和系统性的特征。理论的产生和发展由社会实践决定,又有自身的相对独立性。理论必须与实践相结合,离开实践的理论是空洞的理论。科学的理论是在社会实践基础上产生并经过社会实践的检验和证明的理论,是客观事物的本质、规律的正确反映。(辞海编辑委员会:1003)

由此可知,理论属于理性认识,其构成元素是概念、原理,术语自然也是一种概念。理论最重要的特征是系统性,其次是全面性和逻辑性。因此可说,理论性原则所要求的是,译学词典中必须让具有这三性的术语、概念、原理占有核心地位。理论性词目应体现描写性,客观介绍多种系统的理论,而不是只介绍一种。各种系统的理论概念时有互相矛盾的情况,这在词典中是正常现象,并存互补应当是一种常态。这也是专著所无法比拟的长项,专著做不到的,译典可以做到。从一定的意义上说,译典是许多专著精华的荟萃。

以上的《辞海》释义又谈到了理论的来源与实践的关系以及什么样的理论才是科学的理论。翻译这个学科是实践性突出的学科,其理论方面受到重视是最近几十年的事情。作为一个新兴的学科,其试图建立具有全面性、逻辑性和系统性理论的尝试自 Nida 1947 年发表 *Bible Translating: an Analysis of Principles and Procedures* 以来已持续了 60 余年的时间,而且确实已经有多种标准很高的翻译理论成立。理论是重要的,这一点已无人怀疑,但同时我们不要忘记翻译学科的另一面:高水平实践的要求必不可少。因此我们在第二章给翻译学词典下定义时区分了知识类和实践类两个种类。在综合类译典中需有实践的成分,不能认为译学词典只有理性成分,理论研究以外的都要排除。有的人连翻译家都要排除,这是极其可笑的。

7.4.2.4 实用性与学术性

实用性即切合实际使用的特性,具体结合译学词典来说,就是能够适合读者的需要,不仅有不必考虑实用的纯理论,而且有针对性很强的应用理论,某些内容能够提供大量的具体对策,具备可操作性,或提供某些具体知识,方便研究、教学、翻译。学术性指向纯理论研究,与实用性恰好相对。"优秀的语文词典总是将二者恰当地结合起来。如英国的 The Concise Oxford English Dictionary(《简明牛津英语字典》),除了收录现代英语外,还收了相当数量在阅读中可能遇到的旧词、古词、方言、专业词语等等,不过都加上标记,注明是这些方面的词语。一定程度的描写性并没有影响它成为一部具有很高权威的英语词典。它销路很好,几乎家家必备,社会影响很大。我国的《现代汉语词典》也是这样,在收词方面,以服务汉语规范化为前提,适当扩大收录范围,实行书面语与口语、普通话与方言相结合的原则。很多口语词汇,如'挨个儿''巴不得''把势''白搭''半瓶醋''病包儿''赚头儿'等,方言词汇如'巴巴儿地''差池''刺儿头''二把刀''二五眼''泡汤'等,都收入了词典。再以字头为例。1955年12月22日发布的《第一批异体字整理表》中作为异体字而被停止使用的'蒟、邱、澹、骼、彷、菰……'等字,《现汉》依据语言应用的实际,一直单出字头,并未取消它们的现代汉语用字成员的资格。这种坚持从汉字使用的实际出发的精神,体现的便是描写性的特质。"(孙迎春:2002)现代规范性词典却要适当收入一些非规范性词语,在体现描写原则的同时,也在遵循实用的精神。Dictionary of Translation Studies 是一部译学术语词典,但却酌情收入了少量非术语,如 A. I. I. C.(Association Internationale des Interpretès de Conference——国际会议口译联合会)、Tower of Babel(巴别塔)、Translation as decision-making(翻译即抉择)、Dubrovnik Charter(杜布罗夫尼克章程)、ESIT(Ecole Supérieure d'Interprètes et de Traducteurs——巴黎高等翻译学校)、Leipzig School(莱比锡学派)等。这些例子分别是机构名称、历史专名、自由词组、文件名称、学校名称、学派名称,也是出于实用性考虑。而学术性强的术语,如 Transeme(译素),即便毫无实用价值,因理论建构的需要,也必须收入。在理论上,为了学术体系的建构或认知需要,为学术而学术也是无可争议的。

7.4.2.5 开放性与封闭性

在英语中,个别词类具有封闭性,比如介词和连词,一是数量少,二是早已固定,不再吸纳新的成员。这是由它们本身的词性和语言不再产生新的需要的事实决定的。与开放相对应的是封闭、限制,译学词典在收词立目上遵循开放性原则,而不是相反,这取决于翻译学科的性质及其发展的状况。拿其核心内容术语来说,至今尚未列出一个分层次、比较全面并得到公认的术语单子,即便是最基础、可用作讨论起点的也没有。然而,作为译学词典的核心部分,又不能没有,这就得从已经确定的术语向外扩大,将名词、理论概念也包括进来,同时,主要依靠编者的决断来解决问题了。名词和理论概念是永远也不能封闭的,因为译学永不停止发展,学术争鸣永远在进行,新的名词和理论概念将会不断产生。当然,一部分旧的因失去了生命力,会失去进入译典的资格。新陈代谢,合乎规律。随着学科成熟度的增大,基本术语的数量将会产生一个大致的范围,并逐步减少动荡不定的特点。在一个全球性译学术语单尚未产生之前,译学词典的编者、术语研究的学者可先分别进行,提出各自具有国别、地区、文化特色的工作术语单,在发展中顺应规律进行调整。

理论概念的开放性再说就多余了,因为翻译学是一个综合—开放性的学科,这是译界的共识,这种性质决定了译典不仅是理论概念,而且在其他方面也都必然具有开放性和一定程度变动不居的特点。但这并不是说,各种内容在化为词条进入译典时没有尺度,尺度是必须有的,由编者据实确定。编者各有自己的背景和主体性,翻译学、词典学素养各不相同,因而所编出的译典也会各有不同的内涵和形态,百花齐放,百家争鸣。译典编者应放下权威的包袱,一方面认真负责,尽量提高标准,一方面要抱着一个普通学者的心态:我是在以编词典的形式参与学术研究。权威词典的诞生,不是宣布的,而是在发展中产生,不期然而然的。

7.5 黄氏三原则

以上在内容处理原则方面分5点介绍了9个编纂原则。"封闭性"不是需要遵循的原则,是为了说明开放性而作为对立概念放在那里的。综合性译典编纂原则不是个简单的课题,需要学者们长期进行思考、分析、概括、总结,以上所做的尝试,权做引玉之砖。现供职于商务印书馆的山东大学博士黄希玲在其学位论文《论译学词典的研编》(见孙迎春,2006:1-158)中提出了三条原则,颇有新意,下面摘要介绍一下,可与上面的各条原则相互参照。

黄氏三原则是受计算机科学理论的启发提出来的,因为黄希玲在研究中发现,在计算机系统管理和词典编纂学之间有相似之处。这种卓有成效的研究很有意义。关于其原本情况,她介绍说:"面向对象是计算机编程的最主要思想,就近访问原则是计算机调度内存的首要原则,而系统原则是程序开发过程组织管理的基本原则。"(同上:92-93)

7.5.1 系统原则

在计算机科学中,系统原则是程序开发过程组织管理的基本原则。它贯穿整个系统开发过程,包括计划、执行、维护和发展。系统原则涉及很多方面,主要是:

(1) 系统计划——进行系统项目最初的可行性分析。
(2) 系统分析——找出系统的关键问题及解决方案。
(3) 系统设计——实现系统的解决方案。
(4) 系统执行——调试、运行系统。
(5) 系统发展——维护、升级软件系统。

用于具体指导译学词典的实际编纂工作,系统原则指的是在三

个方面体现整体观:

（1）学科知识的整体观——要从整体上把握学科知识。所收录词目应能够反映翻译学科的整体性。

（2）词典编纂的整体观——系统原则还用于具体指导译学词典的实际编纂工作。编纂工作是一项复杂的工程,其工作程序分三步进行:准备阶段、编写阶段和完成阶段。每个步骤都有其相对独立的特点和要求,同时彼此间又有机地联系在一起,构成词典编纂的完整过程。

（3）词典篇章的整体观——要把词典篇章作为一个整体来看。按词典篇章要求,译学词典设立正文前信息、正文、正文后信息。其中,词典的正文处于主导地位,正文前信息和正文后信息起补充、辅助作用。参见是隐含在译学词典篇章内不可分割的一部分,它的存在大大加强了词典篇章的整体性。

7.5.2 就近访问原则

就近访问原则,也可称为最大可能性访问原则,是计算机调度内存的首要原则。用于译学词典编纂,此原则指的是:读者查找完一个词目后,下一个查找的很有可能是同类、或与之关系密切的一类词目。这条原则用来指导词目类别与具体词目的选择。

7.5.3 面向对象原则

"对象"的概念非常重要,面向对象的程序被看作是软件开发的程序范式,它改变了计算机程序专家软件研究的方式。对象是计算机系统必须关注的问题领域中对人物、地点和事物的抽象。比如说,你的自行车、背包、摩托车、电话、每一只鞋子、钥匙链上的钥匙、一大块面包中的一片等等。在现实世界里,这些物质对象是最容易辨认的对象类型。类别是具有共同特征的抽象物的集合。比如说,自行车、背包、摩托车、电话、鞋子、钥匙和面包,英语中通常用单数表示。因此,自行车这一类别可包括你的自行车、我的自行车、你室友的自行车等等。

词典词条和计算机科学中的对象有非常相似之处。词典词条可被看作一个对象。所以,我们可以运用面向对象原则来指导词条编写。用于词典编纂实践时,面向对象原则指的是:

(1) 每个词典词条都是一个有某些属性的对象。
(2) 词典词条有共性,也有特性。
(3) 特性的值有一定范围。
(4) 词条有时能呈现多态性。

三原则的提出,使译学词典编纂趋于量化管理,这对编纂出高质量的词典来说大有裨益。

7.6 单科性译典编纂原则

翻译学词典非常复杂,各个单科性词典均有各自相异的特征和规律,故此我们在讨论了综合性译典编纂的一级原则之后,还必须进一步探讨各个单科性译典的编纂原则。因为这些原则大体上亦可用于综合性词典中相应的各个义类,所以我们可称之为二级原则。

7.6.1 术语词典

可以是单纯的术语词典,也可以将译学名词、术语、理论概念尽行囊括。在讨论原则之前,我们先要搞清楚相关的基本概念,然后才有可能据其特征设立原则。

"中国是一个历史悠久的文明古国,汉语科技名词术语无疑也是世界上很久远的。诸如《本草纲目》《天工开物》这样的古代科学著作,早已被译为英、德、法、俄、日等文字,这里面就包含了大量的科技名词术语。元、明以后,开始翻译西方科技著作,又创译了大量的科技名词术语。前人为传播科技知识、发展我国的科学技术起到了不可磨灭的积极作用。""科技名词术语规范化、标准化代表着一个国家的科技发展水平和先进程度。贫穷落后、国家不安定,不可能去规范科技名词术语。一个国家只有具备相当实力和科技发展水平时才会把科技名词术语的规范化、标准化提到日程上。"(张玉崑:361-362;359)

术语是一个学科的专门用语。译学术语是用以标示翻译学概念的语言符号,通过语音或文字表达或限定译学概念。"术语是一种形式和意义相结合的语言符号。术语的意义必须以明确定义的科学概念为基础,具有单一的理性意义和感性色彩,它是描述和传播科学概念、定义和规律的基本要素,也是促进学科建设的有力工具。术语建设是任何成熟学科必经之路,译学的发展也正是这样,前人的学术思想通过一系列术语代代相传。"(方梦之,见曾东京,2007:代序)

编纂译学术语词典,应遵循如下原则:

(1) 所收术语要合乎术语标准。

(2) 术语词典可酌收名词和理论概念,但要与术语形成一个合适的比例。

(3) 主体应当是译学术语、名词和理论概念,可占60%左右,其次为词典学和相关学科词目,可各占20%左右。

既然如此,我们就要搞清术语的标准和特征,以及名词和理论概念的意义。

术语的标准和特征:国际标准化组织(The International Organization for Standardization〈ISO〉)对新创术语提出了一些指导性意见,可概括为如下4条原则:

(1) 术语应反映相关概念的重要特征,以使指称准确。在不造成概念模糊的前提下,术语应尽可能简短。

(2) 术语应具系统性,并符合语言的音、形规则。

(3) 术语必须符合构词法,具有生成和派生能力。

(4) 术语的意义必须在无语境的情况下显豁可辨。(Mona Baker:254－255)

这四条原则是创造新术语时需要遵循的,同时,它们也就是术语的标准和特征,为了使之更加明确,我们可对其作进一步的抽象。由第(1)条我们可概括出科学性和简明性,从第(2)条概括出系统性,从第(3)条概括出生成性,从第(4)条概括出单义性,另外,由于中西语言文化之间存在实质性差异,术语还应兼顾民族性与国际性两个方面。下面我们对这几个特征分别作一些阐释。

(1) 科学性

术语必须以科学概念的内涵为依据,准确反映科学概念的要素。术语为名,概念为实,名实相符才能使术语具备科学性。换句话说,术语如果脱离了相关的科学概念,就会丧失科学性,失去了存在的根基。

比如 commodity future(商品期货),之所以说它具有科学性,是因为它作为名,与其所指的概念相符:所谓商品期货,指按照所签订的合约,在未来的特定日期,以特定的价格买入或卖出特定商品。假如名为商品期货,却并未签订合约,或缺乏特定日期、特定价格,或不涉及特定商品,术语的科学性顿失。

翻译学的例子如 hyperinformation(超额信息),它也是名实相符的,Reiss 与 Vermeer(1984)将其界定为由译员添加的信息,目的是补偿听者可能缺乏的、正确理解信息所必需的任何文化背景知识。再如 translational action,指产生信息传递的某种过程,包括文本、图片、声音、肢体语言等各种各样的跨文化转换过程。由芬兰裔德国翻译家 Justa Holz-Manttari(尤斯塔·霍尔茨-曼塔利)于1981年提出。

Manttari 将其定义为：为实现信息的跨文化、跨语言转换而设计的复杂行为。翻译行为泛指译者在跨文化交际中可做的工作，翻译本身只是转换文本时所做的工作，即翻译行为的一部分或一个方面。这些例子都因名与实相符而合乎科学性原则。

近代以来，我国许多专业术语都是经由翻译确定的，翻译时也不得不将科学性放在首位。如 myocardial infarction 一词，以前一直译作"心肌梗塞"，而从科学概念上讲，血管可以阻塞，肌肉只能坏死不能阻塞，译作"心肌梗塞"就不科学，所以改译为"心肌梗死"。翻译学的例子如 metaphrase，这是 17 世纪诗人、翻译家 Dryden（德莱顿）用来指三种翻译方法之一，有的论者译作"直译"，和 paraphrase（意译）相对，（刘宓庆，1986：18）这是不妥的，因为 Dryden 的本义不是这样，他的定义为：the process of "turning an author word by word, and line by line, from one language into another" （1680/1989：7，见 Shuttleworth：103——"将原著逐词逐行地从一种语言翻译成另一种语言"的过程），谭载喜在《西方翻译简史》（1991/2000：154）译作"逐字译"反映了原义，后来在谭先生主译的《翻译研究词典》（2005：140）中改作了"词译"，这是更加准确、妥当的，在讲究科学性的基础上又具有简明的特征。《翻译研究词典》将 Dryden 提出的另外两种翻译方法 paraphrase 和 imitation 分别译作"释译"和"拟译"（164；99），反映了同一种科学精神。

(2) 系统性

术语在一个学科中的存在不是孤立、随机、无序的，而是有层次、成系统的。系统指"同类事物按一定的关系组成的整体。"（中国社会科学院语言研究所词典编辑室：1223）术语的系统性体现在学科概念体系、逻辑相关性和构词能力等方面，因而定名要考虑并反映上位与下位（属与种）之间的概念关系、整体与部分的关系、部分与部分的关系等等。

上面所举的 metaphrase、paraphrase 和 imitation 及其翻译,不论从原文还是从译文来看,都在翻译方法这个范围内体现了系统性。再往上看,翻译方法属于翻译教学,翻译教学属于应用翻译学,应用翻译学与纯翻译学并列于翻译学之下,这种系统性是一目了然的。

再如,《翻译研究词典》中所收录的 Idiomatic Translation(地道翻译,99),与 Dynamic Equivalence(动态对等,63)、Domesticating Translation(归化翻译,59)相近,与 Formal Equivalence(形式对等,82)、Foreignizing Translation(异化翻译,79)、Translationese(翻译体,254)相对,与 Naturalness(自然性,151)、Overtranslation(超额翻译,162)、Undertranslation(欠额翻译,260)、Unbounded Translation(不受限翻译,260)等相联系,形成了一个庞大的译法系统。

总之,译学词典所收录的任何一个术语,都在翻译学大系统中占有一个位置,与其他术语发生相近、相对、相联的关系,而不是处于孤立无序之中。

(3) 单义性

一个术语只反映一个概念,"一词一义";一个概念也只有一个术语,"一义一词"。例如下面几个金融财经方面的术语均具单义性:available credit(可动用信贷)——信贷限额内未被运用之数;compound interest(复利)——指本利一起按年复合增长;gold card(金卡)——财政要求较一般普通信用卡更为严格的信用卡,因卡为金色而得名。金卡持有人可获较多的财政方便(例如预用数额较大的消费或透支额),但也须付出较高的年费。(吕汝汉:9;37;81)

翻译学的例子如方梦之《译学辞典》中的 formal meaning(形式意义)——语言文字形式或章句安排及篇章结构在形式上的特征(224)、social meaning(社会意义)——语言所表示的社会环境的意义(225)、stereotype(文化定势)——国家、民族、地区、群体、社团的整体式的文化取向、relevance theory（关联理论）——关联理论主张建立交际的推理模式，即语言不是纯粹的编码—解码过程，语言表达和言语意图的距离是通过认知来联结的。人类认知靠的是关联，而且往往与最大关联性相吻合。受话人不一定在任何场合都理解话语表达的全部意义，尽管每一个言语交际行为都值得重视，但人们通常只注意那些与自己有关联的信息(326)。

普通词一词多义或多词一义是司空见惯的现象，而单义性则是科学发展的必然要求，有利于科学描述、信息交流，使之更加精准、高效。术语的单义化让术语的意义在任何情况下都明白无误，而不必依赖上下文分析，这自然是一种极大的优越性。科学描述、信息交流不同于文艺领域内艺术家与受众的关系，悬念、含蓄、模糊不但没有价值，而且都是起妨碍作用的不利因素。所以，"物料平衡"与"物料衡算"这对化学工程中常见的异名，现已按单义性原则统一为"物料衡算"。

（4）生成性

按照国际创造新术语的原则，标准之一是"术语必须符合构词法，具有生成和派生能力"，这是不可或缺的。比方在英语翻译话语里，fidelity 和 faithfulness 在本质上并没有什么区别，但 faithfulness 能够成为最常用的术语之一，而 fidelity 却不成，只是偶尔使用，原因就在于，faithfulness 具有很强的"生成和派生能力"——通过添加、减少前后缀，它可以变化形态，产生所需要的词性和关联意义，在语言表达中运用方便，如 faithful、unfaithful（形容词）、unfaithfulness（名词），而 fidelity 则只有这一种名词形式。再如，equivalent（对等），是一个极重要的术语，除概念上的原因外，还因为它具有生成性。equivalent 这一词形本身既可作名词（对等语），也可作形容词（对等的），也可生成 equivalence 表示抽象的"对等"概念并和另一个形容词 equal 以及动词 equal、equate 同源。translation 是一个众所熟知的术语（当然同时也是个最重要的话题），其生成能力就不必多费笔墨了。术语必须具有解释能力和广泛的使用价值，方便学者们进行思想交流，如果生成能力差，使用价值就会大大降低。

(5) 简明性

术语反映科学概念和本质属性。许多语词具有模糊性，这在普通语言表达中很正常，艺术语言还讲究模糊美，但在术语中却是应当避免的。随着科学的发展，人们的思维日益缜密，术语为其结晶。定名之时，一方面自然应遵循科学性、严密性等原则，另一方面还必须恪守简明性原则，术语必须简单明了，易懂、易记、易写、易用。据实定名，界说明确，简洁为尚，无须赘字。例如"艾滋病"源于 Acquired Immune Deficiency Syndrome，直译为"获得性免疫缺陷综合症"，中英文都很长，不合乎简明性原则，而选英文字首缩合词 AIDS 加以音译则简单明了。医学名词 Coronary Heart Disease 直译为"冠状动脉粥样硬化性心脏病"，简化译为"冠心病"，既名符其义又明了简洁。（张玉崑：365）

《翻译研究词典》中的原词目与译词目一般都很简明：Didactic Fidelity（说教忠信，54）、Metrical Translation（韵律翻译，142）、Polysystem Theory（多元系统理论，173），但也有个别的不合要求。例如，Translation and Theory of Games（翻译与博弈论）。首先，这种形态达不到术语标准，因为它是一个自由词组，一个话题。其次，按术语要求还缺乏简明性。略加改造，变为 Theory of Games 或 Games Theory（博弈论）就可以了。再如 Medium-restricted Theories of Translation（关于媒介的翻译理论，139），完全可以不要照录其在原作中的形态，而是遵照"简明性"原则加以改造，简化为 Medium Study（媒介研究）。放在翻译学词典中，自然是与翻译有关的，是认知翻译的一个角度，画蛇添足本不需要。"Translation and Theory of Games（翻译与博弈论）"、"Medium-restricted Theories of Translation（关于媒介的翻译理论）"这样的语词，出现在释义中是完全可以的，但作为词目出现却有违原则。

术语大多是名词或名词性短语，这一特性使得科学信息抽象而句式严谨。术语的名词性是简明性得以实现的条件之一。以上所举例子均为名词。以对等为主旨的各个双语专业词典，其主体为名词，不涉及多个专业，不对词语进行详细解释，最易做到简明性和单义性，如《英汉自动化词汇》、《汉英机电大词典》、《简明英汉社会学辞典》、《英汉微软软件词汇》等。

(6) 民族性与国际性

民族性与国际性相辅相成，二者应当兼顾。先看民族性。术语应具民族性，这是因为尽管科学没有国界，但学习、使用科学的人却是分为民族，居住在各自国家之中的。术语所表示的内容，是构成科学知识的基本成分。音、形、义结合所形成的一个个术语，也是科学知识赖以表达的语言的基本构件。任何一门科学，如果不用语言表达出来，自然无法存在和传播。具有民族性的人，依赖本民族的语言，在特定的国家、时代和文化背景中学习、使用、研究、发展科学知识，这就赋予了科学术语以民族性。内在的科学概念没有民族性，而外在的表达科学概念的术语却不能不具有民族性。从语言材料上来说，民族性是必然的，各民族的语言文字都有自己形成和发展的历史，在音、形、义等各个方面都有不同于其他语言的特点。从文化习惯上来说，民族性也是必然的，各民族都有数千年或数百年的历史文化传统。

汉语科技术语首先和主要是面向国人的，所以在术语定名与译入外文术语时，应考虑民族性，适当采用具有中国特色的名词，这种翻译策略在翻译学中称作归化。如 horizontal market software 直译为"横向市场软件"，含义不清，考虑到我国受众的特点及其需要，意译为"大众化软件"。中医针灸的定名，二十四节气的定名，都具有中国特色。天文学中已定名的"金星"、"木星"很适合国人，有民族风味，而不再采用"爱神"(Venus)和"大力神(Jupiter)"作为译名。民族性即汉语化，使术语具有汉语的词汇特点，合乎汉语的音、形规则，具有生成和派生能力。如 laser 原先音译为"莱塞"、"雷射"，经钱学森研究提议，定名为"激光"。再如 acoustic susceptance，原译有"声纳"与"声呐"之别，最后定名为"声呐"，是因为"呐"字带口字旁，有"大声叫喊"之意，适用于描述声学现象，选择"声呐"照顾和发挥了汉语音形义兼顾的特点。

《译学辞典》（方梦之）收入了二十余个中国传统译论中常用的语词，如"八备"、"三美"、"三不易"、"五不翻"、"五失本"、"化境"、"传神"、"信达雅"等，这是合乎民族性要求的。如果不收，就是重大失误。译学话语可以而且必然是来自不同的语言文化系统，大系统中包括若干具有民族性的小系统。从语词形态来看术语的翻译，将外语译成上口的二字、三字、四字词语，也是合乎民族性原则的，如《翻译研究词典》中的 Mapping（图谱，138）、MT（机译，147）、Degree of Precision（精确度，176）、Pseudotranslation（伪翻译，183）、MAT（机助翻译，139）、Mimetic Form（模仿形式，143）、Operational Norms（操作规范，158）等。

《译学辞典》（方梦之）中对"意境"这一我国传统美学和译学中的核心范畴的翻译和解释都很不够分量：

> **意境**　mood of literary works
> 　　语言艺术作品通过形象描写所表现出来的境界和情调。是所描述的景象和所表现的情意相交融的产物。意境的追求和创造，是修辞上获得最佳表达效果所必须的。在文学翻译中，译者以追求原作的意境为己任，以再创造等同的意境为目标。被人称为"今古七律第一"的杜甫的两句诗："无边落木萧萧下，不尽长江滚滚来"，卞之琳译为：The boundless forest sheds its leav-

es shower by shower, / The endless River rolls its waves hour after hour. 传达了原诗的格调和意境。

收录比不收录强,这是肯定的,但鉴于"意境"范畴的特殊地位,这点篇幅所给予的信息显然是太不够了。"意境"是我国传统美学中的核心概念,在翻译理论中也十分重要。茅盾 1954 年 8 月在全国文学翻译工作会议上的报告中阐述文学翻译的性质,所突出强调的就是意境的传达:"文学的翻译是用另一种语言,把原作的艺术意境传达出来,使读者在读译文的时候能够象读原作时一样得到启发、感动和美的感受。"(见翻译通讯编辑部,1984:10)

由于上述原因,笔者专门写了一篇文章,叫《"意境"译法探索》(孙迎春,2002b),经论证提出以新造词 ideorealm 来翻译"意境"。建议对这一词目释义如下:

意境　ideorealm; yijing

指通过形象性的情景交融的艺术描写,能够把读者引入到一个想象的空间的艺术境界。意境的基本构成在于情景交融,它包含着两个方面,即生活形象的客观反映方面和作家情感理想的主观创造方面,前者叫做"境"的方面,后者叫做"意"的方面,这两个方面有机统一浑然交融而形成意境。意境理论的第三个要素,也是它最核心的内容,是模糊美,或者说含蓄美、朦胧美。系由司空图所说的"味外之味"、"象外之象"、"景外之景"带来。就是说,创造以模糊美为本质特征的意境,要求意余言外,含蓄蕴藉。三个词语中的第一个"味"、"象"、"景"是实的、有限的、个别的,它首先被读者所感受,是意境产生的基础。这些具有审美感染力的"味"、"象"、"景",因其新颖独特,触发读者的想象,在其脑海中生出第二个"味"、"象"、"景",这时的它们便是虚的、无限的、千变万化的了。

意境理论植根于自《易传》、《庄子》以来的古代文论之中，其中陆机、刘勰、钟嵘、司空图、王昌龄、严羽等各代学者的论述都对意境概念的形成具有重要的影响，同时，意境理论的产生又与佛经的翻译、佛经中频繁使用的"境"、"境界"及佛教在哲学、塑像、绘画等方面的影响有着直接的关系。(孙迎春，2000) 到了近代，王国维集古今意境理论之大成，运用东西结合的研究方法，对其作了全面系统的总结。他在《人间词话》中高度概括道："文学之事，其内足以抒己，而外足以感人者，意与境二者而已"，并进行了详尽的论述。茅盾 1954 年 8 月在全国文学翻译工作会议上的报告中阐述文学翻译的性质，突出强调了意境的传达："文学的翻译是用另一种语言，把原作的艺术意境传达出来，使读者在读译文的时候能够象读原作时一样得到启发、感动和美的感受。"(见翻译通讯编辑部，1984:10)

意境的传达，无疑是一种艺术再创造。被人称为"今古七律第一"的杜甫的两句诗："无边落木萧萧下，不尽长江滚滚来"，卞之琳译为：The boundless forest sheds its leaves shower by shower, / The endless River rolls its waves hour after hour. 传达了原诗的格调和意境。

由此可见，编纂译学词典也可成为中外译学学术交流的一个手段。中外译学术语、名词、理论概念或分义类，或按拼音顺序，排列在一部译典中，不必有过多的说明，就通过读者的阅读实现了交流。专著则没有这样便利。

另一方面，为便于进行国际交流，使我国科技语言与国际接轨，术语还须具有国际性。比如下面几个微软软件词语，其汉译就考虑到了国际性，采用异化翻译策略，以直译与原文保持一致：network interface card(网络接口卡)、network meltdown(网络熔毁)、source data acquisition(源数据采集)、source disk(源盘)。下面的几个术语,其汉语定名遵循了国际性原则:编程语言(programming language)、编辑菜单(edit menu)、随机存取人事信息系统(random access personnel information system)、宽带数据信道(wide data channel)。当发现术语和国际通用表达无端不一时,应尽量予以纠正。如我国大气科学中的名词"强台风(violent typhoon)",在国际上没有对应词,相应大气现象用"severe tropical storm(强热带风暴)"表示,发现后便取消了"强台风",以"强热带风暴"取代,为的就是与国际并行。

在同一个词语的翻译中,既遵循国际性原则又照顾民族性,也是经常采用的方法。如微软软件词汇 hot-potato routing 译作"'热土豆'路由选择法",在直译的基础上增加了"选择法"进行解释并使之合乎习惯;HyperTalk 译作"超级对话语言",增加了"语言";HyperWave 译作"超浪服务器",增加了"服务器",都是照顾到汉语的用法特点。

《翻译研究词典》中的下述英语词目汉译都是兼顾到民族性与国际性的优秀范例:Rank-bound Translation(级阶受限翻译,187)、Reader-oriented Machine Translation(读者取向机器翻译,189)、Regulative Translational Conventions(规约性翻译常规,193)、Retrospective Science of Translation(后瞻式翻译科学,199)等。

以上分6条介绍了7条术语的标准与特征,但在此之外,还有个灵活性问题需要考虑。

灵活即不拘泥,能够随机应变。一则术语和普通词语可以相互转换,术语进入普通语言,普通词语转化为术语,都是常见的现象。如 package,原为普通用语,指包扎成件的包裹,进入计算机专业后在硬件领域指"插件"、"电子外壳";在软件领域指"程序(软件)包";而在网络领域则指"数据包"、"信息包"。"充电"在物理学中意为"把电源接到蓄电池的两极上使蓄电池获得放电能力"的过程,近年进入生活用语,指"到学校进修,学习某方面的新知识,让知识得到更新"的行为。二则各原则是相互补充的,术语的定名不能偏执一端,而需加以权衡,随机应变。以"单义性"为例,在具体的实践中,"一词一义、一义一词"的理想定名有时确乎难于实现,如上面所举的例子 package。再如 node,网络方面指"网点",图像方面指"结点",软件方面则指"节点"。翻译学的例子如《翻译研究词典》中的 Stylistic Equivalence 文体对等,风格对等(又名 Translational Equivalence [翻译对等],218)、Target Text(简称 TT)目标文本,目标语篇(又名 Target-language Text [目标语文本,目标语语篇],223)、*Tertium Comparationis*(拉丁文)第三对比项(又名 Interlingua [语际语言],或 Das Gemeinte(德文)[所用意义],或 Mediating Language [中介语言],或 *Lingua Universalis*(拉丁文)[普遍语言],227)等。"一词多义"的外文词,我们无法硬性将其搞成"一词一义",只能按其不同含义分别确定汉语名,再比如 plasma,在物理学中定名为"等离子体",而在医学中则定名为"血浆"。汉译外,时有一个术语几个对等词语的情况,如"公证人"notary public, public notary, graffer, notary;"军法官"judge advocate, martial judge, military judge 等。科学性是一条重要原则,但有些术语的定名虽不科学,却因使用久、应用广已约定俗成,仍可沿用,以避免重新定名引起混乱。如 mechanical motion 仍作"机械运动",而不改作"力学运动"。

下面简单说明一下名词、理论概念问题。这里名词指不能列入其他义类的非术语性翻译事物名称;理论概念指达不到术语标准,但在翻译研究中又很重要的理论用语。为了提高词典的实用价值,在具体的操作过程中,少量属于其他义类的名词亦可收入术语词典,但比例不能太大,以不超过 20% 为宜。这两个方面的例子如:历史语言学、巴别尔塔、人类语言学、《圣经》翻译、西塞罗、中国翻译协会、中国翻译学、印欧语、汉藏语、光盘词典、appeal-focused texts(感染型文本)、archaism（古词，废词）、comparable corpora（可比语料库）、corpora（语料库[单数为 corpus]）、dubbing（配音）、Dubrovnik Charter（杜布罗夫尼克章程）、Leipzig School（莱比锡学派）、对象主体化与主体对象化、翻译的特征和译者的条件、翻译工作六大新趋势、翻译理论的职能、翻译理论教学、翻译学在当代语言学中的地位、风格意义、个人独特性与创作个性等。

7.6.2　方法与技巧词典

"方法与技巧"在翻译学构架中的位置也是一个意见不易统一的问题。首先是方法(包括技巧)与方法论之别。

7.6.2.1　方法与方法论

刘宓庆在《当代翻译理论》中专门辟有"第八章　翻译的方法论"，这是我国对于翻译方法论研究较早的有益尝试，自有其长处可供借鉴，但是他的缺点是分析不够，未将纯翻译学范畴的翻译方法论探讨和应用翻译学范畴的具体译法探讨加以区分，这就显得概念不清，致使理论探讨难以深入。刘先生在该章"概述"开篇言道：

> 翻译方法论是翻译学中最重要的应用理论研究。它的基本任务，是探求双语转换的各种手段；阐明各种手段的基本作用机制理据，阐明方法论研究的理论原则和基本指导思想。翻译方法论的研究领域最为广阔，所涉及的实际问题也最多，最具有实用性、对策性。(刘宓庆，1999:162)

引文的第一句话把"翻译方法论"划在了应用理论研究，这恐怕是不妥的。在这一章中，刘先生虽也作了一些理论探讨，但主要是在研究具体的译法。研究翻译方法论当然可以结合具体的译法、译例来谈，但是一般方法及其理论的探讨是不能缺的，而这一部分应定位在纯翻译学的普遍理论范围,其探讨属形而上,应体现哲学深刻性。

翻译方法论是认识翻译和从事翻译活动的一般方法、根本方法及有关这种方法的学说、理论,属翻译理论中的普遍理论。而与之相关联的具体的方法、技巧研究则属于应用翻译学范畴。两者关系密切,不易区分,但性质不同,各有各的任务。

翻译方法论应以辩证唯物主义和历史唯物主义作指导,要求研究者从实际出发展开逻辑思辨,从哲理的深度探讨方法论的内涵,研究如何为"本体论"所用,客观地、历史地、全面地考察翻译策略问题,具体问题具体分析,并根据主客观条件,制订切实可行的理论原则,帮助译者能动地从事翻译行为。

不同的学科有不同于其他学科的自己的方法论,也就是说,辩证唯物主义和历史唯物主义在不同的学科中有不同的体现。翻译方法论,除理论阐释外,就目前而言,主要体现在对于归化、异化、意译、直译、神似、形似、意境再现等翻译策略的探讨上,系统性、全面性、深刻性都还有待提高。

在正确理论指导下结合实际熟练运用具体的方法、技巧对翻译来说是至关重要的,它关系到语际转换成果的成败与最终形态问题。方法与技巧的研究属于应用翻译学,主旨在于解决具体问题,在尘埃落定之后,让凝定了的文字面世。

7.6.2.2 编纂原则

我们在搞清楚了方法与方法论之间的区别与联系之后,接下来就需要考虑方法与技巧词典的编纂原则问题了。

(1) 在收词立目方面,凡属翻译方法论、方法、技巧范畴的词语,有查考价值的,即可收录。

(2) 突出实践性、实用性和对策性,面向对象,所介绍的方法、技巧要是经过长期实践应用的,反映了双语转换的规律,针对性强,有实际参考价值,能解决实际问题。

(3) 注重学术性,对于重要的方法、技巧,要结合相关理论,在双语比较的基础上简略阐释词目所指方法、技巧的理据,从而避免就事论事,增强学术含量。

(4) 各种方法、技巧体现了一种多元互补的关系,在矛盾中实现统一,在统一中存留差异,构成一个多层级、多取向、体现灵活性的大系统。

7.6.3 翻译史词典

主要涉及翻译史上的人、事、物和传统译论,将那些在翻译史、翻译理论史的发展进程中发生过作用、有地位的事物以词条的形式介绍给读者,以提高其文化素养或助其研究,在批判继承的基础上创立新论。杨自俭指出:"创新都是针对前人成果的,对其优缺点都需要批判,只是批判的对象、方式方法不同,但目标一样,一是好中选优,留下培养;一是差坏改好,培植发展,两者皆为创新,其过程就是批判地继承,所以无此过程创新都是不可信的。"(杨自俭,见潘文国、谭慧敏,序:11)也就是说,没有批判地继承,就不可能有任何的创新。怎样去批判继承呢?这个问题很复杂,但有一个前提是必须的:对历史上的人、事、物和传统译论要有比较透彻的了解,翻译史词典就是要帮助研究者解决这个问题。编纂原则如下:

(1) 地位崇高,不能凑数。翻译史上的人、事、物和传统译论,凡进入词典立目的,均须在历史上有地位、有影响,发生过重要作用或具有代表性。不具备条件则不能收录。

(2) 史实确凿,准确无误。这是对词条右项即释义的要求,信息不确则不能称为史实,失去价值。在某项缺乏准确信息的情况下,应以某种方式说明,而决不能杜撰。

(3) 有述有论,内容丰富。对于多数条目,不能仅做叙事性介绍,还应在学术研究的基础上有所论述,论述的内容与要求,人、事、物、译论各有不同,总的目标是提高学术价值。

7.6.4 译学名人词典

任何学问,都是以人为本。译学名人自然就是翻译学之本。译学名人词典所收录的,横向说可以包括中外翻译家、翻译理论家、流派代表人物和对翻译事业做出重要贡献的各界人物,也可以分收录一国、数国、多国等各种情况;纵向说可分收录当代、近代、断代、古今等不同时期的名人,只要适合特定读者群的需要,形式可以灵活多样。编纂原则如下:

(1) 顾名思义,所收录的人物,必须是名人,或知名度不高,却在历史上做出过实质性贡献,应当成为名人,在词典里有一个位置。这条可称为名人原则。

(2) 翻译家看其在翻译业绩上的贡献,分中译外、外译中、国内民族语言翻译等不同情况,简称译绩原则。

(3) 理论家看其在译学理论研究上的贡献,形式不拘,注重实质。古代理论家的只言片语,当代学者的成篇大套,是不同时期的不同理论形态。注重实质就是看实际上是否提出了闪烁哲理火花的见解,迥异前人,代表着人类认知水平的进步;或对于旧题有独特的新释,视角新颖,理论基础扎实,细密深刻,说服力强。若见解独特,产生影响,只言片语胜过万语千言。万语千言,连篇累牍,干货不多,水分不少,或许可评为废话一吨,毫无价值。这条称作学术原则。

(4) 对翻译事业做出重要贡献的各界人物,如国王、女皇、政治家、军事家、出版家、赞助人,不拘是否亲自搞过大量翻译、写过几篇文章,只要是以某种形式推动了翻译事业,亦应热情对待,请入词典。例如中国的唐太宗、张元济、俄国的彼得大帝、女皇叶卡捷琳娜二世,都是力量型的人物,故这条可称作力量原则。力量原则是唐朝的世界名人玄奘和明末的西来耶稣会士利玛窦早就悟到了的,他们的成就大和运用了这条原则是分不开的。

(5) 词条右项的编写,贯彻事实原则,可参照 7.6.3 翻译史词典。

7.6.5　著名学术著作词典

学术著作是学术思想、理论探讨成果的载体,缺了恰似人没有房子住。译学著作即用文字表达有关翻译的意见、知识、思想等所产出的成品,在此包括书籍与文章两种样式。介绍著名学术著作的工具书也可不叫词典,譬如叫概览亦可。可参考的名称如《著名译学著作词典》、《古代翻译论著词典》、《中国近现代译学论著词典》、《当代翻译学论著》、《译学论著概览》、《西方译学论著概览》。其编纂原则如下:

(1) 合乎学术著作标准。重实质,轻形式。古今著作形式有异,标准自然也应不同。不论是古代的演讲、序跋、信函,还是当今的层层深入、格式要求严格的论著,主要看学术价值和影响力。格式再合乎要求,外观再像论著,也要剥开外皮看实质。

(2) 遵循唯物史观原则。古代的翻译论著,少之又少,凤毛麟角,常可经眼即录。当代的译学论文、专书与文集,数量已经颇多,不著名、无影响、缺精华则不予录入,或仅入书名索引、数字统计。

(3) 撮要进行内容简介。词条右项,固须要素齐全,结构完整,著者姓名、生卒年、主要内容、学术影响、历史地位自当应有尽有,然内容简介、主要论点、精华所在、地位所系是最值得下功夫的。

7.6.6　著名译作词典

翻译学的研究对象包括 8 大因素:客观世界(自然、社会、思维 3

个领域)、原文作者、原文、原文读者、译者、翻译过程、译文、译文读者。这8个部分是密切相关的一个整体,是一个系统,既包括主体、客体,也包括过程、结果和影响。(杨自俭:2002)译作是翻译过程的直接产物,面对着2个主体:一为翻译主体译者,二为阅读主体读者。译作中所承载的内容是经过译者翻译的原文。通过这样的分析,我们可以清晰地看到译作在这一关系链中的位置。著名译作词典以著名译作为词目,其编纂原则如下:

(1) 合乎著名译作标准。原作著名,译作不一定著名。名作可能引来名译,也可能招致孬译,这是原作本身无法决定的。鄙意以为,著名译作的标准是,第一,在译语文化中产生影响,享有较高知名度;第二,所译内容信于原文,译笔达雅;第三,所根据的原著在文化上有传播异域的价值。设使有传播价值,原语文化中不著名的作品,也可经由译者的高超译笔,化作异域的佳品。

(2) 撮要进行内容简介。词条右项,自然须要素齐全,结构完整,译者、著者各自的姓名、生卒年、主要内容、译品评价、文化影响、历史地位这些要应有尽有,但其中对译品内容进行简介仍是最为重要的,因为译品的价值,首先在于内容。

(3) 中肯给出译品评价。译品是否忠实原文内容,对作者负责;是否语言通达,对读者负责;是否用语雅正,符合原文风格,对艺术负责,一句话,是否合乎翻译标准,对这些要给予客观、中肯、服人的评价。达不到这一条,恐怕文化影响难以产生,历史地位难以获得。

7.6.7 翻译实例词典

翻译是一个实践性很强的学科,在2000多年轻视理论过后现今特别注重理论的情势下,万万不可看轻实践。翻译实例来自已出版的译作,体现为具体的句子、段落,实例词典的价值在于由中可以观照翻译的方法和技巧活生生的应用。细说起来,实例词典可有《XX文学翻译欣赏词典》、《XX翻译例句词典》、《学生误译指正词典》、《译法演示词典》等,这些均需按不同语对划分,如英汉、汉俄。取材单位可大可小,或句或段;编排形式可简可繁,或仅提供一种原文,数种译文,或进而作出简略而深刻的分析。编纂原则如下:

(1) 所编词典需有明确的学术、审美或实用价值。
(2) 所选实例需有助于实现学术、审美或实用价值。
(3) 分析深刻,有扎实的译学、美学、语言学理论基础。
(4) 以理论为指导,以比较为途径,以经验为参照,以语境为根据。

7.6.8 翻译批评词典

从内容上可包括4个义类:(1)批评理论;(2)针对译作的批评;(3)针对论著的批评;(4)针对包括译学词典在内的各种工具书的批评。编纂原则如下:

(1) 梳理批评理论,提供批评理据。进行翻译评价与批评的基础是建立翻译价值观,这就需要我们一方面对翻译功能进行理论探讨与历史思考,以此作为基础和起点,另一方面又要不囿于对翻译之用的客观描述,而是要超越客观描述与分析,对翻译之用进行深刻的价值评判。对译作进行批评,以赏析为基本方法,像袁锦翔的《名家翻译研究与赏析》(1990)那样,对我国名家的"翻译论述、传译经验或妙译技巧条理化、系统化,使读者学有楷模,译有榜样,并相应的提高翻译审美意识与鉴别能力",并按信达雅标准设计出一套打分的方法,自然是一种可用的形式,也是有益的。许钧认为:"提出评价标准与方法固然重要,但这些标准与方法的提出要有一个更大的前提,那就是首先要明确翻译批评的目的、范畴与原则。给翻译文本打分,是翻译批评的一种方法,但并不是翻译批评的全部。"(400)

据许钧的研究,翻译有社会价值、文化价值、语言价值、创造价值和历史价值五种价值,(许钧:380-395)并一一进行了详细的论述,然后总结道:"从本质上看,翻译的社会性重交流,翻译的文化性重传承,翻译的符号转换性重沟通,翻译的创造性重创造,而翻译的历史性重发展。交流、传承、沟通、创造与发展,这5个方面也恰正构成了翻译的本质价值所在,从某种意义上,它们也是翻译精神之体现。"(395)搞清了翻译的5个价值,这本身只是一个基础。进行翻译批评要有理论依据和科学方法,为了克服批评的"随意性"、"浅表性"和"片面性",这是必须的。对于翻译批评的实质、任务、目的、原则、方法都要进行深入的研究。关于原则与方法,许钧针对翻译批评理论与实践所面临的问题,提出了原则性的意见,认为必须首先着眼于探讨下列几个方面的问题:①树立科学的批评精神;②建立自主的批评理论体系;③探讨规范性的批评标准;④开放的批评视野与指导性的批评功能。(408-410)

由上可知,对于翻译批评理论要进行深化研究,同时,对于各种已有的翻译批评理论要进行梳理,这是编纂翻译批评词典的第一条要则。通过撰写词条的形式,可针对有关翻译批评的实质、任务、目的、原则、方法及众多范畴的现有理论进行梳理,在人们见解不同的情况下,本着描写的精神,在一个词目下介绍几种不同的见解,亦可综合现有见解,遵循规范原则,给出编者的阐释。

(2) 结合上述翻译的5种价值,遵循科学的批评精神,在批评理论的指导下对不同体裁、样式的译作进行深入的批评。

(3) 针对论著与译典的批评要建立在自主的价值体系之上,要分别创立论著与译典批评理论,对论著的论点、理论依据、阐释过程、论者的主体性与所用方法等各个方面,对译典的编纂宗旨、理论基础、编者主体性、原则方法、释义结构与内容等,进行系统的或有重点的批评。论著与译典主要有学术价值、创造价值、社会价值和历史价值这 4 种价值,都需要分别加以深入的探讨。辜正坤曾提出"玄翻译学"(metatranslatology)范畴,即"关于翻译学理论的理论"(辜正坤:307)。他说,"Metatranslatolgoy is intended to focus your attention on *how* you theorize rather than *what* you theorize."(玄翻译学旨在探讨论理的方式,而不是论述的内容——我译,下同:308)关于玄翻译学的基本内容,他列举了十条,其中包括:③The norm of translation criticism(翻译批评的准则);⑦The relations between translation studies and other disciplines(翻译学与其他学科的关系);⑧The relations between translators and their translations(译者及其译作之间的关系);⑨The relations between translation and social, cultural, economic, and personal factors(翻译与社会因素、文化因素、经济因素和个人因素之间的关系)。这里所列的这几条,虽均切题,窃以为③、⑦这两条最合乎"玄翻译学"的定义,而我们这里所讨论的论著、译典批评的话题,则确凿应该属于"玄翻译学"的范畴。既然"玄",就特别抽象,属"形而上",故此难度也特别大。迄今为止,对论著、译典进行一般评论的文章不少,但在科学的理论基础上进行深刻、系统或有重点批评的却不多。

7.6.9 翻译教学词典

首先需要考虑一个似乎不成问题的问题:什么是翻译教学?

张培基等编纂的《英汉翻译教程》(1980:326)对不同教学目的的翻译课曾进行过区分:

> 作为教学手段的英汉翻译与一门独立开设的英汉翻译课有迥然不同的性质和任务。前者是打好英语基础的一种有效手段,让学生通过翻译练习,掌握英语语法、词汇,特别是英语句型、惯用法等;后者则适用于英语教学的较高阶段,是在学

生已有足够的英语基础时开设的一门专门课程,其主要任务是系统地介绍一些基本翻译理论知识和基本规律,让学生通过不断的课堂翻译实践来总结经验和掌握翻译理论知识及基本规律。

这样的区分是很有见地的,所缺的是体现为术语的更高度的理论概括。加拿大的"德利尔(Delisle)在《翻译理论与翻译教学法》(孙慧双译 1988)一书中区分了'教学翻译'与'翻译教学'两种概念。根据他下的定义,教学翻译也称'学校翻译',翻译教学则与'职业翻译'息息相关。两者虽有相同的地方,但目的不同。'前者是为了学习某种语言或在高水平中运用这种语言和深入了解这种语言的文体而采用的一种方法,是作为检验外语教学的练习;后者则是要使学生学习在特定的场合下传递具体内容的语言运用,是要出翻译自身的成果。(1988:24-26)'"(张美芳:18-19)在众多学者研究的基础上,穆雷与姚锦清进行了更为高度的概括,他们的定义是:"教学翻译是利用翻译进行外语教学,翻译是语言教学的手段而非目的。翻译教学是把翻译作为一门专业来教,使学生树立正确的翻译观,培养良好的翻译工作习惯,学会初步的翻译技巧,了解一定的翻译理论,具备基本的翻译能力。"(1997,见张美芳:19-20)

穆、姚定义强调了两点:一是翻译教学是一门专业;二是理论水平与实践能力同等重要。清楚了这一点,我们就可以考虑翻译教学词典的编纂原则了。

(1) 翻译教学是一门专业,有其自身的主旨、原则、方法、系统和运行规律,词典必须贯彻这一本体论认识。

(2) 理论水平与实践能力同等重要。同时,在具体的操作中,专科、本科、硕士、博士,层次各不相同,二者之间根据实际需要会有此消彼长的变化,无法一概而论。词典对此应有合乎实际的反映。

(3) 对于翻译教学研究的研究属于玄翻译学,形而上成分应当在教学词典中占有重要位置和一定比例。

（4）对与翻译教学相关的翻译理论、方法、技巧的词典处理，应遵循描写性原则，克服偏狭观念，倡导多元互补。

7.6.10 翻译实体词典

翻译实体指在翻译领域中实际存在的、起作用的组织或机构。思量起来包括政府主管部门、翻译公司、学术组织、学校与学科、出版社与刊物等。它们相当于计算机系统中的硬件，没有硬件，软件不能发挥任何作用。同样道理，如果没有翻译实体，翻译的实践与理论要发展也是势比登天。编纂原则如下：

（1）关联原则。所有进入词典的实体，均须与翻译实践、翻译理论、学科建设相关联。关联度越大，越应受到重视。

（2）首见原则。一个翻译实体，如果是首次在我国乃至世界历史上出现，只要是存在了一段时间，产生了一定的作用，即具备了录入资格，而且应作详细介绍。例如，上海外国语大学高级翻译学院翻译学学位点是国内第一个经教育部学位办批准的翻译学专业学位点，有博士和硕士两个层次。再如，2004 年教育部首次批准复旦大学、广东外语外贸大学和河北师范大学三个学校试点创办本科翻译专业，那么，对于这三所学校的情况，就要予以关注。

（3）影响原则。如果不是首见于史册，是否收录还要看其实际作用与影响大小。当今世界，知识爆炸，翻译爆炸，翻译实体多如繁星，词典收录必须进行选择。如山东省国外语言学学会翻译学专业委员会有资格进入词典，一则它是全国第一个省一级学会下属的翻译学专业委员会；二则该会虽成立的时间不久（2006 年 4 月），但在成立后一年多的时间内，却已经策划并协办了一次全国性研讨会（第四届全国翻译学词典暨译学理论研讨会，2007 年 4 月 19 - 22 日，大连民族学院），与山东大学威海分校翻译学院共同主办了第三届全国翻译院系负责人联席会议(2007年7月6-7日,山东大学威海分校),召开了该委员会的2007年年会(2007年7月7-9日,山东大学威海分校),会后正式出版了文集《翻译研究新探》。而有的学术机构自成立后很少组织什么学术活动,有名无实,就不必作为词条录入,最多可以在索引中以一两句话加以介绍。

(4)特色原则。政府主管部门、学术组织、学校与学科、出版社与刊物、翻译公司,它们各自的性质、宗旨、职能、任务、准则、活动、成果等各不相同,因而它们与翻译的关联也就各有各的特色。词条右项在介绍的时候,一定要区别对待,显示其各自的价值,凸显其迥异其他实体的显著特色。譬如学术组织和翻译公司,一个以组织翻译学术交流为灵魂,另一个则是通过翻译服务社会,特别注重利润的获取,二者无法同日而语,但各有各的特点和价值。

7.6.11 译学话语对照词典

在5.2.2的"图表2 译学词典类型图"中,《译学话语对照词典》属于单科型—语言型词典。这种词典以双语话语对照为形式,不含释义,因而简单实用,只要考虑收什么词,如何译就行了。因是一种双语词典,本质特征自然也是对译。在收词立目上,以术语为核心,广收名词、理论概念、译学知识、表述方法等词语,在以单词、词组为主的部分,要求与术语词典相似,也须具有科学性、系统性、单义性、生成性、简明性、民族性与国际性。对于这七性,不再赘述。

话语对照词典当然可以到此为止,不再扩大。然而这种词典的主旨在于为学者提供翻译学论述方面的外汉、汉外词语表达,所以也可在术语对照之外,不拘形式,提供其他层次的话语对照,使之变得灵活多样。譬如,笔者编著的《汉英双向翻译学语林》,在"一、汉英术语对照","二、英汉术语对照"之外还提供了"三、著述题目选介"(包括[1]研究生、本科生论文题目;[2]学者论文题目;

[3]学者著作题目),"四、著述选段集粹"(包括汉英对照部分的14段,英汉对照的2段),"五、论文及论著选段"(包括汉英对照的4篇,英汉对照的2篇)。这样,有了语境,就得按篇章来考虑翻译问题了。篇章的翻译,要形式对等与功能对等兼顾,也就是形神兼备,以神统之。当二者产生矛盾,无法两种因素兼得时,弃形求神,精神毕竟重于外形。

概括言之,"话语"可取狭义,指以术语为核心的理论性词语,在语言单位上只包括词和词组;也可取广义,泛指一切译学理论、知识、人、事、物及相关学科的基本语汇、知识,这时就要突出以下4个原则:关联原则、影响原则、特色原则、实用原则。在语言单位上,可以扩大到各个层次:句、段、篇,但双语对照始终是不变的。前面的3个原则先已论及,关于第4条实用原则,这里再做一些说明。实用,就要联系译学著述、讨论、对话,收入那些最有可能在各种场合用到的词语,或者出现频度高,或者理论体系、知识系统所必不可少,或者是译学著述常会用到的普通表达。

7.6.12 相关学科基础知识词典

翻译学是一门综合—开放性学科,其基本特征之一就是它拥有十分广泛的理论基础——术语、概念,和知识基础,源于许多相关学科,其中最重要的有哲学、语言学、美学、认知科学、文化学、交际学、心理学等。这些学科的基础知识、基本概念、思维方法,都与翻译理论体系的构成和建设密切相关。这一典种的名称不太好起,笔者不揣浅陋,提出几个谨供参考:《译学相关知识词典》、《翻译学外部系统大全》、《翻译学理论基础手册》、《翻译学与哲学词典》、《翻译与语言学词典》、《翻译美学词典》、《翻译心理学词典》、《翻译交际学词典》。由这几个假设名称可见,此种词典可以是综合的,也可以是单一的。关于编纂原则,以上论及的恐怕都不能忽视,而描写性、综合性、开放性、科学性、系统性、简明性这几条最值得重视。

以上结合译学词典的特殊性,就编纂原则分不同层次作了一些探索,都还不够全面、深刻。是否准确、合乎规律,反映了译典之道,还需要学界朋友帮助审视、鉴别、针砭,更需要编者朋友在将来的编著实践中加以检验。

第八章 过程与行为

译学词典编纂涉及的方面繁若群星,极其复杂。本章力图从深层将译典编纂过程作为一种人类行为与心理过程加以考察。

8.1 问题的重要性

任何一个领域的探讨,如果只触及皮毛,而不深入到实质与规律的层面,就不可能成为一个有独立价值的学科。这并不是说,译典编研要另立门户,成为一个独立于翻译学和词典学的学科,那是不可能也不必要的。我们只是说,译典编研有其特殊性,和一般的翻译学子领域不同,如果要获得进一步有实质意义的发展,那么在学术研究范围之内,它就必须显示出它相对独立的价值。

想当初,"翻译无理论"、"翻译理论无用"、"翻译学是个梦"的论调甚嚣尘上,那个时候,没有几个人承认翻译学是个独立学科,其中一个重要原因就是理论研究跟不上,不系统、不深刻,不能让人们看到翻译的独立价值。现在没有人持那样幼稚的观点了,这是数10年来实践的发展与学术探讨成果累累使然。翻译研究系统了,深刻了,专著很多,这里只要浏览一下其中一本——《翻译论》(许钧,2003)——的目录,就可以知道了:

绪论/1

第一章 翻译本质论/25

  第一节 悠久的历史与丰富多样的活动形态/27

  第二节 一个被理论研究长期忽视的领域/33

  第三节 不断深化的认识与不断丰富的内涵/38

第四节　从边缘走向中心 /48

   第五节　如何保持自身 /57

   第六节　理解翻译 /67

第二章　翻译过程论 /76

   第一节　翻译过程的实际体验与总结 /80

   第二节　翻译过程的理论探索 /89

   第三节　阐释的空间与限度 /103

   第四节　翻译的历史性 /113

   第五节　文本生命的拓展与延伸 /123

第三章　翻译意义论 /131

   第一节　翻译的根本任务 /132

   第二节　传统语言意义观与翻译 /141

   第三节　索绪尔的语言意义观与价值观 /148

   第四节　重新审视意义的确定性与客观性 /155

   第五节　意义的分类 /163

   第六节　在交流中让意义再生 /174

第四章　翻译因素论 /195

   第一节　文化语境与社会因素 /199

   第二节　意识形态与政治因素 /213

   第三节　翻译动机与翻译观念 /224

   第四节　语言关系与翻译能力 /242

第五章　翻译矛盾论 /255

   第一节　翻译矛盾辩证观 /255

   第二节　可译与不可译 /262

   第三节　异与同 /276

   第四节　形与神 /292

第六章　翻译主体论 /314

第一节　译者传统身份辨 /316
第二节　从忠实到叛逆 /325
第三节　创造性叛逆与翻译主体性的确立 /335
第四节　主体间性与视界融合 /352

第七章　翻译价值与批评论 /366
第一节　为翻译定位 /368
第二节　翻译价值面面观 /378
第三节　翻译实践呼吁翻译批评 /395
第四节　翻译批评的理论途径 /401
第五节　翻译批评的原则与方法 /408
第六节　有益的尝试与永远的探索 /416

（结语等六项略）

绝大多数翻译学的著作，在章、节层次对翻译过程是连提也不提的，这可能是因为著者觉得这个问题太简单了，而且也没有什么新话可说的缘故吧。早在1980年，张培基等编著的《英汉翻译教程》在第二章第二节专门论及了翻译过程(9-15)，谈到理解、表达、校核三个阶段，并进行了简略的论述，虽由今日的眼光看它并不细腻、深刻，却是广为人知，起了开拓性作用，因而有其历史地位。今天我们看到许钧的"过程论"，觉得有点细腻感了，有点深刻性了，我们在感到有所收益的同时也觉出，还不够。由张培基的一节、7页发展到5节、48页的篇幅，尚且让人觉得不够，可见过程问题不是那么好研究的。翻译的过程是如此，译典的编纂过程研究则尚属空白。

8.2　过程与行为概念

作为普通词语，过程和行为不但人人皆知，而且是简单得不能再简单了。这是因为人们平时使用它们，都是会用即可，不必再深入一步。学术探讨则不然,它属形而上,要条分缕析,探究实质和规律,这自然就麻烦了,有的时候,一个简单的问题常常数千年说不清楚。

8.2.1 过程

过程指"事情进行或事物发展所经过的程序"(中国社会科学院语言研究所词典编辑室:485),而程序则是"事情进行的先后次序。"(同上:163)由此可知,过程与程序密切相关,但又不能混为一谈。总的来说,过程是一个比较抽象的整体性概念,而程序则是指比较具体的一个个步骤,或方法、手段,前者由后者组成。

过程及其构成成分都是外在可见的,凭经验可以总结。我国古代在这方面就有骄人的研究,从东汉起翻译佛经就采用"译场"的方式,那种分工合作充分体现了古人的程序感,知道程序合理是质量的保证。从严密和健全的标准看,玄奘主持的译场达到了最为成熟的程度。"据《续高僧传》的记载,玄奘译经有下列十一种分工:

一、译主,为译场主脑,主译人,精通华梵,深谙佛理,遇有疑难,能判断解决;

二、证义,为译主的助手,审查译文与原文意义,如有出入,由他与译主商酌;

三、证文,或称证梵本,于译主诵梵文时,注意与原文有无讹误,如有乖离,及时指出;

四、度语,又称书字,根据梵文字音记成汉字;

五、笔受,把录下的梵音按原文句式翻成华言;

六、缀文,整理笔受的记录,使之符合汉语习惯;

七、参译,既校勘原文,又用译文回证原文是否有误;

八、刊定,对译文刊削冗长,定取句义;

九、润文,从修辞角度对译文润饰;

十、梵呗,将译文一唱三诵,反来复去,至能琅琅上口为止;

十一、监护大使,钦命大臣监阅译经。"(陈福康:43-44)

这十一道工序,细致得令人咋舌。就宗教翻译而言,自然是越虔敬越好。由这种分工可见,中国人的分析能力原可以是特别强的。

"……当代香港翻译研究者戴天在《采花与酿蜜——翻译琐谈》(载《翻译丛论(1986年)》)一文中认为,玄奘的这种分工方法,即使用于现在,也是十分科学的。当代美国翻译理论家 Nida 强调,评价译文的好坏应该检查读者的反应。戴天认为,玄奘的作法,'是把奈达交给读者去做的,交给了专家。经过了十道工序,译文的准确性、可读性,即使不能十全十美,也几近完美。'"(同上:44)给予历史的高度评价,笔者不反对;但如果说"即使用于现在,也是十分科学的",那就不好苟同了。先不说有皇帝鼎力支持的佛经翻译在古代能做到的事,今天在宗教翻译或其他领域却未必能望其项背。只说其细致到烦琐的程度,今天恐怕想一想都会觉得头痛。涉及的程序细致到烦琐,而另一些地方却尚未谈到。不过,它仍然是值得我们特别骄傲的。我们要历史地、具体地看问题。

设使过程研究只是列出具体的程序,再作一点具体说明,那就简单了,也就没有多少理论价值了。过程研究要深入。

8.2.2 行为

过程研究理论价值的产生,起于将其当作一种人类行为与心理过程加以考察。那么,行为是什么?它是心理学的一个术语,指"受思想支配而表现在外面的活动。"(中国社会科学院语言研究所词典编辑室:1409)这里的活动,也包括动作、运动、反应或行动。反过来说,我们由外现的种种活动可以通过回溯推知心理的过程,也就是内在的思想。

玄奘(600-664)于公元629年离开长安到印度去求学,历尽千辛万苦,645年荣归长安,满载而归,前后17年,唐太宗劝他还俗做官,那个时候,要做丞相或者做驸马,都是一句话的事,但他不愿意,为什么,就是要虔心事佛,献身译经事业。这就是他的真实心理,为了这个理想,他多大的险都冒了,多大的苦都受了,怎能贪图富贵,半途而废呢?或者毋宁说,富贵在他的眼中,本不值半文,他是参透了一切,已成正果的。所以,准备工作只做了100天,这位圣僧就踏上了更为漫长的译经路途,历19年译经论合计75部1335卷,比其他三大佛经译师鸠摩罗什、真谛、不空所译的总和还多600余卷;所以,他的译场组织得最细致,效率最高,可见一颗事佛之心的力量有多么巨大。如果不能洞悉玄奘的那颗真诚的心,就决不能理解他的所作所为。

当代与物理科学、社会科学、技术科学并列的有一大科学名叫行为科学,其"广义指(1)研究人和动物行为的一般规律的综合性学科。一般认为包括心理学、社会学、人类学、管理学等与行为有关的一切学科。其(2)主要任务是解释、预测和控制动物、个人和群体的行为。美国于20世纪30年代开始研究,40年代形成为一门学科,50年代初开始流行。它的产生旨在加强有关行为研究的各学科之间的协作,以便(3)更全面地解决极其复杂的行为问题。狭义指(4)研究人类工作动机、情绪、行为与工作、环境之间的关系,探索影响生产率因素的管理理论与方法。主张以'人'为管理的核心,认为:(5)支配人们行为的,除物质因素外,还有社会、心理因素;企业不仅是经济组织,也是社会组织;除正式组织外,还有非正式组织;每一职位既有公认的职责,又有各方期待的职责;⑥人们有物质、社会、安全、自我实现等需要;职工的需要大部分可在工作中得到满足;要重视人群关系,并处理好各种关系;实行民主管理,让职工参加决策;使工作丰富化;要提高士气等。"(辞海编辑委员会,2002:1904,序号与着重号为笔者所加)下面笔者按引文中6个要点的顺序谈一点自己的愚见。

(1) 研究人和动物行为的一般规律。这一点告诉我们行为科学的宗旨是什么。由此我们知道,人和动物的行为是有规律的,虽然难于知晓,经研究可以发现。研究的时候,心理学、社会学、人类学、管理学等与行为有关的一切学科都要调动起来,不是个简单事情。

（2）主要任务是解释、预测和控制动物、个人和群体的行为。这是告诉我们,美国人创立行为科学的具体目的。我们引述"行为科学"的概念,目的正在于此,即从行为研究解释、预测和控制译典编者的编纂行为。

（3）更全面地解决极其复杂的行为问题。行为问题复杂之极,要想全面解决,就得靠行为科学,结合运用与行为有关的多学科知识。玄奘的行为相对不太复杂,因为他是一位虔诚的圣僧,一心事佛,不想那么多事情,而一位译典编者就不同了,他是一个俗人,一个平常人,思想比较复杂,影响他的因素很多。当然也不排除偶尔会出现极少数"圣人"境界的编者,其"事典"之心虽比不了却也有些仿佛玄奘那颗事佛之心。

（4）研究人类工作动机、情绪、行为与工作、环境之间的关系,探索影响生产率因素的管理理论与方法。这是狭义行为科学的定义,告诉我们这门科学要通过什么途径达到什么目的。借此我们可以模仿着说:研究译典编纂的过程与行为,需要面向编者主体,研究他的工作动机、情绪、行为与其编纂词典的工作、环境之间的关系,探索影响词典编纂速率和质量的理论与方法。

（5）支配人们行为的,除物质因素外,还有社会、心理因素。人的性质很复杂,既有自然属性,又有社会属性,所以在支配人的行为的诸因素中,既有物质因素,也有社会、心理因素。物质因素与人的自然属性相联,人因为有个肉身,需要进食蔽体,而食物与衣物的获得都不是易事,若要吃得好穿得漂亮就更需要付出努力了。如果能获得物质利益,人就会有所行为,此即利益驱动法则。利益越大,努力也会越大,乃至有铤而走险者。

另一个方面是社会、心理因素。先看社会因素。社会"泛指由于共同物质条件而互相联系起来的人群。"(中国社会科学院语言研究所词典编辑室:1115)社会又指资本主义、社会主义等社会形态,故而又分为经济基础和上层建筑等多对矛盾,社会内部的各种矛盾运动推动着社会的发展。人的社会性首先在于他必须生活在人群之中,在一定的社会关系里面施展自己的能力。这就产生了荣誉、地位问题。荣誉有高有低,小至中小学的三好学生,大至院士、诺贝尔奖获得者等等;地位也是如此,小至在几个人中担任组长,大至国家主席、总统。为了荣誉和地位而付出努力是一种很正常的、反映人的社会性的行为。担任词典的主编,利益没有什么,或者说利益很小,但荣誉还是有一些的,译典编得好,也可以帮助你成为名人。

再看心理因素。心理在《现代汉语词典》里面有两条解释:"①人的头脑反映客观现实的过程,如感觉、知觉、思维、情绪等。②泛指人的思想、感情等内心活动:嫉妒心理|工作顺利就高兴,这是一般人的心理。"(中国社会科学院语言研究所词典编辑室:1398)心理学则是"研究心理现象客观规律的科学。心理现象指认识、情感、意志等心理过程和能力、性格等心理特征。根据不同的研究领域和任务分普通心理学、儿童心理学、教育心理学等。"(同上)拿玄奘来说,世家出身,兄弟4人,他排行最小,二兄是僧人,给他影响最大,15岁时也在洛阳遁入空门。这与《水浒传》中鲁智深的削发为僧决然不同,玄奘是心甘情愿,鲁智深则是因为三拳打死了镇关西人命在身不得不尔。玄奘一生中为中印文化交流作出的巨大贡献,与他自幼形成的对于佛教的认识、情感,以及由这种心理过程所培养起来的坚强意志——不畏艰难,一心事佛——是断然不能分开的。

梁启超(1873-1929)之所以成为我国近代史上维新派领袖、思想家、活动家、著名学者,并在中国翻译文学史上占有令人瞩目的一席之地,也与他拥有超强的心理素质直接有关。晚清时候,政治形势险恶,中国随时有被外强瓜分而灭亡的可能。爱国之士无不忧心忡忡,康梁致力维新,百日落败,戊戌政变后梁氏逃亡日本,然救国初衷始终不变。他的视野比同时代人更为开阔,对西方先进思想的反应也更为敏锐,见解也更为深刻。他看到中国传统小说所产生的影响是负面的,"综其大较,不出诲淫诲盗两端"(梁启超1898:21,见王宏志:115)。因此他认定,要救中国,首先要做的是批判旧小说,通过译印政治小说创立"新小说",掀起"小说界革命":"欲新一国之民,不可不先新一国之小说。故欲新道德,必新小说;欲新宗教,必新小说;欲新政治,必新小说;欲新风俗,必新小说;欲新学艺,比新小说;乃至欲新人心、欲新人格,必新小说。"(梁启超1902a:33,见王宏志:115)所以他办报、翻译小说、研究翻译、奔走呼号,百折不挠地拼争。

对于玄奘和梁启超这样的历史名人,物质因素几乎化作了乌有,社会、心理因素占据了主导地位。

至于词典的编者,3种因素都会发生重要作用,都需要研究。对于编者的社会行为和编纂活动,需要通过深入的研究,提出这一行当的行为规范,作为对其行为进行约束、评价的尺度和标准。在道德规范、法律规范、政治规范、纪律规范、宗教规范等各个项目中,恐怕道德、法律、政治具有更大的关联性。我们要通过深入研究各个方面,帮助编者形成这一群体的行为模式,从而有助于编纂出有特色、高质量的译典。

(6) 人们有物质、社会、安全、自我实现等需要——前面3个,2个已经议过,一个极易理解,现在我们来审视第4个需要——自我实现。这种需要,看似简单,实际不然。平时人们说"有成就感"、"实现自我价值,人生价值",都是这种需要的体现。它与每个人的世界观、价值观相联系。一个人有什么样的价值观,受其所处的社会历史条件、社会地位、教育水平等诸多因素的影响,是具体的、历史的。价值观表现在各个方面,可分为经济价值观、政治价值观、道德价值观、职业价值观、生活价值观、人生价值观等。从学术界来看,认为最有价值的是学术成就和学术地位,有了这两点,一个学者就会觉得自己的生活价值和人生价值得到了实现。人在这方面是很执著的。拿修订版《辞海》的编纂来说,1957年秋毛泽东接受《辞海》主编人之一舒新城的倡议,决定修订《辞海》,并把这项任务交给上海的辞书出版社。《辞海》的修订与编纂,得到了从上到下无数海内外华人的关注,这使它的价值变得非同一般。1965年出过《辞海》(未定稿),文革后出过1979年版和1989年版,1999年出了缩印本,2002年又出了缩印本音序版。《辞海》的修订,耗费了几十年的时间,其间,主编由原先的舒新城、陈望道(逝世)换成了夏征农,1999年版编辑委员会的332人中,在编纂期间逝世的有30余人,这些没有见到编纂成果的编者,虽然留有遗憾,但他们依然会觉得,自己参加了《辞海》的修订与编纂,为民族的文化事业作出了贡献,自己的人生价值得到了实现。

8.3 译典编纂的过程与行为

以上在概念上作了一般性探讨,接下来我们对译典编纂的过程与行为进行一些具体的研究。首先,需要重点介绍一下 George Steiner(乔治·斯坦纳)和 Nida 对于翻译过程的阐释,以期从中得到启发。

8.3.1 翻译过程描述

多年以来,人们从不同角度尝试过对翻译过程加以描述,但往往失之浅显,理论深刻性与系统性不够。

8.3.1.1 Nida 两图

Nida 1969 年著 *The Theory and Practice of Translation*(《翻译

理论与实践》),对翻译过程进行了深刻、系统的揭示,其中给人印象最深的是"第三章语法分析"中前面两段所画的两个图及其阐释(Nida,1969:33—34)。Nida 说翻译的基本套路有两种,对第一种他持批评态度,所涉及的图形如下:

甲 ———————— (X) ———————— 乙

图1

这种套路的要点是,"制定一系列按严格的先后次序使用的规则,规则中明确规定怎样为译文选择原文的对等形式。有的理论家认为,要完成这一自动的选择过程,最好的办法是采用一种中间的、中立的通用语言结构,把它当做从原语传译成译语的媒介。这种媒介语言可以是一种自然语言,也可以完全是一种人工语言。但不管是否经过媒介阶段,这一点却是可以肯定的,那就是,人们必须对语言的'表层结构'施用种种规则。"(谭载喜,1999:114)图中的"甲"指原语,"乙"指译语,X 指可能的媒介,是一种普适性结构,可放在任何一对语言之间。X 带括号,是因为有经过与不经过这一媒介两种做法。

第二种套路是 Nida 本人揭示并首次予以阐释的,示意图如下:

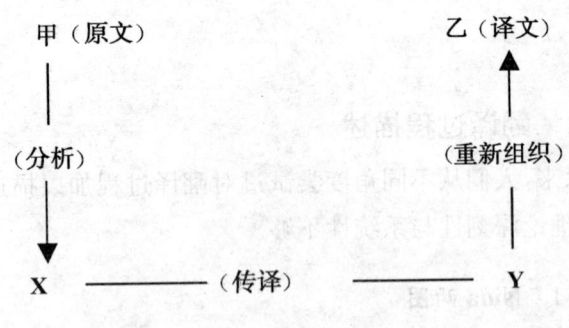

图2

它"所采用的程序比较复杂,需要经过3个步骤:(1)分析,就是从语法和语义两个方面对原文的表层结构原文的信息进行分析;(2)传译,就是译者在脑子里把经过分析的信息从原语传译成译语;(3)重新组织,就是把传递过来的信息重新加以组织,最后使之完全符合译语的要求。"应当说,这种对翻译过程的揭示极为深刻,合乎实际。Nida 接下来论述道:乍一看,这种套路比第一种复杂、烦琐得多,"但如果我们越是对语言结构、对那些用以表达信息的语言形式有更深的了解,就越会发现那种一次性传译的翻译法有缺陷。而第二种方法分为3个步骤,能更好地反映语言结构的性质,因而也就能更准确地反映出好的翻译的实际过程,在翻译技巧的掌握上比第一种方法有效得多。实质上,我们可以把采用这种迂回式翻译法比做横渡水急流深的大河:假如我们不会游泳,同时又没有船,那么就必须沿河岸来回探索,直到找着一个可涉水而过的地方。沿河岸来回奔波所费的时间和精力不仅不是浪费,而且是直接影响到能不能过河的关键因素。"(谭载喜,1999:114-115)

8.3.1.2 Steiner 四步

"英国翻译理论家乔治·斯坦纳于 1975 年出版的《语言与翻译面面观》,是西方翻译理论界甚为推崇的一部具有较高理论价值的重要著作。书中旁征博引,见解独特,对翻译步骤的阐述尤具特色。他认为,翻译过程分四步式:(1)信赖(trust);(2)侵入(aggression);(3)吸收(incorporation);(4)补偿(restitution)。所谓'信赖',是指译者在着手翻译之前,'相信'原文是有意思的,因此必须透彻加以理解,否则不必翻译。所谓'侵入',是指译者'侵入'原文,对原文加以理解。这样,因为'信赖'和'侵入'原文而打破了译语与原语之间的平衡。而后,译者对原文意思进行索取,亦即'吸收',给译文注入新的生命,新的成分,从而又一次打破译语与原语之间的平衡。于是,必须对原作加以重组,做出'补偿',使失去的平衡得到恢复。必须承认,斯坦纳的这四个翻译步骤,是从理论的高度加以提出与阐发的,具有深奥的哲理性。"(谭载喜,2000:197)

Steiner 对翻译过程所做的四步描述,谭载喜介绍之时指出有两个优点,一是有理论的高度,二是有深奥的哲理性。除此之外,我们还看到,它还有两个特点,即第三,系统性——四个步骤构成了一个完整的系统;第四,科学性——因为他合乎翻译的实际,道出了其本质。阐释学是四步描述的基础。Steiner 的阐释之所以让人觉得富于哲理,特别深刻,就是因为他运用比喻,以最浅显的事理来说明翻译的实质,针针见血,讲述一个个步骤的合理性。翻译,就像是一支部队出发到对手那里去抓捕人员或掠取物资,如果你确信无人可捕或无物可取,你就一定不会采取行动。Steiner 说信赖有时会遭到辜负,从语言产物的整体来说,有极少量的话语形式具有抗译性,比如胡言乱语,你费了半天事却发现没有什么可解释、可传译的。还有无义韵文(nonsense rhymes)、浓缩诗文(*poésie concrète*)、狂热祷语(glossolalia)等是不可译的,因为它们的词语本无义要传,或者说有意地剥除了意义。不过,一旦你决定要翻译什么,就是相信被翻译的文本是有意义的,这一点恐无争议。所以"信赖"是翻译过程的第一步。这一步实际上是说,"翻译即译意",获取意义是翻译的终极目的。这里笔者想起了翻译史上的一个关于佛经翻译家释道安(314-385)的故事:"公元 379 年,前秦苻坚攻下襄阳,道安被劫入关。'坚谓仆射权翼曰:「朕以十万之师取襄阳,唯得一人半。」翼曰:「谁耶?」坚曰:「安公一人,习凿齿半人也」。'"(马祖毅,1999:113)这个故事,既与第一步"信赖"有关,也跟下文相涉。

第二步"侵入",意味着运用暴力。翻译这种一般认为文绉绉的文字转换,在这里却和暴力联系在了一起,让人在惶惑的同时精神为之一振。Steiner 为此所做的论证,一是到 Heidegger(海德格尔)那里去寻找理论依据：Heidegger 指出理解（understanding）是一种行为，这种行为当"本质"转为"此在"、"存在"之时，实质上就有"侵吞"、"占有"之意，因而是一种暴力。一个自在之物只有在被理解，也就是被翻译过来的时候，才可以说是真实地存在着。每一个认知行为都是侵犯，每一个命题都是对世界的入侵，这样说无疑是 Heidegger 的观点。证实理解、认知、解释都是无可避免的小规模进攻，此乃 Heidegger 之功劳。我们不妨对 Heidegger 的一个论点作些修正。他说理解不是一个方法问题，而是人的根本存在方式；他说"存在即理解其他存在"。我们可将这句话改为一句天真、有限的格言：每一个理解行为都必然要占用另一个实体。在英语中我们说 We translate *into*（我们译入）。（Steiner: 313-314）二是从词源学上寻找依据。Steiner 说："从 comprehension（理解）一词的词源来看，人们在'理解'的时候，不仅是在认知，还要动用'包围'、'吞噬'之手段。在语际翻译中，理解的运作显然是彻头彻尾的入侵。圣哲罗姆打过一个很有名的比方，说译者把握意义恰似抓捕俘虏。我们'破'译语码：理解如同解剖，剥掉外壳，让内核显露。每一个少年学生，以及杰出的译家，都会注意到这样一个事实——每经过一次漫长、困难重重的翻译练习之后，语言实质都会发生变化：以另一种语言表达的文本，在物质上变薄了，光线似乎很容易穿透其松化了的纤维。经过了一通咒语，那种或充斥敌意或弥漫魅力的'异质'稠厚的特性被消解了。"（同上：314）对于一个译者，败也感伤，胜也感伤。他侵入，他提取，他收获。打个比方，就像是一个露天矿区，在大地上留下了一块疤痕。（同上）

有论者对此评述道："理解原文，解读原文，在中文中都有一个'解'字，'解剖'的目的是要去蔽，剖开遮住意义之光的一切迷惑的外形，使意义变得澄明。不止于表面，而要通过解析与剖析，透过语言的表面，透过文本的表面，直指文本的深处，在字里行间去把握文本的意义。这样一个过程,不可避免地要带有阅读者或理解者个人的印记,在遭遇理解障碍时不能退却,在文本表层所构成的屏障中不能迷失自我,而是要知难而进,甚至强行而入,入于内而悟其意,虽然有时会造成某些偏差,但却是主动经受考验的一种积极主动性。因此,在看似富有侵略性的捕捉原文意义的理解行为之后,是一种基于'信任'的原动力在起作用,是一种与文字起作用时不能不采取的积极行为,不然,将会永远在文字的表面徘徊,或为其字面意义所迷惑,或采取简单主义的转换方式,在字词的层面进行译解,总之,止于表面,难得其内真谛。"(许钧:100-101)这是对于 Steiner"侵入"概念的一种理解或阐释,是对于"侵入"的一种侵入,捕回了论者所找到的意义。

  第三步是吸收,一种强义的吸收。义与形的输入,捕获之所得,不是在真空中进行的。目标语义场不仅早已存在,而且里面已是特别拥挤。从彻头彻尾的归化,如居于文化核心地位的 Luther(路德)所译的《圣经》或 North(诺思)的 Plutarch(《普鲁塔克》),从历史所赋予它们的那种地道翻译,到完完全全的异化和无可奈何的边缘位置,如 Nabokov(纳博科夫)的"英语" *Onegin*(《奥涅金》),存在着不同程度的同化与置换。但是,不管"语言自然化"的程度如何,输入的行为总是有可能扰乱或重置旧有的结构体系。Heidegger 说,"我们的理解就是我们的实质",因而可说,每有一次理解的收获,我们自己就会被改变一次。在输入外来文化的过程中,没有一种语言、传统形象思维和文化体系不经历被改造的风险。"吸收"于是可用两种比喻进行描述,一个是"领受圣餐"或"呈现肉身",一个是"病菌传播"。交流的结果如何,取决于接受者的道德、精神状态。尽管任何理解都具有侵略性,且都具有一定的破坏性,然而在侵吞的动机和"掠取"的情境上还是存在差异。如果目标语境混乱或不成熟,输入起不到丰富的作用,因为不存在合适的置放场所。机制上的传染病可能会流行,病源盖出于古代或外国的输入。一段时间过后,旧有的机体就会做出反应,力图同化或排除异物。欧洲浪漫主义在很大程度上即可视为对此类病症的反应,其目的是对过多的异域特别是18世纪法国货的输入加以抵制。在各洋泾浜语言中我们均可发现一种力争保留一块土地给母语的努力,亦可窥知这种努力在面对政治、经济上都有后盾的语言入侵时所遭受的失败。输入异物,我们自己可能被吞噬。许多作者已不再进行翻译,因为外来的声音抑制了他们自己的声音,但为时已晚。新几内亚土著中有一种对于空运舶来品的盲目崇拜,这恰是翻译风险的一种写照。(Steiner:315 - 316)如果阐释活动止于吸收,不但不完整,而且是很危险的。当我们迷恋异域情调,以我们的智性去包围、侵入目标,意图剥壳取核的时候,往往在"吸收"的过程中把握不好自己,失去平衡。

因此,阐释活动必须得到"补偿"。"这第四步显得格外重要:既要让受挫的'信任'得到恢复,又要让掠夺性的'侵入'不至于成为对意义的扼杀,还要让'吸收'在'自我'与'他者'的矛盾中达到既丰富自身,又不迷失自我的目的,这一切都离不开'补偿'"(许钧:102)翻译的成败关键即在于此。因为有损失,有破坏,所以人们害怕翻译,甚至禁止某些文本的翻译。然而事情都是辩证的,翻译所带来的收益也无法抹杀。说一本书值得翻译,无异于将其笼罩在高贵而尊严的氛围中。传译与阐释让原作的形象光大起来。译文与原文的关系太复杂了,所以没有办法得出一个放之四海而皆准的定义。我们又回到了一个通俗的比喻:一面镜子,不仅可以反映形象,而且可以放出光来。从与译文的复杂关系和拉开的距离,原文获益良多。有些译文将我们推离,但也有些译文将我们拉近。

即便是半吊子的译文,毋宁说尤其是半吊子的译文,也自有其价值。译者无能译出的地方,往往正是原文的独特之处。Hegel与Heidegger都说,一个存在物必须与另一个存在物相比照,才能为自己找到一个定义。历史上的存在,比如风格,都必须与他者相比较而显露自性。在各种的比照关系中,翻译给出的映象最为清晰。

不管怎么说,不平衡产生了。译者要么掠取得太多——往译文里面装了太多的东西,作了太多的润饰,要么拿走得太少——他跳过难点,删除别扭之处,等等。能量从源头流出,又流入目的地,改变了两者,打破了大系统的和谐。真正的翻译追求对等,尽管那些中介步骤会显得冗长、拐弯抹角。即便有不及原文之处,正译也要彰显原文之长。Voss(娲思)在再现荷马特有的焦点上做得不够,但他老老实实地承认自己时而存在的缺点,恰好让人关注到希腊原文的长处。若有超越原文的所在,正译会告诉人们,原文拥有许多潜在的美,那是它自身也尚未意识到的宝藏。这就是 Schleiermacher 的阐释观:阐释者"比原作者还要明白"。

忠实不是机械的文字转换,也不是"传神"的技巧。关于这方面的讨论,太模糊不清了。译者、阐释者、读者,他们的掠取性理解打破了力量平衡和各有机因素之间的和谐,只有当他们努力恢复这种被打破了的平衡与和谐的时候,才能说他们忠实于他们的文本,才能说他们的反应是负责任的。忠实不仅是伦理性的,而且从完整的意义上说,还是经济性的。得到强化的机敏具有道德的高度,依赖这样的机敏,翻译—阐释者创造了一种意义重大的交流条件。在文化、心理上带来利益的意义之箭,双向运行着。交流而没有损失,这当然是最为理想的。如果是这样,翻译可看作对熵的否定,因为在发送与接受两端都保持了平衡。Lévy-Strauss(列维—施特劳斯)的 *Anthropologie Structurale*(《人类学结构》)是个具有普遍性的模式,它视社会结构为种种通过语言、妇女、物资的交换争取动态平衡的努力。任何一种俘获都需要随后进行补偿;话语引出反应,异系结合与同系交配是对等传译的不同机制。在语义交流范围内,翻译仍是效果最为明显的,最容易达到对等的。不管是历时的运作还是共时的交流,抑或是意义真值的留存,责任人都是翻译者。翻译是一种双向通道,这样说远不是要打个比方;不管是在形式上还是在道德上,两端之书必须要达成平衡。

将翻译解释为信赖、侵入、吸收、补偿四步曲,这种做法能够使我们超越已在历史上和理论界占统治地位太久的贫乏的三分模式。在词译、释译、自由译之间所做的区分,虽已持续了千年之久,结果证实那完全是一种偶然性的做法,既不准确,也没有哲学基础。(Steiner:316-319)

8.3.1.3 奈斯结合

谭载喜在介绍四步曲的时候所作的如下批评多少显得有些刻薄:"然而,斯坦纳的论述是散点式的,书中也没有系统阐述翻译的目的、性质、实际操作过程等基本的翻译问题,没有提出任何完整的翻译理论。"(谭载喜,2000:197-198)要求一个人、一本书解决所有的问题是不妥的。追求完美,往往是不必要的。他的理论在广度和深度上许多翻译理论家无法望其项背,这一点就足以让人景仰了。构成一个细密的完整系统,在许多理论家来说并不是什么难事,但平庸的细密完整不能给翻译学带来实质性的贡献。

其实,如果把 Steiner 和 Nida 的理论结合起来看,我们的眼前就可以呈现出一个既有深刻哲理性,又完整、系统的翻译理论体系。两人理论结合的共同基础有两点:一是二位学者对传统译论都进行了批评;二是尽管论述不同,详略不一,但他们都执着地追求对等。Steiner 的阐释具有哲学深度,四个步骤构成一个完整的翻译过程;他所没有阐发的问题,诸如翻译的目的、性质、实际操作过程等,Nida 都做了。从实际操作过程来看,Nida 论述得最为精细、透彻,8.3.1.1 所展示的示意图,只是其最精彩、显见的部分,与 Steiner 的四步是完全吻合的——"分析"对"侵入","传译"对"吸收","重新组织"对"补偿",至于"信赖"这一步在 Nida 那里是未曾明言的任何翻译必须具备的前提。《翻译理论与实践》实际上就是一部论述翻译过程的专著,除在第一章论述了翻译的新概念、第二章论述了翻译的性质外,其余六章都是对翻译过程及其步骤、成分的阐发。在"第三章语法分析"中,首先推出了分析—传译—重新组织这三步翻译模式,然后是讲述语法意义分析、提出核心句概念、根据语境确定语言成分的结构功能、说明回译作为一种释义手段等内容。分析是为了获取意义,而意义又分为所指意义和内涵意义,所以 Nida 用第三、第四章分别阐释了这两种意义,这是第一步"分析"的深化。接下来第六章述及第二个步骤"传译",第七章论述第三个步骤"重新组织",最后一章详细地介绍了译后对译文如何检验的理论与步骤,在这一章继《翻译科学探索》(1964)之后又一次论述了著名的"剩余信息理论"。Steiner 的深度,或许 Nida 没有达到,而 Nida 的细腻、全面、完整,也是 Steiner 不可能做到的;将他们两位译学巨人的理论结合起来成为一个系统,显然是一种优势互补。用一部书去做,由于种种原因,看来是不大可能的;但在意念上加以实现,却是阅者的自由,也是不难实现的;这可能也是一种"暴力"行为吧。

8.3.2 译典编纂过程研究

介绍学界名家对于翻译过程的描述,目的在于从中得到启发,以便探究译典编纂过程这一尚且无人问津的课题。

8.3.2.1 编纂过程的理论探索

或许在实施者看来,编纂过程虽然复杂、艰巨,但那是个做的事情,而不是个说的事情,不存在什么理论问题。其实不然。任何学域,如果缺乏理论探索,就不完整、不深刻、不系统,也不可能真正确立起来。我们在这里进行的探索,力争在形而上的高度做些尝试,并希望有更多的学者参与其中,从而提升研究的品位。

8.3.2.1.1 文本问题

一个人进行翻译,他所依据的文本是确定的,尽管在译的过程中他需要参考许多不确定的文献,然其主要研究并作为依据的本子毕竟只有一个。译典编者就不同了,他所要处理的译学材料来自各种各样的文本,浩如烟海,而不是一个固定的文本,也就是说,材料来源具有不可预见性。或者我们换一个思路,将这种不可预见但有一定范围的材料来源称作虚拟文本,它是编者必须面对的一种特殊文本。

8.3.2.1.2 Steiner 理论介入

在词典学已经深入发展的今天,译典编纂的具体程序是并不十分难于列出的,而且已经有了一个较好、较全的样本,即曾东京撰写的《关于〈中国翻译学大辞典〉的编纂提纲》(2007),其中讨论了一、专科词典的性质;二、《中国翻译学大辞典》的性质及种种;三、《中国翻译学大辞典》的编纂;四、《中国翻译学大辞典》的总体设计;五、《中国翻译学大辞典》编纂委员会;六、《中国翻译学大辞典》编纂"体例说明"。在第三个题目下将编纂的程序一一列出。

Steiner 的翻译过程理论虽然指向很具体,却具有普遍适用性,因为他是为"理解"和"表达"阐释哲学理据的,而非就事论事,换个地方就作废。斯氏的四步描写,完全可介入译典领域,但需要做些改写,以使之适应新的情况。下面我们就做些尝试。

(1) 信赖 一个人要编纂译学词典,他首先要对 3 点投以信赖:①翻译是一个学科。尽管翻译学这个名称 20 世纪初在中国就出现了,在中国"译学"作为教学科目更是早在 1673 年就得到了政府承认,但"翻译学"的发展充满了坎坷。在历史上,"译学"一语很早以前曾被主要用于泛指译介活动,如"孙宝瑄早在光绪二十八年(1902)十月十九日的《忘山庐日记》中即提到:'今人长于译学者有二人:一严又陵,一林琴南。严长于论理,林长于叙事。皆驰名海内者也。'"(陈福康,1992:131)再如 1939 年出版的应溥泉《德诗汉译》一书,前面有著名维新派人士、出版家张元济(1867-1959)于同年1月撰写的序文,是一篇精彩的译论,序中说:"海通以还,译学大启,异域名编,日新月盛……"(同上:145)这两处的"译学",显然主要不是指理论研究。在《当代翻译理论》的扉页,刘宓庆先生写道:"献给译学倡导者//先祖刘坤一先生(1830-1930)",查刘坤一为清末湘军将领,先后曾任两广总督、两江总督,著有《刘坤一遗集》。刘先生倡导译学之时,应在19世纪下半叶和20世纪初,那就更早了,显然也是指译介活动。"翻译学"用于指翻译研究,或许始于1927年9月出版的蒋翼振编的《翻译学通论》,但那也只是应个名,缺少实质内容。1933年林语堂在《语言学论丛》发表"论翻译",第一部分的题目是"论译学无成规",说该文的目的,"并不是要替'译学'画出一些规矩准绳来,或是要做些削足适履,强人以同的工夫。"(中国译协等,1984:259)林氏的译学,显然又是指译述活动,而非理论探讨。不但如此,对于规矩探讨式的研究,还流露出不屑之意。董秋斯于1951年在《翻译通报》发表"论翻译理论的建设",首次明确提出建立中国翻译学的主张,确认了"翻译是一种科学"的命题(孙迎春,1999:673-674)。在他的研究中,"翻译学"是分成实践与理论两个部分的。1984年中国翻译工作者协会与《翻译通讯》编辑部出了一套"译学丛书",这个"译学"专指译事研究。"译学丛书"影响很大,而后这种用法渐渐多了起来,但用"译学"一语泛指译事活动及其研究的仍时时可见。如《译学大词典》,以"译学"入词典之名,含1.名词、术语、理论概念、2.翻译的方法与技巧、3.译文赏析、4.译学名人、5.学术著作选介、6.著名译作选介、7.汉英、英汉翻译实例、8.翻译组织与刊物、9.汉英术语对照表,九个大的组成部分,其中2、3、4、6、7、8项都是贴近实践或翻译过程所涉及的各种成分及译事一般知识、信息的,并不仅限于系统探讨翻译的理论方面。"译学"在这里是一个很广义的用法。

最狭义的"翻译学",是指以应用语言学为理论基础的翻译研究。

Mary Snell-Hornby 说,从 20 世纪 50 年代至 80 年代,由于现代语言学的发展,"出现了一个以语言学为基础的翻译理论,特别是在德国,培养译者的机构在各大学纷纷问世,于是这个翻译理论便以 Übersetzungswissenschaft 或 translatology 为名成为一个新的学术研究科目。"(Snell-Hornby,2001:8)这一学科是由德国的莱比锡学派创立的,"……长期以来被毫不含糊地界定为应用语言学的一个分支,凡是应用语言学的宗旨和方法,均照搬不误。"(同上,14)这种认识复制到我国,被语言学界所接受,而语言学在近现代学术史上又比翻译学发展得早,语言学学术界泰斗执牛耳者如王德春等均持此见,故 1992 年我国国家技术监督局将"翻译学"定为"应用语言学"(二级学科)之下的三级学科,也就不足为奇了。翻译学这门高层次的学问,虽发展较晚,但近三十年来有了迅猛的发展,译界对于这一学科的性质——"综合—开放型学科"——已基本达成共识;在我国教育系统已发展为一个二级学科,并茁壮成长。

译学词典是在翻译学科前景未卜、译界学者就"翻译能不能发展成为一个学科?"等问题争论不休、甚至有些人还在说"翻译学是个空想"、"翻译学是个梦"、"翻译不可能成学"的背景下出现的,那时译界对翻译学的性质和前途还充满了疑团,所以,凡是编纂译学词典的人,都必然是对翻译作为一个学科的发展充满了信心,有自己的定见,或者认定翻译学已经建立,或者预见翻译学必将建立,或者至少认定翻译作为一个事业是极有价值、大有前途的。如果你认为翻译学是个梦,永远不能成学,翻译无足轻重,你自然就不可能花费大量的时间和精力去编译学词典,自己打自己的耳光。

②翻译有足够多的术语、词语可以编入词典。尽管作为一个学科,现代翻译学建立的历史并不长(有 20 世纪 70 年代初、80 年代初、90 年代初等不同意见,最早追溯到 Nida 发表 *Bible Translating: an Analysis of Principles and procedures* 的 1947 年),而且,的确有的编

者只收 50 至 60 年代以来出现的词语,如 *Dictionary of Translation Studies*(1997)的编者 Mark Shuttleworth,然而实际上不必只限制在这个范围,完全可以扩展到有文字记载的翻译史的彼端。翻译学科一旦建立,必然有个翻译史、传统翻译理论研究的问题,而学科要发展,就必须有批评、继承传统作为基础。不同国家的翻译史、翻译研究史各有特色,源头大异,流亦不同,梳理清楚了以词条表达在词典中,应当说内容是极其丰富、很有启迪价值的。学科建立得晚,研究学科的基本理论,特别是富于哲理的基本理论,往往须追溯到相关文化领域的源头。所以,翻译史、翻译理论史方面的词条,是必不可少的,而且,历史资料与当前理论研究能够提供充足的词目及具体内容,这是编者投以信赖的第二点。

③翻译学科有编纂译典的需要。如果没有需要,没有这种原初的动力,一种行为往往也就不会产生。从 1997 到 1999 这 3 年,中外有 4 部知名的译典问世,这在以前是从未有过的。杨自俭先生指出,"这件事告诉了我们两个问题,一是中西方在译学建设上距离不是太远,都已发展到开始关注本学科术语的研究;二是更进一步证明翻译学作为一门独立的学科已完全成了不争的事实。"(方梦之,2004:《译学词典》序)林煌天在《中国翻译词典·编者的话》中开篇第一句话就是:"在多次全国翻译学术研讨会上,译界同仁都希望中国译协组织专家学者编撰翻译知识词典。这种希望也是我们的夙愿。"两位学者,一位是在数年之后进行总结,谈到中西译学都有了研究、梳理本学科术语的需要,言外之意是说,译学词典的主要功能是研究、梳理学科术语;而另一位是在词典出版之时进行回顾,交代翻译词典的社会需要。他把词典的内容概括为翻译知识,接下来谈到它涉及翻译理论,翻译技巧与翻译术语等 10 个方面,可说是应有尽有。

Mark Shuttleworth 在他所编写的 *Dictionary of Translation Studies* 序言中首先谈的是翻译研究在 90 年代的迅速发展,形势令

人欣鼓舞，接下来谈到翻译作为一门"交叉学科"，"因其多面性而变得多姿多彩。但与此同时，这一多面性又意味着人们对于形成学科基础的最低限度的基本概念严重地缺乏共识。还有一个事实，就是相对而言，翻译研究是一门新兴学科，它在许多方面仍处于'探索'阶段。这种情形所导致的结果往往是，该学科的不同分支有时会运用大相径庭的方法来开展研究，其中有的方法是从其他学科领域全盘引入的。但很遗憾，并非所有这些方法都和翻译研究有关，某些从语言学借用过来的方法尤其如此。//无庸置疑，上述情况对翻译研究术语的影响是巨大的。除研究方法以外，还有为描述其他完全不同学科而设计的术语，也被翻译研究全盘搬了过来。一个具体例子是，在过去，许多从语言学角度研究翻译的人采用语言学领域的一些术语，并常乐观地认为，这些术语及其所隐含的概念也同样适用于翻译研究。当然，有许多术语借用过来以后，的确成功地适用于新学科。这样，翻译研究的术语，通过向其他不同学科如语言学、文学理论、甚至数学与生物学借用术语，而得到了丰富。最后，从学科整体健康发展的角度看，这也许是最为重要的一点，翻译研究中也有大量'土生土长'的术语。亦即说，这些术语本来就是为专门描述翻译研究而创立的。//本词典的重点便是关注此类专门为描述翻译研究而创造的术语。……"（谭载喜，2005：xxi）引文有三处加粗、加点，这是笔者所为。从这3处可以洞悉，编者所忧虑的是什么，所要做的是什么，这些都反映着编者的一个认识：翻译学科急需进行术语研究，编纂译学词典势在必行。

（2）侵入 译者侵入的，是原作及其描写的世界，它一般是外国的；编者侵入的，则是译学领域，它首先是本国的，其次是外国的。前面我们在"8.3.1.2"谈到公元379年，前秦苻坚攻下襄阳，劫道安入关之事。这绝不是偶然的。当时佛教在我国已有很广泛的传播，百姓中十有八九都信仰佛教，苻坚作为前秦皇帝，自然极欲将这位佛教界的领袖人物笼络在自己的身边。事前他时常念叨说:"襄阳有个高僧道安,是个非凡的人物,我想让他到我们这边来,让他辅佐朕。"攻占襄阳,将道安劫到长安后,对道安礼遇甚隆,请他住持五重寺,道安遂在该寺带领数千僧众,弘大佛法,教化民众。有一天"苻坚游东苑,让道安同乘一辆车子,仆射权翼劝道:'臣听说,天子的法驾,应由侍中陪乘。而道安形貌丑陋,怎么能乘皇上的车子呢?'苻坚勃然大怒,厉声说:'安公的道德令人尊敬,朕以天下不易,能与朕同车而乘的,只有安公。'即命权翼扶道安登车。"(释慧皎等:79-81)由此可知,当时的佛教领袖,地位有多么崇高。苻坚驱十万大军攻取襄阳,所获甚丰,却说唯得一人半,可见人才—头脑—知识或者说领袖—威望—力量在苻坚这个侵入者心目中的位置。习凿齿只能算半个人,是因为他只是个俗家名士,没有道安那样的佛教领袖地位。侵入一个地方,要获取什么,目标是很明确的。苻坚攻占襄阳,目标主要就是道安。

编者侵入翻译知识领域,看到了一座座城池——名词、术语、理论概念等;翻译的方法与技巧;翻译史(人、事、物、传统译论);译学名人;学术著作;著名译作等等,该攻哪一座或哪几座呢?攻下来后,取些什么战利品走呢?这取决于译典的性质和编纂宗旨。如果你要编术语词典,就去攻第一座,而不必去管其他城池。攻取这座城池,并不比攻取战国时候用坚硬石块筑成的城池容易,它固然不需要很多的人马,却需有高超的智力。你读书少了不行,译学修养不够不行,词典编纂不懂不行,识别能力不强不行,没有足够的脑力和体力打消耗战不行。在那数以百万、千万计的词语的世界里,能够进入译典的术语、名词、理论概念只有几百个,你必须一个一个把它们发现,发现一个可能的对象,就劫走一个。多了不行,因为位置仅有几百个,每个位置都有其职能,滥竽充数不行。

不错,"侵入"意味着运用暴力。根据海德格尔,理解、认知、解释都是无可避免的小规模进攻,都是暴力。编者侵入译学世界,他要理解所见所闻,认知种种翻译现象,解释一个个词语,把合适的取来作词目,不管各方意愿如何,心理怎样,这种暴力,比翻译更甚、更明显。的确,对编者来说,理解与处置充满了暴力,但这就是他的根本存在方式。他的理解不是为了欣赏,不是为了获得审美的愉悦,而是要处置,要摆布,要生成一部译典。在这里,被处置的对象是没有自由的,它处于被动的地位,没有力量直接进行抗衡。但是,如果将来有一天有评论者发现了问题,指出什么什么理解得不确,处理得不当,什么什么没有资格占据什么位置,到那个时候,相关的被处置者就可能发出愤怒之声,让编者陷入难堪的境地。编者来了,他侵入,他提取,他收获。又像是开采了一个露天矿区,在大地上留下了一块块疤痕。不过,翻译学的自我修复能力极强,翻译理论家们不必太过愤怒或担心,翻译学不会因为编者的挖掘而受到不可弥补的损失。它或许会因为这种富于建设性的挖掘而受益,而成长得更加健康,也未可知。

(3) 吸收　攻城略词,编者辛苦很大,收获也不小。不过,编者的情形与译者有很大不同。译者是从异域输入异国情调的言语产物,接受者是母语语境中的读者,人数众多,需要什么,爱好什么的人都有。不管是什么风格的翻译,只要它自身的价值,都有自己的读者群;而编者则是身处译学领域,按照自己的理解,从同一个领域选词立目,加以解释,编成译典,再回到这个领域面对译学学者。在"吸收"这个译典编纂的第三个阶段,读者群小以及这个极小的读者群的一些特点,必然会给编者带来困惑与困难,恐怕比译者所遇到的要大得多。

译典的读者和使用者主要是译学学者,而译学学者的数量在全人类中是微乎其微、几乎可以忽略的,同时这数量极少的人群,就其现阶段的专业性质和心理特点来说,还没有形成较好的吸收条件。

这里我们需要介绍美学上的一个理论,叫距离说——"亦称'心理距离说'。瑞士心理学家 Edward Bullough(爱德华·布洛)提出的美学理论。认为'心理距离'是创造与欣赏美的一个基本原则;实际的、实用的东西不美,但一旦抛开实际的、实用的意义,而把对象放在一定的距离之外,以超然态度欣赏它的形象,这时就美。倘若距离太远,看不清楚,也不美。因此,既要超脱,又要有切身的感受,这就是'距离的矛盾'。恰当地处理这一矛盾,是艺术家与欣赏者的任务。"(辞海编辑委员会:882)有人会说,这是美学上的一个原则,和译典的编纂过程讨论有什么关系呢? 有关系的。这位瑞士心理学家 Bullough,又是世界闻名的英国剑桥大学教授,他所讲的这一美学原则,富于深刻的哲理,也反映着认知方面的规律。

先看美学方面的一个例子。俄国艾伊凡佐夫斯基有一幅油画,叫"《九级浪》,把巨大的海浪铺天盖地而来的气势真实地表现出来。在阳光照射下天空、海浪连成一片混沌,画面上帆船已经翻了,幸存的几个人聚集在已经倾倒了的桅杆上,与大浪搏斗着、呼喊着。画面中心是一个九级的巨浪,给人以粗犷、激荡,有力和惊心动魄的壮美感。"(杨辛&甘霖:264)现在,你从这幅油画里面欣赏到的美是一种崇高的美,你之所以欣赏它,因为他是画上画的,与你之间存在距离,巨浪威胁不到你,它所显示的是人类无法控制的自然界的巨大力量以及它在你心中引起的恐惧感、庆幸感,使你觉到了一种崇高的美。假如那不是一幅画,而是实际情形,而你又是倾倒了的桅杆上的一个,你还会是这种感受吗?

对人与事物的认识其实也是这样。Marx 是个德国人,以其《资本论》、《德意志意识形态》、《哲学的贫困》、《共产党宣言》等巨著揭示社会发展的规律,成为革命导师和哲学巨人。但在他夫人 Jenny 的眼里,看到的却常常是一个需要照料的孩子。再如,著名翻译家傅雷的儿子傅聪是个颇具天赋的音乐家,他 1934 年出生,10 岁时即赴波兰留学,1958 年深秋以优异的成绩于华沙国立音乐学院提前毕业。

此后，傅聪一直定居英国，并在世界范围作巡回演奏，也回国到过香港以及中国内地和台湾多个城市演出。来到国外，与祖国有了距离，这使他看自己和东方文化更清晰了。他在1965年5月18日从香港写给父母的信中说："我的东方人的根真是深，好像越是对西方文化钻得深，越发现蕴藏在我内心里的东方气质。西方的物质文明尽管惊人，上流社会尽管空谈文化，谈得天花乱坠，我宁可在东方的街头听嘈杂的人声，看人们的笑容，一股亲切的人情味，心里就化了，因为东方自有一种 harmony［和谐］，人和人的 harmony［和谐］，人和 nature［大自然］的 harmony［和谐］。""西方人的整个人生观是对抗性的，人和自然对抗，人和人对抗，艺术家和听众也对抗。最成功的也只有用一种 personality forces the public to accept what he gives［个性去强迫群众接受他所给的东西］。我们的观点完全相反，我们是要化的，因为化了所以能忘我，忘我所以能合一，和音乐合一，和听众合一，音乐、音乐家、听众都合一。"（傅敏：20-22）如果傅聪一直在国内，就不会有这么深刻的认识。海外经历所产生的距离，使他看自己看祖国都更加真切了。

译典的潜在读者和使用者离译典及其编者太近了，所以他们大多是带着一种漠然的态度乃至恐惧的心理看待译典的。一部部译典问世，读者却不多，使用者就更少了。译典的出现也打破了一种带有两重性的平衡，一是翻译学结构上的，译典编研至今尚未赢得一个公认的适当定位；二是心理上的，在翻译理论家和译典学者的心里都出现了不平衡。前者是因为对译典充满了一种怀疑的态度和莫名的恐惧感，或者怀疑其是否有存在的必要，觉得几十年了，人们没有译典还不是照常从事翻译研究？颇有点怪译典编者多事的味道；或者怀疑这些编者，是不是有威望和能力编写词典，词典可是权威性的，是要用来规范译学研究的啊。这种怀疑态度本是莫须有的，时间长了就变成了漠然，或者转化成了恐惧，郁积在心中，怕译典对译学研究带来不利。译典学者是因为自己历尽艰辛编出译典,却未受到应有的重视。这两种不平衡的心态,不利于词典内容的吸收,也影响着译典编研的继续发展。

(4) 调整　新情况萌发,出现了不平衡,这经常发生因而是很正常的,解决的办法是调整,通过补偿性调整,达到新的平衡。平衡也就是均衡,指矛盾暂时的相对的统一或协调。它是事物发展稳定性和有序性的标志之一。平衡是相对的,与不平衡相反相成,相互转化。一般可分为动态平衡和静态平衡,与我们话题相关的是动态平衡。就翻译学结构和学者的心理而言,原本的平衡也是相对的动态的平衡,只是在译典出现之后,两者都发生了一些动荡,摆动的幅度过大了些,不加以调整不行。

先看翻译学结构。James Holmes 1972 年在其著名的论文、翻译学纲领性文件——*The Name and Nature of Translation Studies* 中将翻译研究体系分为两大部分,纯理论研究和应用研究;在应用研究之下列有"翻译辅助工具"一项,与之并列的是"翻译教学"和"翻译批评"。在 Holmes 的原始定义中,翻译辅助工具是为了满足译员培训和翻译实践之需,包括辞书性、术语性工具书和对比语言学的研究成果——对比语法,它们都是相关学科(对比语言学和辞书学)的传统研究领域。Holmes 的这个结构图在世界上影响很大,得到了广泛的认同和应用。2001 年英国萨里大学高级讲师 Jeremy Munday 在 *Introducing Translation Studies: Theories and Applications* 一书中对应用翻译研究分支进一步加以研究,提出了一个经过扩展的应用翻译研究系统,将"高新技术应用"、"词典"、"语法"置于"翻译辅助工具"之下,并将"高新技术应用"进一步分为"翻译软件"、"网上数据库"和"因特网应用",这是一种局部的打破旧有平衡,经过调整又实现了新的平衡。自打 1997 年有影响的译学词典接踵问世以来,在中国又有了译典研究,将来必定会扩大到国际范围,因而翻译学结构必将再次失去平衡,而且这种失衡正在中国发生。这就需要调整,调整的建议在第三章中已经提出,供译界同人审视。

其次,我们来探讨翻译理论家和译典学者的心理出现的不平衡。如果中国译典学者所作的贡献转移到西方某个国家的学者身上,也就是说,假定事情是西洋人做的,中国的翻译理论家必将是另一种心态。距离产生美,也带来认知的清晰度,心理的不平衡也会发生,但内涵会很不相同。现在,既然事情是中国学者做的,调整的方法,一是走出国门,让世界知道;二是中国的翻译理论家需要做一个假定,问一问自己,如果这一切是西洋人做的,我会怎样评价?中国人近代以来跟在后面走走惯了,觉得很舒服,这种状况需要变一变。至于译典学者的心理失衡,必须靠他们自己加以调节,同时要审视一下近年的成果,在新的研究与实践中弥补过失,克服缺点,拿出更多的精品去折服世人;靠自己的努力,把译典编研打到国际上去,要做就做大。这样,数年之后,在翻译学结构和学者心理两个方面,在旧的平衡将被打破并经过一个时期的发展后,新的平衡将会取而代之。

8.3.3 译典编纂行为研究

人的心理与动物心理有着本质的区别。人的一切反映活动受到社会实践的制约,同时人是在完成各种活动的过程中有目的地、能动地反映客观现实,而人的一切活动或行为都是在心理活动调节之下进行的。准此则知,研究译典编纂行为,实质是探究编者心理。

8.3.3.1 何以会发生?

任何一件事情发生,总会是有原因的。"Hans Vermeer 摆脱以原语为中心的等值论的束缚,创立了功能派的奠基理论:翻译的目的论(Skopostheory)。Vermeer 认为单靠语言学是解决不了翻译的问题的。他根据行为学的理论提出翻译是一种人类的行为活动,而且还是一种有目的的行为活动。翻译时,译者根据客户或委托人的要求,结合翻译的目的和译文读者的特殊情况,从原作所提供的多源信息中进行选择性的翻译。"(Nord：出版前言)Vermeer 创立德国功能派的奠基理论,这本身是一种高智力的行为,他的目的何在? 受什么心理活动的支配? 这要追溯到他的老师 Katharina Reiss。Reiss 在传统译论的影响下,最初在她 1971 年出版的 *Possibilities and Limitations in Translation Criticism*(《翻译批评的可能性与限制》)一书中提出初步的功能派理论之时,仍然坚持以原作为中心的等值理论,强调理想的译文应该从概念性的内容、语言形式和交际功能上与原文对等。然而,在而后的实践中 Reiss 发现,有些等值是不可能实现,甚至是不应该追求的。于是,"翻译要求"(translation brief)概念提出来了,有时因特殊需要,要求译文与原文有不同的功能。这是和奈达功能对等理论不同的地方。故而 Reiss 指出,译者应该优先考虑的,是译文本身的功能特征,而非按照对等原则,亦步亦趋地追随原文。观点是她提出的,Vermeer 作为她的得意弟子,对老师的思想心领神会,研究了一番,提出了 Skopostheory,使老师的观点有了理论基础,德国功能派翻译理论由是成立了。

那么,译学词典是因何而生的呢? 由"8.3.2.1.2·(1)信赖·③翻译学科有编纂译典的需要"可以看出,首先是学科发展的呼唤,具体推究,术语系统的欠缺、现有术语概念的杂乱、术语研究的疲软、译学理论体系核心概念的匮乏都是无可否认的事实,制约着学科的发展。其次是学者、读者对译学知识的渴求。研究、学习翻译专业,首先得有扎实的知识基础,从各类译典学习、查考,是个便捷有效的好方法。笔者编纂《译学大词典》的目的,"一是为中国翻译学的建立尽一点菲薄的力,二是为翻译研究者集中提供具有系统性的大量的学术资料,俾启其心智,利其研究。"(孙迎春,1999:前言)笔者当时主编该词典所考虑的主要是这两点。当时的中国译界,对是否建立翻译学还在争论,象谭载喜〈翻译是一门科学——评介奈达著《翻译科学探索》:《翻译通讯》,1982[4]〉、王德春〈论翻译学和翻译的实质:《浙江师院学报》,1984[2]〉、董宗杰〈发展翻译学,建立专业队伍:《翻译通讯》,1984[8]〉、孙慧双〈翻译学浅谈——孙节译比利时埃德加·安德烈著——《翻译通讯》,1985[10]〉、桂乾元〈为确立具有中国特色的翻译学而努力——从国外翻译学谈起:《中国翻译》,1986[3]〉、张泽乾〈现代系统科学与翻译学:《外语研究》,1987[3]〉、方梦之〈发展与完善我国的译学研究体系:《外语教学》,1988[1]〉等①那样旗帜鲜明的人和文章都还不算多,其中发表文章最多,论述最全面、深刻的是谭载喜。直到1999年至21世纪初,人们还在激烈争论,怀疑者的典型如张经浩,发表了"翻译学:一个未圆且难圆的梦"《外语与外语教学》,1999[10]〉,一石激起千层浪,接下来又争论了几年。笔者当时并未撰写文章参与这场争鸣,但态度在词典名称及内容中却明确表达了,而且效果不比文章差。编纂《译学大词典》还有一个至关重要

---

① 其余的作者与文章是:赵云中〈翻译学纵横谈:《外语研究》,1988[2]〉、晓行〈语言学专著中的翻译学:《中国翻译》,1988[4]〉、徐盛桓〈关于翻译学的研究:《现代外语》,1989[1]〉、杨自俭〈关于建立翻译学的思考:《中国翻译》1989[4]〉、穆雷〈翻译学与翻译教学:《中国翻译》,1993[3]〉、张南峰〈走出死胡同 建立翻译学:《中国翻译》,1995[4]〉、林璋〈略论翻译与翻译学:《日语学习与研究》,1996[4]〉、王东风〈翻译学之我见——与劳陇先生商榷:《外国语》,1996[5]〉、吕俊〈翻译学——传播学的一个特殊领域:《外国语》,1997[2]〉、张柏然〈对建立中国翻译学的一些思考:《中国翻译》,1997[2]〉、陈胜、黄忠廉〈翻译学确立之理据及其研究方法:《天津外国语学院学报》,1997[3]〉、吴存民〈创建中国翻译学势在必行——兼与劳陇先生商榷:《解放军外国语学院学报》,1997[5]〉、杜建慧〈再论"翻译学"的界定:《解放军外国语学院学报》,1998[4]〉、叶苗〈关于"语用翻译学"的思考:《中国翻译》,1998[8]〉、王树槐〈翻译系统中信息传播的优化——兼论两级翻译学的建立:《华中理工大学学报》,1999[1]〉、阎德胜〈逻辑翻译学构想:《外语教学》,1999[2]〉、侯向群〈翻译学的思维模式:《中国科技翻译》,1999[2]〉。

的因素,即笔者当时所在的大学外语系(系主任为杨玉林教授)正在为申报硕士点而努力,因而能够出资予以大力支持,没有这个赞助人,什么也谈不上。

译典产生的另一个重要根源是翻译教学,《翻译研究关键词》的编者在"引言"的第一句就开门见山地讲出来了:"对翻译教学中的常用术语进行精选,并加以定义,以期对翻译教学作出实际的贡献,乃本书的宗旨。"(孙艺风、仲伟合)接下来对这一需要作了进一步的论述:"从教学的角度来看,没有任何元语言和专门术语太多都绝非好事。译者作为专业的交际者,应该很清楚通天塔症候群的危险性。他们深知术语充斥、同义词泛滥会导致混乱,从而影响交际。因此,就翻译教学而言,是整理有关术语的时候了。"(同上)这里编者所讲的很有针对性,他们开始时从15本手册里搜集到了关于838个概念的1419个术语,而经研究筛选只留下了大约200个主要概念,在词典里立目解释。

8.3.3.2 态度的形成

任何事情要做成,主客观条件齐备才行。从译典编纂来说,编者正确态度的形成至关重要。态度是"个人对一定对象的评价和倾向。"它之所以重要,因为"态度是由认知、情感和行动等三种主要因素构成的内在动力系统。"也就是说,它是由上述三种因素形成的系统,不是可有可无,而是起着内在动力作用。"认知是态度的基础,表现为对人、事的看法和理解;情感是态度的内在体验,表现为对人、事的喜好同情,或厌恶冷淡;行动是态度的准备状态,表现为对人、事的反应倾向。"(车济炎、林德宏:255)某些译典编者的态度,除译学大气候外,还与出版社、出版公司的态度直接有关。Mona Baker 在她所主编的 *Routledge Encyclopedia of Translation Studies* 的"引言"首段介绍道:"1991 年 5 月,我接到了 Simon Bell 的一个电话,他以前是劳特利奇出版公司语言工具部的编辑,问我对编辑一部翻译学参考书比如词典有什么想法。许多学者已把翻译研究视为一门令人兴奋的新学科——或许是1990年代最令世人关注的学科吧,Simon是其中的一员。的的确确,翻译研究的发展不仅达到而且大大超出了我们的期望。我们只需要想一想证实译学发展出乎预料的一个领域就可以了,那就是口、笔译者培养的学术化。仅此一点,这一学科的发展速度及其在1990年代倏然确立学科地位之神奇即可窥见一斑了。"(Baker:Introduction)出版社的热情支持乃至原动力极为重要,鲜有不见效果的。请再看一个中国的例子。

林煌天谈到,"然而,真要把大家的希望变成现实,又谈何容易!首先,编一部适用于多门类、多语种,融知识性、学术性、实用性于一体的翻译工具书,难度较大;加上公私猬集,我们一时难于从日常的琐务中脱身,因此,这项工作虽早已开始,却时作时辍,一直拖延下来。1991年武汉大学英语系郭著章先生来京开会谈到,湖北外语教育出版社唐瑾早在1990年就有意组编一本汇集中国译事诸多方面知识的百科式大词典。1991年唐瑾女士得知我编书信息即来函约稿,随后携编写设想草案赴京商议。不久,唐瑾女士和当时该社副总编辑赵守富先生及本书副主编之一袁锦翔教授再度来京和我们面议本词典的编纂纲要及出版事宜。有了出版社的支持,我们才得以集中时间和精力,投身于这项工作。"(编者的话)可见,编纂一部较大型的译学词典,比撰写一部专著要困难得多,主要原因是学术难度大,工作量大,需投入大量的人力、财力。在此,出版社的意愿、约稿起了决定性作用,甚至主动编写设想草案、编纂纲要,两次出动找主编商讨,做了一部分主编应该做的工作,这些都是以认知为基础、热情为动力所产生的态度和行动,故而坚定了主编的态度和意志,林煌天终于下决心全身心地投入了。

8.3.3.3 能力的展示

译典编纂要求于编者的,比撰写专著要求于作者的,在特点上有所不同。如果是小型的单科译典,除必要的译学、词典学修养外,单科研究能力如术语研究能力、翻译家研究能力、翻译实体研究能力,以及吃苦耐劳、善于积累材料的能力等,也是必不可少的。例如《译学辞典》的主编方梦之,除对术语学、译学、词典学很有研究外,积累材料的能力特别突出,他深有感触地说:"本人有志于此已久。早在20世纪90年代初,已编就百十来条,被林煌天先生相中,其中大部分改写后纳入他主编的《中国翻译词典》。此后,又断续收集,有的词条并反复改写。上世纪90年代译学新术语纷至沓来,更觉有做一番归纳整理工作的必要。//本辞典是主编《上海科技翻译》的产物。作为主编,审读来稿是一项日常工作。审读中常遇新术语、新思想。'为他人做嫁衣裳',如果对新材料、新内容一无所知,'衣裳'是做不好的。为了跟上翻译学科的发展,研读新的名词术语是获得新知的肤浅的,然而是便捷的方法之一。积微成著,加上同仁们的共同努力,编就了这本辞典。"(方梦之:前言)

较大型的译学词典,其编纂还需要较高的学术地位和很强的组织能力。林煌天在主编《中国翻译词典》的时候,在中国译界很有影响,除从事翻译工作多年外,还担任《翻译通讯》、《中国翻译》副主编10多年,1984年起又开始担任中国译协常务副秘书长,主持译协工作,并主持全国性翻译研讨会近30次。这对于组成阵容强大的词典编委会是必要的条件,而这样的编委会是编纂高质量大型译典的保障。林先生还以《中国翻译》主编的身份分别写了近400封信,请有关专家、学者和翻译界人士提供他本人研究领域或者愿意写的词条。每个人先把拟写的条目报上来,到他那里统一筛选,剔除相同的词条,然后再确定谁写什么词条,写多少个条目。(林煌天,见孙迎春,2005:39-40)尽管林先生自己谦逊地说:"我的设想是编本融学术性、知识性、可读性于一体的翻译知识词典,既是翻译界人士的工具书,又为文化界、知识界人士提供一种有关翻译方面的知识性图书,不是太专业的,读起来也应该是很有兴味、较实用的。正是因为有这种想法,翻译学方面的学术性词条就显得收集不够,收编词条的科学性也就显得不很严谨。我不是搞翻译学、翻译理论研究的学者,只不过是坐机关的翻译工作者,因此,只能编这种设想的词典,这就是我的局限。""其实我这本词典不能说是翻译学词典。我的工作经历,学识修养以及爱好都不是编翻译学词典的人。"(同上:39、41),但由于有了上述主编条件,《中国翻译词典》作为世界第一部有影响的较大型的综合性译学词典,就有了可靠的学术、人力、财力等各方面的扎实基础。这是中国译界的骄傲。

Routledge Encyclopedia of Translation Studies 的主编 Mona Baker"是英国翻译研究界的女强人,也是世界翻译学界的著名人物。"(Viteverbright)这位英籍埃及女教授、女博士的研究能力和组织能力都十分高强,身兼英国曼彻斯特大学翻译与跨文化研究中心主任、国际翻译与跨文化研究协会副主席、著名的翻译研究专业出版社 St Jerome 的编辑部主任以及国际权威翻译研究刊物《译者》(The Translator)主编等多种要职。她所带的博士生到 2003 年共 14 人(7 人已毕业,7 人在读),来自世界各地。作为该翻译研究中心的主任她主持着总容量达 1000 多万字的一个大型的翻译英语语料库。Mona Baker 还特别注重扶助年轻有为的学者,例如,*Dictionary of Translation Studies* (1997)的主要编著者 Mark Shuttleworth 对人谈起 Mona Baker 时就特别感激,因为在该词典从设计到包装出版的整个过程中,Mona Baker 都给予了指导,可以说,词典的问世与作者的成名都跟 Mona Baker 息息相关。(Viteverbright)由于 Mona Baker 具有如此全面的能力,所以她能够组织起一支由 Edwin Gentzler、Basil Hatim、Theo Hermans、Eva Huang、Eugene A. Nida、

Lawrence Venuti 等 90 余个在英国乃至世界著名的学者为她的 *Encyclopedia* 撰写词条。

8.3.3.4 合作的重要

高度的社会性是人类区别于动物的主要特点之一。人们为了完成复杂而艰巨的工作,离不开细密的计划和密切的合作。译典的编纂也是这样。它因为需要达到学术性强、规范度高、信息量大、覆盖面广、实用简便、释义简练精确等多方面的要求,往往需要多个领域的专家、学者通力合作,没有这一条件,初衷难以实现。现已出版的译典,有多种都很好地体现了这种合作精神:《中国翻译词典》(1997),32 人;*Dictionary of Translation Studies* (1997),2 人;*Routledge Encyclopedia of Translation Studies* (1998),撰稿者 95 人,顾问编辑 7 人;《译学大词典》(1999),24 人;《翻译研究词典》(2005),10 人;《译学辞典》(2004),5 人。

在编纂工作进行的过程中,所有人员的精诚合作能够形成一种良好的心理气氛,即"制约和形成人们在群体中相互关系的社会心理环境。不能把心理气氛理解为群体的各个成员心理品质的简单总和,它是群体成员间在直接接触中形成的具有新质特点的群体心理体验。"(车济炎、林德宏:246)当译典编纂涉及 2 人以上特别是多人时,它就成了一个群体活动。这一群体活动的社会性动机和态度,共同的目标和利益,有效的组织系统和双向沟通渠道,成员的合理需要的满足和健康、活跃的情绪状态,成员有自主感、能参与并得到认同,成员间相互关系和谐、融合、有凝聚力,抗冲突力强,主编的风格、价值定向和积极的集体意识等是这个群体良好心理气氛得以形成的一些重要因素。"一个良好的群体要有良好的心理气氛,而良好的心理气氛必然会对群体生命活动力产生巨大的影响,这具体地表现在群体成员对待自己、对待工作、对待其他成员和对待领导者的态度和行为等几个方面。良好心理气氛不是自发产生的,它离不开社会道德的宏观环境,是群体的领导者有意识定向培育的结果。培养健康、积极和有效的心理气氛是群体的每一成员,尤其是领导者的社会责任。"(同上:246-247)只要大家有了心理气氛意识,译典编纂工作就一定能够做得有声有色,高质快效。

由于译典编纂作为一种人类行为是很复杂的,不管是外在的表现还是内在的心理,都有许多因素值得深入探讨,以上所述及的四点,相当于一座数十层的大厦只粗略地参观了其中的四间房。希望有更多的人勘察、描述、揭示另外那许多间房屋的奥秘,以求达到集腋成裘的功效。

第九章 宏观结构与微观结构

一个系统,一个整体,都是由各个部分组成的,这就有个结构问题。结构就是各个组成部分的搭配和排列。有些事物的结构是自然形成的,如人体结构,地球结构,原子结构等。有些事物的结构是人为安排的,如司法系统的结构、翻译学教育系统的结构、著作的结构等。我们现在要考虑的是译学词典的结构,它自然是人为安排的。

9.1 译典的机制

编纂译学词典的宗旨是为读者提供了解和研究译学的相关信息,或提供不同译法参考,强调使用价值。也可以说,提供准确、丰富的译学信息和多样的译法参考是译学词典的灵魂,舍此译典就失去了生命力。

9.1.1 概念

《现代汉语词典》里面关于"机制"一词有四条释义,其中第②、第④条很值得研究:"②有机体的构造、功能和相互关系,如动脉硬化的机制。④泛指一个工作系统的组织或部分之间相互作用的过程和方式:市场机制|竞争机制。"(中国社会科学院语言研究所词典编辑室:582)笔者在这里引用这两条释义,是想说明,要把译典当成活物来看,要让它起到"无声教师"的作用。先看第②条。由释义可知,关键词有三个:构造、功能、关系。一定的构造产生一定的功能,功能是具有一定构造的系统所发挥的作用,这也就是二者之间的关系。两个成分,一个是实在可见的,一个是空灵无形的,相互发生关系便具备

了一定的机制。该条目举的例子是动脉硬化:"病,动脉管壁增厚,弹性减弱,管腔狭窄,甚至完全堵塞。多由高血压、血液中胆固醇含量增多等引起。"(同上:302)管壁的厚度、弹性的强弱、管腔的宽窄,结构中的各个成分如果不正常了,就会产生动脉输血不畅,乃至堵塞的后果。再看第④条。它的所指从有机体变成了工作系统,范围更广,基本要点与第一条相同,两条释义可相互参照,以获得深刻、全面的理解。

9.1.2 结构是功能的前提

译典如要充分发挥功能,就必须有良好的机制,这里的关键是结构及其具体内容要形成富于活力的基础。硬化了的动脉和正常的动脉相比,大的结构一样,只是各个成分发生了不好的变化,机制也就不能正常运转,呈现出病态。译典如果出现了病症,会比这个还严重,因为除了各成分可能出问题外,大的结构也很容易出问题。稍加浏览便可明悉,不同的译典在大结构上差异是很大的,甚至风马牛不相及。科学、合理的结构是译典发挥功能的前提,没有那样的物质基础,怎能期望正常的功能凭空产生?当然,译典因种类繁多,所涉及的内容浩如烟海,其结构不能一概而论,须因类有别。而且,即令是同一类别的译典,在结构上也允许有差异,有的差异还可体现创新。最重要的是,要能够很好地体现编纂译学词典的宗旨。灵魂能够在一个结构中活得很精神,这个词典结构就是科学的,能够产生良好的机制。至于哪种结构最好,为各种结构排排队,这就要看评论家的研究和读者的反馈了。

9.1.3 宏观结构与微观结构

词典作为词语的汇集,有宏观与微观两个方面的结构需要审视。

宏观指大范围或涉及整体的,与之相对的微观则是指部分或较小范围的。凡事物都有结构,探讨一事物的结构,就是要通过分析的方法,搞清楚那事物的各个组成部分是什么,及其搭配和排列。对词典的宏观结构和微观结构都了然于胸,编纂者就可以剔除盲目性,有了自觉性,才能在实际的编纂工作中得心应手,胜任愉快。

9.1.3.1 宏观结构

对于宏观结构(macrostructure),学者们有不同的解释,《词典学词典》的释义比较准确:

> 词目的总体结构,帮助编者在辞书中编排信息,同时方便读者查找信息。西方国家词典最常见的词典宏观结构模式为音序词单,词单是词典的主体。当然也存在别种排列方式,如以主题、时间或频度为准则排序。在词单之前、之中、之后三处,可补以附加材料。(R.R.K. Hartmann & Gregory James:91)

这个释义,不仅告诉人们宏观结构指的是词典中按一定方式编排的词目的总体结构,而且还指出了另外四点:(1)宏观结构的功能——帮助编者编排信息,方便读者查找信息;(2)词单是词典的主体;(3)音序为主要结构模式,同时存在义、时、频等不同结构模式;(4)除词典主体词单以外,词典还包括其他一些成分,统称附加材料,位置有之前、之中、之后三处,对主体起补充作用。

鄙见以为,宏观结构有两个层次,无以名之,暂称其为外宏观与内宏观。内宏观指词单的总体结构,实质在于以什么为词条排序的基准。外宏观指词典全部结构成分的总体结构,词单只是其中的一个成分,每个结构成分又各有自己的微观结构。

结构问题在本质上是个系统问题。没有一个科学的框架结构,词典就会失去科学基础。以上所说的词典宏观结构,实际上处于一个更大的词典框架之内。在成书之前,词典框架是工程的蓝图,文章的提纲,树木的主干,即编纂框架;成书之后的框架具备了可见性,是前者的对象化、成果化、丰富化,是其逻辑反映和直接现实。(袁世全,见黄建华、章宜华,2001:57)

  词典框架是将词典本身以及词典相关因素联系在一起的科学系统,词典编纂就在这一科学系统中运作。这个系统,以一种特定的编纂宗旨为指导,以词目、条头为基本单元元素;须实现与方方面面相联系的多种要求:属性规范、体系完善、主旨突出、选词得当、布局合理、内部协调、功能强化、多方相宜以及有利编纂和方便查阅等,还要在总体上体现知识的、辞书的内在逻辑联系或历史联系。(同上)它建立在各类多维基本单元(元素)的基础之上,将宏观设计、中观联系与微观反映有机结合起来,可将其比作两种树之间的杂交或嫁接,一边是知识系统树,一边是词典编纂理论系统树。它是编纂者的主观世界对词语客观世界的粗线条描写和高度概括,没有这个框架,一切无从谈起。袁世全称之为框架机制,就是"在一种特定的编纂宗旨的指导下,以[建构]科学的成书框架和实现编纂意图为直接目的,用科学的系统的方法选择一部辞书的各个解释对象,设计、调整它们之间的相互关系、相互作用和运行方式的总和。"(同上)这是在对兹古斯塔的"释义中心论"和陆宗达的"原则中心论"进行了分析、批评、综合的基础上提出的深刻见解。其内涵与外延大于"两论"之和,借重哲学、系统科学、信息科学等学科的理论,把词典透视成一个个系统,对于词典编纂极为重要。

9.1.3.2 微观结构

  词典的微观结构(microstructure)一般认为指词典的词条结构。毋庸置疑,由全部词条构成的词单是词典的主体,外宏观由外在材料与核心材料两大部分组成。外在材料又包括三个组成部分:前页材料、中页材料和后页材料。核心材料即词单应视为与这"三页材料"同级的词典成分,如此看来,词条结构只是相对于词单的微观结构。词单由全部词条组成,毫无疑问是词典的主体,但既为主体就不是全部。那三页材料都是词典的构成成分,也都有各自的微观结构,人们对其尚未进行过深入的探讨,究其原因有两个:一则它们不是词典的主体,在词典研究者的视野中处于边缘地位;二则三页材料具流变性,所包括的成分不固定,规律难寻。

外在材料似乎是词典的附件,编者、读者、学者都不肯予以正眼审视。"有的中型双语词典如《英华》的前后页材料被减少到最低限度;有的读者一本词典用了半辈子,从来都不去看一下这些前后附件;有的学者写了几十万字的词典编纂学理论著作,连一个字都不提到这些附属材料。实际上这些材料并不是可有可无,它们也是词典宏观结构的组成部分。"(李明、周敬华,2001:53)这里所谈到的情况在科学词典尤甚,可能是由于科学词典编、读者比一般读者更加务实的缘故吧。一部 16 开、1196 页、600 万字的《汉英英汉经贸大词典》,只有"序言"一页、中英文"编者的话"各一页、用法说明一页、汉语拼音索引五页,后页材料则半页不置。在词典学已成为相对独立学科的今天,不重视三页材料是没有理由的。

词条的主要成分有两个,即词目和释文。

9.2 收词立目

词单既是词典的主体,那么词单的结构、词目的确立、释义的编写就成了词典中最重要的问题。许多人编写译典都是从确立一个个词目,并逐一加以释义开始的。搜集得多了,才去考虑如何编排。如果面对许许多多词目,却没有按一定的顺序加以编排,这些词目及其信息就会像一盘散珠,无法查找,起不到工具书的作用。因此,词单的宏观结构实质上就是词目的编排问题。世上的编排法多种多样，大致说来，一般分形序、音序、义序三种。就译典而言，常用复式结构，如义序加音序。收词立目是第二步，在确立编排法和予以释义之间起一种承上启下的作用。

9.2.1 词目是什么

即便是《现代汉语词典》那样的以规范为鹄的的"词"典，里面也有不少如"蚂蚁搬泰山"、"蚂蚁啃骨头"、"骂大街"、"鸣鼓而攻之"、"农民战争"、"项庄舞剑，意在沛公"那样的大于词的词目和"嵯"、"峨"那样的小于词的"字"的词目。由此可见，词典学中的"词目"，外延大于语法上所说的"词"，词素、词组甚至句子都可包括在内，这是词典现实告诉我们的。我们不可能从一味地理想概念出发，不顾实际，不顾词典的性质与职责，硬性规定词目必须得是词。规定了也是白规定，不切实际，必化南柯。当然，非词词目的比例要控制在尽可能小的范围之内。

《词典学词典》对词目（Entry-term）的定义是："作为'主要条目'或中心词录入术语词典中的词或词组形式，与作为替换术语的'次要条目'相对。"（R. R. K. Hartmann & Gregory James，2000:50）这个定义明确包括了词组，但依然不能够将所有成为词目的语项涵盖进来。结合词典词目的实际，是否可以这样定义：

> 词目是词典主体的基本构成单位词条的名目，又称左项，一般由词或词组构成，亦包括少量有充分理由收入的词素或短句。

词目的定义充分体现了语言的隐喻性，在这里表现为以部分代整体。词是充当词目的所有语项中的一个，因其典型、简洁、量大，就被撷出用在了"词目"这个名称中。词目以词名之，却并不纯由词构成，还包括比它小的词素和比它大的词组、短句。这是针对词典总体来说的,就一般科学词典而言,词目的主体自然是词和词组。译典的情况复杂,术语、名词、理论概念词典以词组为主,词为辅,也可包括极少量的短句;译学名人词典都是专名;著名学术著作或著名译作词典都是书名,而书名一般是词组为主,句亦有之,词很少,等等。

9.2.2 词目的确立

词目在词典中具有实质意义,是决定词典质量高低的第一个关键。词典是否合乎编纂原则,首先取决于词目设置是否确当。释义固然重要,但释义也是因词目而生,词目具首生性,若无词目,何需释义?所以,词目在词典内容上第一个具有决定性作用。关于词目确立的原则,我们在第六章已做过详细的讨论,这里不再赘述,只补充强调两点:

(1) 依书名立目 每一种译学词典,均有其质的规定性,而这种规定性,首先集中地体现在书名上。词目必须受书名拘囿,这是最基本的收词原则。例如编纂《英汉翻译方法与技巧大词典》,根据这条准则,就需要注意3点:①"英汉"二字规定了所涉及的语种,超出语种范围的方法与技巧,再好也不能立目。如果释义中需要偶尔涉及另外的语种,则另当别论,并在涉及的同时,处理好细节问题;②"翻译方法与技巧"限定了非常具体的范围,只有关于方法论、方法、技巧的理论性概念和范例可以入典,如"翻译方法论"、"翻译方法"、"翻译技巧"、"增词法"、"减词法"、"词类转换"、"正说反译"、"反说正译"等等,都需要在概念上加以界定、予以简略论述,然后举例佐证,而其余无关的术语、人物、著作等则必须拒之门外。专门研究这一题目的著作简介,可搜集起来作为索引或附录出现;③"大"字要求规模大,种类全,都要在词目的质与量上体现出来。

(2) 力避缺与滥 "缺"即应收的未收。收词是否丰富,取决于书名规定范围内的词语是否收录齐全,缺就意味着词典不能满足要求。"滥"即超范围收词,困扰于"专科词典不专"。综合性词典要照顾好各学科词目的平衡,力避畸多畸少。单科词典要体现单科性,至多只能适量扩张到相关学科关系最密切的词语和通用词汇。

9.3 词目释义

一个词条,由词目与释义两个部分组成,分左右两项。这右项各要素及其排列就是词典的微观结构。如果我们把词单比作体育代表团,那么,确立词目就相当于批准运动员加入代表团。对一个运动员来说,有资格代表国家参赛并不等于获得了优异的成绩。平时训练水平如何,临场发挥如何才是成败的关键。弄得不好,就会被人认为徒有虚名。和词典比照,相当于没有做好释义。释义即解释词目的意义,就译典而言可分为对词目进行界定(术语)、阐释(理论概念)、介绍基本事实与业绩(名人)、介绍基本内容、特点、影响(名著、名译)、提供不同语境下的不同译法(译例)等多种情况。可见,释义关系到实质内容,词典质量的高低主要取决于释义。读者查词典,就是要从释义获得有关词目的信息。他来查词典,词典里没有他要查的词目自然不会满意,但如果有词目却查不到应有的信息,他也不会满意,或许更不满意。

有关释义的要求很多,像准确、贴切、全面、充实、严谨、简明等,其中最为重要的是准确,没有这一条,其他都谈不上。请看下面一个"译学名人"词条:

金隄(1921-)浙江吴兴(今湖州)人。1945 年毕业于昆明西南联合大学外文系,同年开始任美国驻华新闻处翻译,历二载,改任北京大学英语助教及文科研究所研究生。1949 年初,北京和平解放后,参加解放军四野南下工作团;不久,回到北京中央军委机关任编译。1955 年转业北京《中国建设》英文杂志社从事编辑、翻译工作;1957年转到南开大学执教;1977年调往天津外国语学院,历任翻译、审稿,现任英语系教学顾问,兼天津市译协顾问、中国译协理事。

主要译作有:《绿光》(人民文学出版社,1959年),《女主人》(作家出版社,1956年),〔英〕奥·赫胥黎《神秘的微笑》(短篇小说集,其中包括其学生所译两篇,天津百花文艺出版社,1984年),〔爱尔兰〕詹姆斯·乔伊斯《尤利西斯》,以及汉译英:沈从文《中国土地》(与作家白英合译,伦敦 Allen Of Unwin,1947年),白居易《白马集》(辑入金译25首白居易诗作,伦敦 Allen Of Unwin,1949年),《赵一曼传》合译,北京外文出版社,1960年)等。此外,曾发表一些译学论文,并与美国翻译理论家奈达合著英文著作《论翻译》(中国对外翻译出版公司,1984年)。(孙迎春,1999:524)

这一词条,虽合乎基本要求,尚存在一些明显的缺点。我们试从全面、严谨、充实、准确四个方面加以检验。(1)全面。金隄是我国当代最著名的翻译家和翻译理论家之一,因而对他应有个总体评价,词条中阙如;著作中只介绍了《论翻译》,而没有提及《等效翻译探索》,但在同一词典的"学术著作选介"部分,却对该书作了详细的介绍;作为著名翻译理论家,他的最重要的翻译观或理论应在词条中有所反映。这些内容的缺乏,使词条的全面性受到影响。(2)严谨。《赵一曼传》之后缺前半个括号,校对时没有发现。(3)充实。在第一条中已经提到缺了三项应有的内容,另外还应该有所受过的重要奖励,有了这些内容就会使词条内容既全面又充实。(4)准确。由于存在上述缺点,就不好说在整体上对金隄的介绍是十分准确的。如果是今天编写这个词条,还要补充一些新的内容,试撰写如下:

金隄(1921-)浙江吴兴(今湖州)人。我国当代最著名的翻译家和翻译理论家之一,也是我国乔学研究的奠基人之一。1945年毕业于昆明西南联合大学外文系,同年开始任美国驻华新闻处翻译,历二载,改任北京大学英语助教及文科研究所研究生。1949年初,北京和平解放后,参加解放军四野南下工作团;不久,回到北京中央军委机关任编译。1955年转业北京《中国建设》英文杂志社从事编辑、翻译工作;1957年转到南开大学执教;1977年调往天津外国语学院,历任翻译、审稿,现任英语系教学顾问,并曾在国际上担任英国牛津大学、美国耶鲁大学、圣母大学、德莱赛大学、弗吉尼亚大学、全美人文学科研究中心、华盛顿大学等校的研究员或客座研究员、俄勒冈大学客座教授等职。兼任天津市译协顾问、中国译协理事、国际乔伊斯学会会员。曾获1993年度台湾读书人最佳书奖,1997年中国作家协会颁发的鲁迅文学奖—全国优秀文学翻译彩虹奖(终身成就奖),1998年新闻出版署优秀外国文学图书奖一等奖,中国翻译工作者协会"资深翻译家"称号,2005年4月爱尔兰翻译协会荣誉会员称号等。在理论与实践上均追求等效翻译,认为单纯追求流畅的"意译"和"生吞活剥"的"直译"都是不妥的。他提倡的是超越"直译"、"意译"之争的"等效翻译",认为那才是唯一既忠实于原著又忠实于读者,富于辩证精神的途径。他曾结合实际翻译说,"《尤利西斯》不是一部轻而易举就可以读透、译好的作品,我之所以在十多年后才将全书译出,更主要是由于想在译文中追求我所倡导的等效翻译效果。"《尤利西斯》是他最重要、最具特色的译作。该书是意识流文学作家詹姆斯·乔伊斯1922年发表的影响最大、争议也最激烈的一部小说。此书运用了多种创作手法,典故异常丰富,语言晦涩难懂,金隄凭借多年研究此书的体会,首次将全书译成汉文,较好地重绘了人物性格,再现了不易捉摸的意识流活动和原作的文体,为移译直接内心独白提供了可贵的经验。

主要译作有:《绿光》(人民文学出版社,1959年),《女主人》(作家出版社,1956年),〔英〕奥·赫胥黎《神秘的微笑》(短篇小说集,其中包括其学生所译两篇,天津百花文艺出版社,1984年),〔爱尔兰〕詹姆斯·乔伊斯《尤利西斯》,以及汉译英:沈从文《中国土地》(与作家白英合译,伦敦 Allen Of Unwin,1947年),白居易《白马集》(辑入金译25首白居易诗作,伦敦 Allen Of Unwin,1949年),《赵一曼传》(合译,北京外文出版社,1960年)等。此外,曾发表一些译学论文,并与美国翻译理论家奈达合著英文著作《论翻译》(中国对外翻译出版公司,1984年),此外著有《等效翻译探索》(中国对外翻译出版公司,1989年)、《三叶草与筷子:乔伊斯在中国》(2000)和《文学翻译:艺术完整的求索》等。

仔细检查,还是会发现缺点的,但什么都有个时间性、计划性,在一定时间范围内,我们要尽量把缺点减到最少,追求尽可能大的读者满意度。不同性质的词条,用同一套标准——准确、贴切、全面、充实、严谨、简明等——衡量,内涵各有不同。比如术语、理论概念和翻译人物、实体相比,用"准确"衡量时,前者主要看界定是否清晰、阐释是否明白、与其他术语、概念的区别是否搞清楚了;后者主要看所介绍的信息是否合乎实际,要素是否齐全,评价是否恰当等。

9.4 附录设置

附录即"附于正文后面与正文有关的文章或参考资料",(中国社会科学院语言研究所词典编辑室:394)亦称后页材料。其功用是对正文内容加以延伸,补充必要的信息。有些内容不适合以正文词条的形式出现,而编者又觉得和词典主题关系密切,对读者很有帮助,往往可以附录的形式置于正文之后。

"附录设置作为词典编纂过程的一部分,同样要服务于词典的性质、规模和使用对象。专科词典的附录,通常收有专业性参考引用文献、专业补遗材料、专业研究综述等。译学词典是知识性工具书,但知识性离不开资料性内容。知识性内容指的是学科、理论、思想、概念、方法等基本知识的解说;资料性内容指的是人、地、事、物、组织机构、统计数据等基本资料的提供,如大事记、年表、历表、各种图片、表格、资料索引、统计数字等。和正文内容相比较,附录简明扼要,信息集中,内容丰富,形式独立,通常以表格、图片、文件、目录等形式出现,使用简便,特别适合于那些非收不可,但又不必或不宜以词条形式加以介绍的知识。"(赵巍,见孙迎春,2006:345)这段引文把附录一般都包括什么具体内容介绍得很全面、清楚。

附录的配置数量,取决于词典本身的性质、档次、规模、读者对象等多种因素。从总的篇幅来说,一般在词典的十分之一左右为宜。从内容上看,应注意(1)相关性;(2)资料性;(3)新颖性;(4)补充性;(5)实用性。

第十章 价值与评价

翻译学词典编纂是一种目的性很强的行为,目的性与译典观相联系,二者在编纂过程中发挥着决定性作用,而译典则是这种行为的产物。翻译学词典既有很大的学术成分,同时它又是一种文化商品,在市面上流通,因而就存在一个具有多面性的价值问题,需要通过批评的方法进行评价。

10.1 价值问题

"评价"即评定价值高低,因此,首先需要搞清一般的价值概念,然后再来探讨具体的译典价值问题。

10.1.1 一般概念

关于"价值",《辞海》中有两条解释:"①凝结在商品中的一般的、无差别的人类劳动。商品二因素之一。是商品生产者之间交换产品的社会联系的反映,不是物的自然属性。商品要用来交换,各种商品之间必然有一个可以比较的共同基础。各种商品的使用价值以及创造它们的具体劳动性质不同,无法比较。只有撇开劳动的具体特点,化为抽象的、无差别的人类劳动,形成价值,才能相比。未经劳动加工的东西(如空气)和用以满足自己需要、不当作商品出卖的产品都不具有价值。价值通过商品交换的量的比例即交换价值表现出来。②引申为意义。如:这是一本有意义的书。"(辞海编辑委员会:787)第①条解释告诉我们两点:(1)价值即体现在商品里的社会必要劳动,未经劳动加工的东西,如空气,即使能满足人的需要,也不具有价值;(2)价值通过商品交换得以体现。第②条具广义,说一个事物有价值,就是说它有意义。这三点对译典均适用,后面再作详细的讨论。

一个事物的价值得有一个前提,即使用价值,也就是"物品所具有的能够满足人们某种需要的属性,如粮食能充饥,衣服能御寒等。"(中国社会科学院语言研究所词典编辑室:1149-1150)这一条,译学词典自然也必须具备。

10.1.2 主客观矛盾

主观与客观经常处在矛盾状态之中,许钧就翻译作用所做的揭示很有深度:"然而,对翻译作用的理想期待,往往在具体的翻译行为或翻译过程中受到限制,翻译的理想目标因此而难以实现,翻译的理想作用也常常因得不到正常的发挥而大打折扣。从翻译历史的进程看,我们不难发现,在理想的目标与实际的作用之间存在着不可忽视的差距,甚至出现负面的偏差。人们期望翻译能起着双向的沟通作用,有助于不同民族文化的交流和丰富,但历史上却不乏对出发语文化加以曲解,甚至当作'文化战利品',随意宰割的翻译事实;人们期待翻译为目的语语言与文化引入新鲜的血液,带来新的思想,催育或丰富目的语文化,可历史上却往往出现过分'归化'的翻译潮流,其结果是不时造成目的语语言和文化的'溶血'①。人们期待翻译能为不同文化的对话创造条件,却不无痛苦地发现在弱势文化与强势文化的对话中,翻译有时竟充当着强势文化侵略弱势文化的帮凶角色,沦为某种殖民的工具,路易·凯利就此种现象曾经一针见血地指出:'美国人是在人类学研究和基督教传教活动的背景之下发展翻译理论的,而英国人则是为了配合殖民统治之需。'考察中西方翻译史,可

---

① 引者注:红细胞破裂,红细胞内的血红蛋白溢出。

以看到理想的目标和实际的作用之间所出现的负面的偏差不是个别的现象,尤其在后殖民的语境下,翻译的作用问题更成了人们关注的焦点问题之一。"(许钧:367-368)

上述引文所讲的情况合乎事实,但论者所表现出来的焦虑则实在是不必要的,因为凡历史上发生的,不管是多么不好的现象,必有其合理性。理想往往与事实有距离,何况不同的人有不同的理想。这并不是说,不需要理想了,理想还是需要的,我们只是说,当理想达不到,或暂时达不到的时候,不必过于伤悲,伤悲过度了无异于杞人忧天。翻译是一种媒介,它不存在政治、宗教、文化、阶级、国家等方面的差异,所以从属于任何政治、宗教、文化、阶级、国家的人都可以用它做事,它自身不会产生任何拒斥。它不具备表示拒斥或欢喜的特性,正如空气、阳光和水,它们不会对不同人呼吸、沐浴、饮用自己表示不满或欣喜。美国人、英国人可以用翻译做他们愿做的事,亚洲人、非洲人也可以用它为自己服务,翻译为谁服务得多些,为谁服务得少些,取决于各种条件,其中重要的一点是看使用者有没有自觉性,是否认识到了翻译的重要性,并肯于大量投入。

从根本上来说,人们对于价值的观点是不同的,是五花八门的。价值观是"关于价值的一定信念、倾向、主张和态度的系统观点。起着行为取向、评价标准、评价原则和尺度的作用。表现为经济价值观、政治价值观、道德价值观、职业价值观、生活价值观、人生价值观等。受到主体所处的社会历史条件、社会地位、教育水平等诸多因素的影响,是具体的、历史的。"(辞海编辑委员会:787)由此可知,认知主体不同,价值观也就存在差异,因为他们不能不受到自己所处的社会环境的影响。

例如西方在1902、1903年分别由法国 Lapie(拉皮埃)和德国 Nicola Hartmann(尼古拉·哈特曼)采用了一个新的概念——"价值学"。之后,德国、奥地利的一些学者以及美国的 Dewey(杜威)等都致力于价值论的建立与研究。他们"试图将经济学、逻辑学、美学、伦理学与神学结合起来,认为价值是'任何有益的事物',并将人文科学称为'价值科学',把价值当作人文科学的基本范畴,还进一步建构出一套价值的等级体系。认为经济的价值('功利')是极低级的价值,宗教的价值('圣洁')是最高级的价值,介乎二者之间的则是科学的、艺术的、道德的价值(真美善)。"(辞海编辑委员会:787)他们所定的价值体系,笔者觉得基本合理,但是以经济利益为最高追求目标的占人类大多数的人群恐怕看法正好相反,科学家、艺术家、"道德家"也会有不同的意见。

这就是说,认知者的主体性不同,他们自身的性征不同,所处的社会历史条件不同,认知的结果自然就会有差异,所以说人生百相,百相反映着百性。学术领域也不例外。人们对于客观世界乃至自我的认识,往往只有部分的吻合,全然荒谬的也常有,所以,建立一个尽可能实现主客观最大吻合度的价值体系,是极不容易的,然而却是我们必须追求的目标。

10.2 译典的价值

译学词典的价值尚未得到全面、深入的研究和认同,尽管这一课题十分重要。如果一件事情没有意义,就不必要去做。假如译典没有价值,就没有必要去编。设使它有价值,我们就需要弄清它的价值所在,以便一则编好词典,二则有可能对具体的译典加以评论,以利在将来的编纂过程中扬长避短,充分实现译典的价值。

10.2.1 价值分析

深入进行译典价值分析,前提是对译典的编纂与研究予以科学的定位,这项工作我们已经在第四章做过了。这里我们主要考虑的是译典编纂实践及其产物,而译典研究这一半暂时无关,虽然我们的探讨本身就是译典研究的一部分。研究者可以按照自己对译典的理解和认识,对译典的功能或价值进行分析,也可以针对某一两种译典的编纂过程、成果特征、社会影响等进行评论,并提出自己的见解。这里研究的核心问题,从本质上来说,就是译典应该起到什么作用,实际达到所期待的目标没有。

10.2.1.1 分析的前提

探讨译典之"用",需要考虑的问题固然很多,而其中有两个方面的因素需加以重点琢磨。

(1) 欲根究译典之"用",必须有译典观的确立作为前提。译典观就是一个人对译典的总的根本的看法。由于每个人所处的地位不同,观察的角度不同,理论修养不同,学术心胸不同,就会形成互有差异的译典观,因而对译典之"用"的见解与阐释就会不同。譬如,如果一位学者认定译典在翻译学体系中占有重要地位,关系到术语的界定、概念的探讨和知识的传播,而且身体力行地编纂或参与编纂过译典,那么可以想见,他的译典观和一个对译典只是有些耳闻,并没有深入研究过任何一部译典,甚至没有翻阅过任何一部译典,更没有考虑过译典编研在翻译学系统中占有何种地位的一个人相比,自然会有极大的差异。译典对大多数译学学者来说,毕竟是个新鲜事物,不做些探讨是没有办法产生有扎实基础的译典观的,也就谈不到对其功用提出中肯的见解。

(2) 对译典之"用"的探讨不能只看眼下,要从学科发展的角度出发,从理论的高度加以审视。从 1997 年至今,有影响的译典问世不过 10 年时间,虽已取得了令人瞩目的成绩,但严格说来问题不少,缺乏统一标准,编纂不够规范,品种不够齐全,相对于它应当具有的用途还差得很远。研究译典之"用",决不能只看当前已有译典及其功用,甚至横挑鼻子竖挑眼。它需要批评,更需要呵护。从翻译学学科发展的角度看,没有译学工具的编纂与研究,翻译学学科结构就不完整,其核心部分的术语研究便无法得到系统、深入的开展,译学知识就难以得到梳理和传播,而这对于译学的发展自然是不利的。理论的重要特点之一就是前瞻性,学者需要站在系统理论构建的高度,从翻译学整体结构需要着眼,对译典应有的价值进行探讨,而不是仅对已发生的功能加以总结。

10.2.1.2 译典价值分析

我们在第二章从宏观与微观两个角度,已经对译典的功用进行了探讨,共列出了七种:(1)展示阵容成果;(2)总结翻译经验;(3)影响相关学科;(4)规范译学话语;(5)进行译事研究;(6)贮存译学资料;(7)检索译学知识。价值与功用是密切相关的,但又不是一回事。我们在一般情况下对它们并不作严格区分,似乎功用即价值,价值即功用,但是在此处需加以甄别,为的是在理论上进行更为深入的探讨。

价值与功用之别,在于功用仅涉及表层,关乎较易观察到的使用价值,而价值则是在此基础上进行深层次的探讨,在使用价值以外洞悉译典的深蕴能为。

译典的价值,总的来说,就是以种种特质不同的译学词典,为翻译学的建设与发展增添力量,同时为学术研究和文化建设添砖加瓦。具体而言,分为如下几个方面:

(1) 译典的体系建设价值。在翻译学的总体结构建设上,译典已经并将起到更大的作用。从第四章的"图2 翻译学本体系统"我们可以看到,译典编研与翻译学本体系统的3个大的组成部分——翻译史、翻译理论、翻译信息工程——都有反映与被反映关系。在译典中起核心、统领作用的是术语和理论性词条,同时,翻译史、翻译信息工程方面的内容都有可能择优选入,这样,一部综合性译典的编纂过程,或者说一个完整的译学词典体系的形成过程,实际上就是一个对翻译学体系进行反思、梳理、调整的过程,从而对翻译学体系的建设产生影响。

从第三章"图3应用翻译研究下的译典编研"可知,译学工具研究是应用翻译学不可或缺的重要组成部分,而译典编研又是译学工具研究中最重要的分支,理论性、学术性、实用性、关联性最大,在译学工具研究中起引领作用。这是在翻译学结构上所起到的构建作用。

(2) 译典的理论完形价值。任何一种理论体系,都是由一个个相互关联的术语、理论概念组成的。当前的翻译学理论,学派林立,百家争鸣,但论理充分、体系完整、范畴分层的十分成熟的理论却很少见。译学词典可在这方面发挥特有的功能。术语词典既可以包揽各门各派,剔除门派观念,客观描写译学百家争鸣的现状,也可以只收一门一派的术语和理论概念,通过设计严密的词目排列,形成一个范畴按层次展现的话语系统,这无疑对于某一理论的完形有着举足轻重的作用。以词典的形式来做这项工作,比用专著来做恐怕要更为便捷。当然,也可以在译典中对一个个并不构成严密体系的具体概念进行界定、阐释,各词目间只是在翻译理论大框架下有着松散的联系,各自有相对的独立性,但对于今后编纂一部部分门别类的词典,也可以起到一种打基础、供参考的作用。

(3) 译典的文化贡献价值。翻译界已渐渐达成共识,要以"跨文化交流活动"来认识翻译的实质,也就是说,在人们的翻译文化意识日益觉醒的情势下,人们看得越来越清楚,翻译绝不仅仅是个语言符号的转换问题,其实质主要在于不同语言之间的文化交流。译典是为翻译研究和实践服务的,它自然也就具备了文化贡献价值。人们通过阅读译典,可以饶有趣味地了解各国的翻译文化,看到各国之间的差异。比如，西方人从 Mona Baker 主编的 *Routledge Encyclopedia of Translation Studies* 中的条目"中国传统"(Chinese tradition，Baker:365-376)可以了解到，中国有文字记载的翻译史已有 3000 多年之久了；公元前 9 世纪的时候，在周朝就设置了专门负责口、笔译事务的政府官员，叫 tongues-man（舌人）。而且，主管四方来访者译官的称呼也各不相同（当然，这只是在条目中提了一下，至于那些具体的称呼——寄、象、狄鞮、译——并未一一介绍，可能是太不好处理的缘故吧，但也可对有兴趣的学者留个悬念，起到"诱"的作用），可不，翻译不就是逞口舌之能吗？这是多么有趣味呀。

同一个条目还介绍了中国翻译史的几个阶段，关于持续了 900 年的佛经翻译阶段，分三个时期介绍了佛经译场的组织情况，这对于西方学者是有特殊价值的。Lefevere 在《中西翻译思想差异》(Bassnett:12-24)一文中为了向西方的翻译思想，特别是"忠实"、"对等"观念挑战，看到他的博士生上海人 Yan Yang 所写的中国翻译史论文如获至宝。Lefevere 以其为依据，在介绍了不少佛经翻译和林纾、严复等人的翻译史实的基础上说，中国人在佛经翻译时期是以口译为基础的，他们懂得翻译是人做的，不可能完美，他们释义的传统影响至今；而西方人则从一开始就面对着神圣的《圣经》文本，译者要对付的实际上是上帝，因而战战兢兢地追求完美，这种传统也影响西方人至今。这不是一个活生生的文化交流的例子吗？"中国传统"条目的参考书目部分介绍了陈玉刚(1989)、马祖毅(1984)等七位中国学者的译史著作，并在传记部分介绍了鸠摩罗什、玄奘、利玛窦、林纾、严复、阿瑟·韦利、梁实秋、朱生豪等十位古今翻译家。在 Mona Baker 的《百科全书·历史与传统》部分，共介绍了世界 31 个主要翻译国家和地区的翻译简史，许多内容是读者闻所未闻的。总之，在译典里面介绍不同国家的翻译文化，是十分方便的，任何一本专著都不具备这一特点。通过译典学习本国的翻译文化，当然就更是不在话下了。

另外，译典的产生，也给词典大家族增添了一个新的成员，在使翻译与翻译研究得到传真式反映的同时，为词典文化也作出了贡献。

辜正坤曾指出过译典问世的学术意义，说它"标志着中国翻译学以一种较为壮观的工具性姿态在中国学术界找到了自己的位置，同时这也为其他的人文学科洞开了另一方极具启发性的新天地。"（见孙迎春，1999：序言二）按笔者的理解，辜先生指的是其他人文学科的学者们阅读了译学词典，很可能会对翻译学科产生新的认识，看到它与各人文学科之间的关系，受到翻译理论和翻译知识的启发，甚至可能参与到翻译研究中来，因为接下来他在"序言二"的最后一段更为清楚地谈到："抛开翻译与其他社会学科的横向联系不谈，仅从哲学角度而言，翻译理论实际上是一种与哲学的最深层的认知、理解模式息息相关的基础理论之一。从本质上来看，翻译就是一种信息转换行为。而信息转换行为实际上贯穿于人类生活的方方面面，是人类的基本行为之一。……翻译学所揭示的若干原理正好与哲学、心理学、美学、社会学、文化学等诸种学科所研究的课题找到了相互贯通的切入点，从而使所有这些学科在认知、理解和沟通技巧这些焦点上融合到一起来了。"

可见，译典的文化贡献是多方面的。

（4）译典的多层创造价值。毫无疑问，译典是翻译学学科发展需要的产物，这种需要最基本的表现在两个方面：一是术语研究与体系建立的需要。翻译学的建立虽只有数10年的时间，但在此之前有文字记载的翻译活动已经存在了数千年之久。诚然，在中国第一位担任主译的中国僧人彦琮（557－610）的《辨正论》、苏格兰 George Campbell（乔治·坎贝尔，1719－1796）的《四福音的翻译与评注》（*A Translation of the Four Gospels with Notes*）与 Alexander Fraser Tytler（亚历山大·弗雷泽·泰特勒，1747－1814）的 *Essay on the Principles of Translation*（《论翻译的原则》）问世之前与之后的相当长时期内，人们对翻译的探讨仅限于序跋例言等并不系统的议论，但是在那些序跋例言与散见于各种文字的言辞中，已有数不胜数的闪光点，不仅值得用翻译史书记载、论述，而且值得用译典加以汇总。翻译学的建立需要有一套系统的术语和理论体系，而这套术语和理论体系虽应以当代的为主体，但亦需辟出一个传统译论部分，让自古以来闪烁思想火花的译论占有尊荣的一席。因为，没有继承就谈不到发展，何况人们时常需要与古时的思想火花相接，体味原初，触发灵感。

比如，"彦琮精通梵文，看到先前从胡本转译过的经典中谬误之处比比皆是，认为译经必须依据梵文原本。他甚至提倡'废译'，要求在中国佛教徒中普及梵文。他说：'直餐梵响，何待译言？本尚方圆，译岂纯实？〔直接阅读梵文经典有多么好，何必要通过翻译？原语文本自有其规矩准绳，译文怎能做到纯正真实呢？——笔者译释〕……'"（马祖毅，1999：136）这些话语自然是被"比比皆是"的谬误激怒后所发出的过激言辞，但如将"废译"收入译典，在右项作一番解释，那是很有趣的。当然这种词条决不能误以为是正面的理论术语，它只是有意义的历史知识。但说归说，彦琮并不是要真的"废译"，他这番话是在《辨正论》中说的，在本书中他的真正贡献是总结了翻译经验，对释道安的"五失本"、"三不易"之说予以了高度评价，认为"洞入幽微，能究深隐"，并在评论了历代译人的得失后，提出了"十条"、"八备"，前者为历来佛经翻译通常遵循的程序、方法，后者为做好佛经翻译的八项条件。（同上：136-137）

二是汇总、梳理译学经验与成果的需要。译学成果，自古至今，从实践到理论，从中国到世界，林林总总，琳琅满目，却又蔓无头绪，缺乏条理，用译典加以汇总、梳理，恐怕是最为便捷有效的方法。拿翻译理论文章与著作来说，20、30年前"翻译无理论""翻译理论无用"的幼稚命题还充盈于耳，一转眼理论性文章与著作却铺天盖地而来，不但初学者不知所措，就是一直身在其中的人也只能是略知一二，不尽其详。若有一两部译典，或详或略地加以介绍，方便读者，岂不是功德不小？

然而，译典一经产生之后，就不再是仅仅满足上述两种基本需要了，它有了自己的主心骨，具备了多重的创造能力，这是人们始料未及的。

①创造译典自身。从现有材料来看，译典这种事物的出现顶多只有半个世纪的时间，而最初前两部使用了"翻译学词典"名称的，是英国的 Dictionary of Translation Studies［其译名仍有争议，一为《翻译学词典》(2004)，一为《翻译研究词典》(2005)］和中国的《译学大词典》(1999)。自兹之后才有了"（翻）译学词典"的称谓。从2002年以来中国学者连续召开了四次"翻译学词典暨译学理论研讨会"，一批主题报告和若干论文集、刊物论文纷纷使用这一称谓，直至进入2008上海世界翻译大会的主要议题目录，应当说已经得到了学界的普遍关注和初步承认。

译典作为一种新生事物，编者在编写的时候，并无直接的先例可援，只有间接的范例可以参考，如语文词典、双语词典、各种科学词典等。编纂的理论、原则、方法无不阙如，都要编者在参考各种间接词典的基础上去进行创造性思维，立下宗旨、理论、原则、方法，然后，或者单枪匹马，或者组织编辑队伍，切切实实地干起来。词典，特别是双语词典编得太多了，有许多了无新意，从宏观到微观，抄来抄去，并没有什么创造性成分，所以学术界对这类词典并不看重，这一成见也累及译学词典。那些有话语权的外行或半内行，一听词典，再加上是编出来的，而不是著出来的，往往不看实际，不加分析，便把头摇得拨浪鼓一般。所以，组织起一支编辑队伍是非常困难的。译典从形式到内容的自身创造，步履维艰，困难重重。

②创造一种新的研究形式。编纂译学词典，除了汇编、梳理译学

知识为读者提供参考以外，它还可以不期然而然地成为一种新的译学研究形式，为翻译研究增添了一种前所未有的新途径。从事研究的人都知道，搜集资料、认真阅读、按意念分门别类进行加工，这本身就是研究，至于最后的成果，也许是文章，也许是著作，也许是词典。我们需要认定，有新意的译典编纂，不仅是一种艰巨而高尚的劳动，而且是一种新型的学术研究。对翻译研究来说，它不是太多了，而是太少了。能于、肯于从事这项劳作的人也是太少了。

③依据现有材料的描述性创造。现在编纂译典，不必发愁没有资料，资料已经汗牛充栋，许多词目及释义的内容，都可以从现成的材料中遴选。说"现成"，是因为它已经存在，并不意味着这种遴选过程就容易。材料太多，或者在图书馆里，或者在书店里，或者在因特网上，或者在你自己的书架上，总之你要尽可能地去找，百里挑一，千里挑一，头昏脑涨，眼花缭乱，筛过去选过来。是原封照用还是略加修整，或是作为基础大加修订，这都需要你来决定。放在词典的什么位置，置于哪个子系统，它与并立的其他词条关系如何，有没有价值放在这里，无不需要斟酌。这种编辑行为，就是依据现有材料的描述性创造。它自己写作的成分少，但仍是一种创造，恰似一块一块砖石和各种半成品材料，都是别人处理好交给一位建筑师的，但没有他的创造性劳动，漂亮的建筑物仍不可能出现。这种形式的创造，其价值主要在于典名的确定、宏观的构思和材料的处理，而不能按普通著作的眼光，看是不是每个句子、段落都是自己写出来的。当典名本身是前无古人的时候，这种创造是大创造；当词典的宏观构思是首次尝试的时候，这种创造是大创造；当材料是首次用作译典内容、处理中规中矩的时候，这种创造是大创造。孔子整理《诗》、《书》，并对鲁史官所记《春秋》加以删修使之成为我国第一部编年体的历史著作，终身述而不作，有谁会认为他的"编"没有价值呢？

此种类型的译典编纂，编的成分大，但著的成分也不可能一点没有,为了系统的完整,某些词目的释义,若没有现成的,你就必须自己写出来。《译学大词典》(1999)和 Dictionary of Translation Studies (1997)属于这个类型,但前者材料来源大多呈单一性,原样挪移,后者则每个词条的释义都来自多处,摘与述结合,不惧释义存在差别,一一道来,描写性突出,因此词条释义撰写的难度也就增大了许多。

④译学框架之下的独立性创造。立于译学框架之内,在分析、综合前人见解、表述的基础上,对诸多术语、概念进行深入探讨,一一进行归整,重新撰写释义。这种类型的编纂,既建立在许多文本材料的根基之上,又融入了编者的独特思考,"写"的成分显著,成为一种具有独立性的创造。《译学辞典》(2004)堪称范例,所追求的是具有规范性的"单一、精确",其主编者是这样论述的:"翻译活动主要是以个体为中心的活动,译者从总结和归纳自身经验出发,对翻译技巧、翻译方法不免要自立名目。例如,在表述'原语形式肯定,译语否定;或者原语形式否定,译语肯定'这样的翻译技巧时,编者竟发现有十余种说法,诸如反面着笔法,反译法,同义反译法,诿义反述法,正反、反正表达法,正说反译、反说正译,反译,正说与反说,反正,用反语,正反译法,反面着墨,反说,反义表达法等。不愧是搞翻译的,在'正'、'反'、'译'、'法'等寥寥几个字之间颠来倒去,竟能异曲同工,意义等同。对于国外语言学中的一些术语,有译法不同者,论者往往根据自己的偏好不加选择地引用,以至把语言学上的术语分歧也带进翻译研究,例如 M. A. K. Halliday 语言三功能的汉译多有不同:ideational function(意念功能、概念功能、达意功能);interpersonal function(交际功能、人际功能、人际关系功能);textual function(语段功能、组篇功能、篇章功能、语篇功能),等等。代表一门学科同一概念的术语无须丰茂、多样,而须单一、精确。"具体做法是"编者广泛地收集译学的常用术语,并对之作一番去伪存真、去粗取精的梳理工作,根据确定术语的单义性、简明性、科学性、系统性的原则编撰本词典。"(方

梦之:前言)

确实,当同一概念的表述、译词多得异乎寻常,近乎游戏,形成混乱,而使用者本人又自鸣得意,新的使用者还要跃跃欲试再创新词时,译典编者自当义不容辞地站出身来,认认真真地履行自己的职责了。此时此景的规范,与必要时的描写,是相辅相成,并行不悖的。

⑤自主运行的译典体系创造。译典编研这个译学子领域,在翻译学大框架之下,已经显示出明显的相对独立性。他有自己的特性、研究对象、理论方法、历史使命和运行的规律。虽属翻译学范畴,但因是一种新生事物,如不专门花一两年功夫认真钻研,就是译学理论界的泰斗也不摸门,开口讲话也只能是外行的言语。译典就其整体来说,是翻译学的整理者,当然,这个整理的任务是太艰巨了,需要众多杰出学人许多年的共同努力,也需要几位学术巨子的出现,才能见到较大的成效。译学词典已经有了综合、术语、译家、译例、译法等若干典种,已经形成一个粗略的体系,但这只是个开端。大多数的典种还应有尚无,同一个典种还品种偏少,世上编出了译典的国家还没有几个,可见在这个领域,真正是任重而道远,同时也提供了一个极大的用武之地。面对这种情况,译典理论家们就要深入钻研,加快成果产出的步伐,出一批学术性强的精品,同时设计出各式各样的典种,供有志者去施展才能。10 至 20 年后,情况将会大不一样,一个崭新的译典体系将会以壮观、勃发的面貌出现在世人眼前。

10.2.2 分析的意义

关于译典的价值,以上列举了 5 种,其实只是撮其大要,仍然不够全面。比如,社会价值和历史价值就完全没有谈到,没有谈到并不是说没有,而是感觉谈的时机尚未成熟,欲留待他人或将来去谈。进行译典价值分析,到底意义何在呢? 笔者以为可从如下 3 个方面略作陈述。

10.2.2.1 认知研究对象

译典学者的任务,不外乎是对译典施以编纂与研究的功夫,不论是从事哪个方面的工作,都需要明晰地认知对象,搞清楚它的各个方面,里外性征,这其中十分重要的一点,就是译典的价值问题。人生活在世界上,重中之重的是认识世界,或者说理解世界,这个世界包括自然、社会、思维三个领域。人如果不能认识世界,就形同白痴,不能有任何作为。所以,人对世界的认识,要全面而彻底,不能遗漏任何一个角落。译典是刚刚诞生不久的新事物,我们自然要对它的性质、价值等各个方面作一番探究了。

10.2.2.2 发展译典编研

为认知而认知是有理论价值的,属形而上;探讨译典价值,在我们这里还具有实实在在的指导功能,首先一点,对于译典价值如果没有个清楚的认识,肯定是很不利于译典编研发展的。译典编研是翻译学的一个子领域,而翻译学是人文科学,根据《辞海》中的解释,人文科学"源出拉丁文 humanitas,意即人性、教养。欧洲15、16世纪时开始使用这一名词。原指同人类利益有关的学问,以别于在中世纪占统治地位的神学。后含义几经演变。狭义指拉丁文、希腊文、古典文学的研究;广义一般指对社会现象和文化艺术的研究,包括哲学、经济学、政治学、史学、法学、文艺学、伦理学、语言学等。"(辞海编辑委员会:1399)由此可知,人文科学从其根源上来说,是与神学相对的与人类利益有关的学问,那么我们就不难得出结论,如果一个事物没有价值,就与人类利益无关,也就没有必要去研究和制作。译典编研的发展如何,与译典有没有价值、价值大小直接有关,它的研究绝不是可有可无的。

10.2.2.3 展开译典批评

一件事情,如果值得做,就值得做好。译典要做好,要编得有特色,有质量,离不开译典批评。价值、原则、标准,这些都是批评的过程中经常会提到、用到的。那么,这三个里面,在对具体的译典进行分析、评判的时候,哪一个最重要呢?恐怕是价值。你想想看,如果你说某某词典不合乎什么原则或标准,编者虽然不忿却仍能忍受,因为任何词典都难于达到或实现所有的原则和标准,尚有辩解的余地。但如果你说某人编的词典没有什么价值,那这个人可能会昏厥过去的,因为他下了几年的辛苦,却被一句话判了"死刑"。没有价值就什么都没了。可是,如果仅仅违反了什么什么原则,达不到何种标准,却仍有一两种价值在,那就还有活着的必要。由此看来,译典价值的探讨,是关乎根本的事情,批评的时候作价值判断一定要特别慎重。

10.3 译典的评价

评价一部译学词典,从定义上说并不难,即评定译典的价值或作用。而实际操作起来,涉及许多因素,就会感到困难重重,非得认真对待不可。

10.3.1 建立译典批评机制

对一个人或一个事物进行评价,似乎人人都会,每个人几乎每天都在多次进行,而且人们就是靠着这种意念上的评价为人处事,接人待物。可是,它并不科学,或者说有时并不十分妥当,所以误人误事的情况也不少。

对译学词典进行批评,是自打有了译典就存在的,虽也有较为深刻的,但多数都不免打着印象感悟的烙印,或者只用模糊的语言作一些高度的褒扬、赞誉的评价。这样的文章虽也有一定的价值,但含金量不高。我们所需要的译典批评,是学术性的,要系统、全面、深刻、具体,既有深厚的理论基础,又有很强的针对性;既要肯定成绩、表扬优点,又要进行价值分析,说明特色,言之有物,要知道表扬并不比批评容易;既要敢于展开批评,指摘缺点,又要与人为善、言之有据、对事不对人,还要提出批评者认为正确的见解。

为了推动译典编研健康发展的进程,有必要建立一个切实有效的译典批评机制,那么,这个批评的系统都应包括些什么要素呢?它们之间的关系又如何呢?

10.3.2 译典批评三要素

我们在第九章讨论过"译典的机制",那是关于译典结构的运作机制。这里所要探讨的是译典批评的机制,首先需要考虑的是涉及几种要素,都是哪些;其次,它们之间的关系如何,相互作用的过程和方式怎样?

10.3.2.1 所指与必要性

批评不应当是单维的,因为我们所要批评的对象很复杂,牵涉多种因素。批评当然可以设定重点,比如只针对一个方面进行,但即便是这种情况,也要全局在胸,在对整体有所把握的情况下展开,才不至于偏颇无度。

译典批评的三要素,我们在前面的章节已经论及,只是尚未把它们联系起来,形成一个批评机制。这第一个要素,确乎应该是"价值",原因很简单,批评的核心是评价,而评价就是对事物的价值做出评判。如果一部词典存在不少缺点,但在一两个方面很有价值,那么这部词典就应得到相应的肯定。假如从某些方面看缺点不多,或者说近乎完美,但没有突出的价值,那也只能说是平庸之作。比如大量的所谓"论著"或

"论文",挑不出来什么毛病,眼睛是眼睛,鼻子是鼻子,就是没有多少新意,那也不过是"充数"之"滥竽"而已。严复的"天演论·译例言",虽不是规范的论文,字数也不过一千余,但因为首次提出了"信、达、雅"三字标准,有根有据,甘苦可鉴,历史价值与学术价值双高,因而屡推不倒,积久愈著,愈显其简洁深刻,不同一般。

  Walter Benjamin(沃尔特·本雅明)的《译者的任务》也是一样,原是作者于1923年翻译 Baudelaire(波德莱尔)的《巴黎塑像》时所自作之序言。作者并不是一位翻译学者,而是以散文作家、文学批评家和语言哲学家名世,但他这篇译者自序却成了20世纪上半叶"在翻译研究上最有建树、影响最大的"文章(谭载喜 1991/2000:220)。依笔者看,这篇文章有几个明显的缺点:①说"翻译不是译意思,而是译形式。"(同上)绝大多数的论者,不论在内容与形式的关系上持何见解,无不自称以译意为准绳,"而本雅明却明确提出,翻译不应以原文意思为根据,而应当详细地再现原作意思的表现形式。"(同上)②认为"译者只需跟原作者打交道,丝毫不必考虑读者的要求。"(同上)这是不切实际的,似乎译者是在真空中自顾自的玩耍,而不是行走于两种文化之间,为译语读者服务。③认定"最理想的翻译法,是逐行对照式翻译即逐字对译。"(同上)这种结论把人们又带回了2000-3000年以前的认知水平。谭载喜认为本氏所阐述的道理深奥,虽有明显的神秘主义色彩,但"观点新颖,自成一家之言,因此在西方翻译史上稳占一席。"(同上)上面所列的3点,是从谭载喜所总结的3个主要观点的两点中摘录的,在笔者看来,都是缺点或错误的见解。那么,这篇文章的价值到底在哪里呢?如果没有价值为什么会成为20世纪上半叶"在翻译研究上最有建树、影响最大的"文章呢?

  它原本没有什么影响,默默无闻,在故纸堆里躺了差不多半个世纪。是 Jecques Derrida(德里达)及 Paul de Man(德曼)先后发现了它的价值并加以阐发,从而形成解构主义理论的。其主要的理论建树在于提出了如下几种观点：

（1）提出翻译是"后起的生命"，是原作的"再生"。"当其他翻译理论家还在竭力理解'对等'的时候，本雅明率先指出，翻译不可能与原作相等，因为原作通过翻译已经起了变化；况且，没有蜕变，'后起的生命'也不可能产生。本雅明在《译者的任务》否定了读者主导的观点；译者的任务不在于把意义复制，让读者理解原文。译者要利用语言之间的差异，藉外语来倾覆原语的秩序，又把潜藏于原文中，原语无法表达的意念展现出来。本雅明一再谈及'再生'，叶维廉就推而广之，将翻译譬为'异花受精'、'异种繁殖'（叶 1994：83 - 84）的过程。"（陈德鸿等：194）这"后起生命"的说法，振聋发聩，把译作从一系列在历史上存在了数百年乃至上千年的糟糕形象——仆人、叛徒、汉奸、复制者等——当中解放出来，赋予它莫大的功绩。本雅明说："与拙劣译者的看法相反，这样的翻译不是服务于原作，而是其整个存在都来自原作。而原作的生命之花在其译作中得到了最新的也是最繁盛的开放，这种不断的更新使原作青春长驻。"（同上：201）本氏对于译作的赞美，可以说是无以复加了。原作因译作得以"再生"，这是多么大的恩典哪。

（2）为解构主义提供了依据。Benjamin 在文章中说："……在认知过程中根本没有客观性可言，甚至连声称客观性的可能都没有，因为我们在此面对的是现实的影像。""意义总是处于不断的流动状态""翻译的语言能够——事实上是必须——使自己从意义里摆脱出来，从而再现原作的意图。它和谐地补足了原作的语言。"（陈德鸿等：202 - 207）于是，"针对西方哲学的语音中心主义和逻各斯中心主义，德里达对着干提出反中心主义和哲学'边缘'的作用，还有'补充'因素的可能后来居上的作用等等。例如他认为，文本写作的流动性可能构成对语音中心主义的解构；针对逻各斯中心主义的二元论对立结构，他提出从哲学的'边缘'发觉中心意义的设想，以及在逻辑的意义中寻找出对修辞和隐喻的依赖;此外,他又提出文本是字符流动所编织的'网络',而网络无中心、无结构、无本质,从而可以解构一切中心、一切结构、一切本质;他还在字符的'所指'和'能指'的二元对立关系之间插入流动的'意指',以'分延'(difference)否定能指与所指的对应关系,以'撒播'(dissemination)表示在意指过程中不断产生'意义的意义、无限的蕴意、从能指到能指的无限的指向……'等等,以此尽一切可能解构任何固定的对应性,从而达到解构逻各斯中心主义的目的。"(黎鸣:198-199)

(3) 纯语言概念像一股清风,引发人们的思考。本氏在"序"中说"那种寻求表现、寻求在诸语言的演化中将自己不断创造出来的东西,正是纯语言的内核。虽然这一内核藏而不露,支离破碎,它却是生活中的积极因素,因为它是被象征性地表现出来的事物本身,它只是以象征的形式栖身在语言作品之中。……这个纯语言的层面为自由的翻译提供了新的、更高的理由;这个理由并不来自内容的意味,因为从这种意味中解放出来正是忠实翻译的任务。……译者的任务就是在自己的语言中把纯语言从另一种语言的魔咒中释放出来,是通过自己的再创造把囚禁在作品中的语言解放出来。为了纯语言的缘故,译者打破了他自己语言中的种种的腐朽的障碍。路德、弗斯、荷尔德林和奥尔格都拓展了德语的疆域。"(陈德鸿等:207-208)关于什么是纯语言,学者们见仁见智,在笔者看来,按照 Benjamin 的描述按图索骥,他用这一概念实际上指的是作者头脑中的意念、意象、意境,语言表述是其象征性表现,翻译的任务是从语言表述的内容追溯到作者的意念、意象、意境,然后用自己的语言将其再现出来。当然,这是笔者作为一个中国人的理解和述说。Benjamin 自己不肯或无法说得很清楚,让人觉得神秘。其实,Benjamin 并不偏狭,截然不同的翻译风格都受到了他的称赞:Luther 倡导用地道的德语、人民的语言翻译圣经,意在让读者完全看懂译文,而 Iderlin 采用的则是逐字对译,"他的目的是要在他所译的古代希腊语和现代德语之间开辟一个文化和言语上的中间地带,这个地带既不完全属于希腊语,又不完全属于德语,而是更贴近所有人类语言所共有的东西。"(谭载喜,1991/2000:140) Iderlin 早 Benjamin 一个半世纪就谈到了"纯语言",可说是先驱。

由于 Benjamin 的这些见解有价值,那些明显的缺点在评价的时候便处在了次要的地位,不能把他从翻译史上抹杀。

译典批评的第二、第三个要素,分别是"内容处理原则"和"形式规范原则"。原则在词典编纂过程中是须要依据的法则或标准,而在词典批评的时候则成为批评的准则。相当于在完成一项复杂而艰巨的工作之时,事前有布置,事后有检察,标准不变。内容处理原则我们在第六章已详细论述,在此不再赘言;关于形式规范原则我们在"7.4.1"作了一些概括性的介绍,至于更为具体的准则,可参照《翻译学词典编纂之理论研究》中的如下论述:

2. 词典学原则

(1) 总体结构完整。包括:①序、前言、导论——展示编纂目的、指导思想、理论探讨、使用对象、编纂方法、查阅途径、编写过程、词典评论、鸣谢等等;②体例——使读者快速查用词典的信息,了解词典的宏观结构和微观结构;③参考文献——使读者能印证词典的权威性与学术性;④正文——对读者提供词典的所有信息;⑤索引——增加检索的渠道;⑥附录——增加词典的信息量。各部分相辅相成,缺一不可。

(2) 宏观结构严密。应包括译学的方方面面,即包括翻译的理论、实践、历史、专著、专名、相关学科等等。而且排列的各个方面上下存在一定的逻辑联系,即先理论后实践、先本学科后它学科、先普通名后专名、先人名后专著,等等。

(3) 微观结构细致。由大类分为小类,小类分为细类,细类再分为微类。如理论大类部分可分为小类中国理论与外国理论,小类中国理论又可分为细类中国古代译论与中国现代译论等,细类中国现代译论又可微分为通论、学派、翻译观等微类。其他的亦可以此类推。

(4) 查检系统便捷多样:为衡量译学词典质量高低的标准之一。首先,目录内容要完整全面,以快索大类(标明页码);分类要简明扼要,以快索小类(标明页码);再分类要细致明确,以快索微类(标明页码)。其次,附录可以出版先后为序,或以人名笔画为序,而或以时代划分,等等。再者,要有参见系统,以便参考。最后,要有索引系统,诸如词目音序索引、文献索引、词目首字笔画索引、英汉/汉英对照索引,等等。

(5) 突出"六性":编纂方针的兼容性与目标的查检性,词条选择的通用性与权威性,术语释义的单义性与科学性。首先,词典编纂成功与否取决于编纂方针这个前提。有什么方针就有什么样的词典,只有"中外古今并蓄,源流支脉兼容"才能使内容系统、全面、科学。而目标的查检性则是词典成功与否的根本。只有动用种种手段,采取种种措施才能突出词典的检索功能。任何词典都是按照一定的规律编排的,通常有形序、音序、义序三种。词典类型的众多造成编排法的不同。通常主体用一种方法排类,用其他方法编制索引或附录,也可采用混合编排法。但不论用何法,其要求为简便、易学、快捷。其次,要落实好词目(条)选择的通用性与权威性。通用性是词目(条)选择的生命线,指词目(条)在译学工作者、研究者与教学者中普遍使用,而权威性指词目(条)选择的力度,为广大名家权威所认可。最后,只有解决了术语释义的单义性与科学性才能使词典立于不败之地。释义的单义性指各术语释义或定名原则上只有一种,力避一语多名或一名多语,使同一概念的不同定名趋向单一而精当,即标准化或规范化。而释义的科学性则体现在释义的准确可靠、资料的翔实新颖与措词的简洁明了上。释义准确可靠才能释惑解疑,资料翔实新颖才能使读者感到知识的厚重感与亲和感,措辞简洁明了才能言简意赅与易于理解。"(曾东京,2007:094-095)

10.3.2.2 功能与关系

译典批评需要考虑3个要素,而不是1个,这是有必要的,因为它们各有各的功能,相互联系、制约,这样才能形成一个有效的机制。

价值最为重要,其百分比为50%,它所代表的是基本参数。一部译典,如果在我们所提及的7种价值中占有4项以上,就是一部很好的词典,占有的项数越多越优秀。当然,相比较而言,不同的词典在同一项参数上大小不一,数项之和即为分评成绩。

内容处理原则面向翻译学,是内容参数,百分比为30%,小于价值参数,大于形式参数。

形式规范原则作为形式参数,所占比重最小,仅为20%,但这并不是说,形式规范不重要。一般而言,内容总是重于形式的,尤其在事物发展的初级阶段。

3个分评成绩之和即为总评成绩。以下是我们初步绘制的三维模式图表:

译典评价的三维模式

参照项	比重与评价	比重	评价	
			分评	总评
价值	译学体系建设价值	50%		
	翻译理论完形价值			
	文化贡献价值			

(续表)

参照项	比重与评价	比重	评价 分评	评价 总评
价值	多层创造价值	50%		
	译典体系创造价值			
	社会影响价值			
	历史贡献价值			
内容处理原则	描写性与规范性	30%		
	综合性与单一性			
	理论性与实践性			
	实用性与学术性			
	开放性			
	系统原则			
	就近访问原则			
	面向对象原则			
	其他			
形式规范原则	总体结构完整	20%		
	宏观结构严密			
	微观结构细致			
	查检系统便捷多样			
	突出"六性"			
	其他			

在三个要素中,价值起定性作用,内容处理原则是内容参数,对内容负责,形式规范原则为形式参数,对词典规范负责。如果一部译典是有价值的,它就值得批评,才谈得到从内容与形式两个方面对其进行考核,进行深入的研究。这里所设计的三要素比重,是现阶段的

参考,随着译典编研的发展,可能会产生种种变化。比如,当形式规范水平成为制约学科发展瓶颈的时候,它就会转化为矛盾的主要方面,所占比重就会变大。总之,我们既需要有一个基本平稳的机制,又不必把握得太死,几个要素相当于几个大的部件,需要灵活性起一种润滑作用。

结 束 语

英国的不可知论者 David Hume(戴维·休谟)认为,人只知道自己的感觉,而决不能超出感觉,在感觉之外还有什么东西,那是不知道的。如果真是这样,人就不可能认识各种事物,更不要说提出什么理论了。

人类从猿人到现在经过上百万年的发展,其生理机制已十分高级,很容易从感觉、知觉形成表象,因为表象的生理机制不过是神经联系的形成、巩固和再现活动。认识主体接受某一客体,如译典中的词条的刺激产生感觉以后,就在大脑皮质上形成了相应的、暂时的神经联系。经常翻阅不同词典的同类词条,类似的神经联系反复出现,就会在大脑皮质上巩固下来,当刺激物也就是词条不再作用于人的大脑时,它并不立即消失,而是留下痕迹,这就是表象,是我们认识事物的基础。经加工、概括,抽象思维达到对事物的本质、内部联系的认识,即形成概念。概念积累得多了,就可以通过判断和推理展开理性认识。概念组成判断,判断组成推理,从而作出合乎逻辑的结论,这就是理论。由此可知,研究一个新的事物,并得到理论的结晶,虽然困难,但仍是可以做到的。

译学词典的问世是翻译的实践与理论发展的必然结果,是为满足翻译学者的需要应运而生的。除解译学知识之疑、释学者心中之惑而外,译学词典还可以起到帮助翻译学发展和完善的作用,因为(1)任何一个复杂的综合性学科,如果没有一个工具书体系,都不应当说是成熟、完整的;(2)译学词典可很便捷地涉及多语种、多领域、多侧面,凡与译事相关的知识、概念、理论、资料,都在其视野之内,可综合,可分科,形式灵活多变,是总结翻译经验使之上升为理论、整理译学成果使之更具系统性、科学性的极佳手段,其功能是一般学术专著所无法替代的。因而,译学词典编纂及研究有着十分广阔的前景。随着参与译学词典编纂及研究的学者队伍的壮大,随着词典品种的增加、理论研究的深入,一个跨翻译学和词典学的交叉学科必将以崭新的面貌出现在译学学术领域之中,或可称作译学词典学,也未可知。

　　译学词典的编纂及研究有什么突出的特征呢?笔者据词典学研究的成果和自己的编纂实践,将其概括为如下数点:(1)人本主义态度,即强调词典内容的人本主义性质,强调词典要作用于人。这实质上就是在知识性、科学性之外,突出词典的实用性,说明它是一种工具,而词典研究是一种工具之学;(2)其理论部分与编纂实践紧密相联,来自实践并服务于实践,具强烈的方法论性质。它以译学词典为研究对象,以阐述译学词典的性质、结构、类型、不同词典的特征和功用,以及编纂的规律、原则和方法等作为自己的宗旨,从而服务于翻译学这个母领域。从总体来说它属于应用翻译学的范畴,但这并不是说,深入到哲学层面的理论探讨就不存在。这种哲学性的探讨在译典编研的整体中可以不占很大的比重,但是不能没有。我们高兴地看到,在第十八届世界翻译大会上,已有学者开始进行这种有哲学深度的研究;(3)其实践部分涉及翻译学的各个部分,翻译学科不论实践方面还是理论方面,具体的处理技巧还是抽象的理论概念,只要具有相对完整性,可为译学学者提供有益的信息,就有可能成为词典的词条。因而,进行译典编纂,虽是一种实践活动,却必须有翻译学、词典学的深厚造诣。实践部分既受译典理论的指导,又是理论的基础和来源,二者相辅相成,共同构成一个学科。

　　关于今后的译学词典编纂及研究,笔者不揣浅陋,提出如下几条想法:

　　(1)继续增强译学词典意识。经过最近5、6年的努力,翻译界和词典界已对译学词典有了一些认识,但多数情况下仍停留在感觉、知觉、表象这些感性认识阶段,能够借助概念、判断、推理对其进行理性认识的人还少之又少。译学词典意识不增强,便认识不到译学词典的功用和价值,便没有足够多的学者投入到译学词典的编纂和研究中来,现有的译学词典尚且得不到充分的利用,无法很好地发挥其应有的功用,又何谈进一步的发展呢。因而译学词典意识要进一步增强,这是首要的一步。

(2) 加强理论研究,将词典学一般理论与译学词典编纂的实际相结合,在看到共性的同时,研究归纳出译学词典编纂的特殊规律和具体方法,再用 5、6 年时间,撰写出一批高质量的论文和几部新的具有哲学深度的译学词典专著,产生不同的学派,展开争鸣,推动学科发展,建立起具有相对独立性的理论体系。我国在译典研究方面起了开拓性作用,在世界范围内一枝独秀,我们要通过拓展、加深理论研究,继续保持这种领先的特色,并敞开大门,走出去,迎进来,让译典研究在国际上开花结果,使之具有国际性。

(3) 增大词典编纂的力度,对已有类型,要在深入研究、搞清利弊得失的基础上增加新的品种,丰富我们的词典宝库;对暂缺类型,要分别轻重缓急,长线短线,根据译学读者的实际需要和学科发展的必然,逐一填补空白。这就是说,译学词典的编纂,要实现系列化,因为任何一部词典,即使是超大型的词典,也不可能包罗万象,一应俱全。出路在于建立一个完整的词典体系,即根据不同的宗旨、对象、语种、功能编出不同类型的词典,配套成龙,形成系统。"多它一种多余,少它一种不缺的词典,还是少出版为好。梅谢里亚科夫的意见是对的:'在着手编写词典之前,要想一想这部词典在词典体系中将占有什么位置。'"(黄建华、陈楚祥:184)有地位、有特色、有分量、功能强的译典,每增加一部,都值得额手相庆,因为它为译典编研的发展进一步夯实了基础。

我们相信,经过译典编研领域同仁的不懈努力,在翻译学、词典学广大学者的关怀下,一篇篇高质量的论文将会不断见诸刊物,一部部既富于哲理又切合实用的著作将跻身学林,一个接一个硕士、博士培养单位将介入译典编研领域,让这一新兴的学术领域迎来生机盈溢、蓬勃发展的春天!

附录1 翻译学词典与相关工具书简介

1958. 近百年来中译西书目录. 国立中央图书馆. 台北：中华文化委员会.
1959. 明治、大正、昭和翻译文学目录. 国立国会图书馆. 东京：风间书房.
1964. 中译外文图书目录. 国立中央图书馆. 台北：国立中央图书馆.
1974. 国际翻译手册. 胡子丹. 台北：国际文化事业公司.
1975. 中国文献西译书目. 王尔敏. 台北：商务印书馆.
1979. *Translation and Translators: An International Directory and Guide*. New York：RR Bowker, Co.
1979. 英汉·汉英新编翻译手册. 罗斯. 香港：商务印书馆.
1980. 中国译日本书综合目录. 谭汝谦. 香港：香港中文大学出版社.
1980. *ECCE Translator's Manual: An Annotated Bibliographical Handbook on English-Chinese, Chinese-English Translation with Documentation and Organization Information*. John J. Deeney, et al. Hongkong：Department of Extramural Studies, The Chinese University of Hongkong.
1983. *The Translator's Handbook*. Catriona Picken. London：Aslib.
1986. 科技翻译工作者手册. 李维颐等. 天津：天津科学技术大学出版社.
1987. 世界姓名译名手册. 世界姓名译名手册编译组. 北京：化学工业出版社.
1988. 中国翻译家词典. 林辉. 北京：中国对外翻译出版公司.
1991. 中国科技翻译家词典. 林煌天、贺冲寅. 上海：上海翻译出版公司.
1992. 英汉百科翻译大词典. 曹焰、张奎武. 北京：人民日报出版社.
1993. *A Glossary of Translation Terms: Chinese-English, English-Chinese*. Chan Sin-wai. Hong Kong：The Chinese University Press.
1993. *A Bibliography of Pedagogy and Research in Interpretation and Translation*. Etilivia Arjona-Tseng. Honolulu：University of Hawaii Press.
1995. *A Topical Bibliography of Translation and Interpretation. Chinese-English, English-Chinese*. Chan Sin-wai. Hong Kong：The Chinese University Press.
1995/2001. *An Encyclopedia of Translation: Chinese-English, English-Chinese*. Chan Sin-wai and D. Polard. Hong Kong：The Chinese University Press.
1997. *Dictionary of Translation Studies*. Mark Shuttleworth & Moira Cowie. Manchester：St Jerome Publishing.

1997. 中国翻译词典. 林煌天. 武汉：湖北教育出版社.
1997. 实用英汉翻译类典. 胡艳荣、张荣建. 重庆：重庆出版社.
1998. *Routledge Encyclopedia of Translation Studies*. Mona Baker. London and New York：Routledge.
1999. 英汉翻译例句词典. 刘重德. 长沙：湖南文艺出版社.
1999. 译学大词典. 孙迎春. 北京：中国世界语出版社.
1999/2002. 英和翻译表现词典（及续编）. 中村保男. 东京：研究社.
2000. *Encyclopedia of Literary Translation into English*. 2 vols. Olive Classe. Chicago：Fitzroy Dearborn Publishers.
2000. 英汉对照描写辞典. 贾卫国. 上海：上海交通大学出版社.
2000. 俄汉文学翻译词典. 龚人放. 北京：商务印书馆年出版.
2001. 中国当代翻译工作者词典. 马珂、孙承唐. 西安：陕西人民教育出版社.
2001. 汉英双向翻译学语林. 孙迎春. 济南：山东大学出版社.
2002. 中华翻译文摘. 罗选民. 北京：清华大学出版社.
2004. *A Dictionary of Translation Technology*. Chan Sin-wai. Hong Kong：The Chinese University Press.
2004. 翻译研究关键词. 孙艺风、仲伟合编译，Jean Delisle 等编著. 北京：外语教学与研究出版社.
2004. 译学词典. 方梦之. 上海：上海外语教育出版社
2006. 史氏汉英翻译大词典. 史企曾. 昆明：云南出版集团公司，云南人民出版社.
2006. 汉英口译新词速查. 仲伟合. 北京：科学出版社.
2006. 语言类核心期刊译学论文索引. 孙迎春、刘新芳. 天津：天津教育出版社.
2006. 中国翻译教学五十年回眸. 文军. 北京：北京航空航天大学出版社.
2006. 中国翻译批评百年回眸. 文军. 北京：北京航空航天大学出版社.
2007. 中国翻译理论百年回眸. 文军. 北京：北京航空航天大学出版社.
2007. 中国翻译技巧百年回眸. 文军. 北京：北京航空航天大学出版社.
2007. 中国翻译史研究百年回眸. 文军. 北京：北京航空航天大学出版社.

附录2 相关文献汇编

（1）

论翻译学词典的描写性与规定性

上海大学外国语学院　曾东京　吴春兰

摘　要：本文从描写性与规定性的简要历史回顾、国内外翻译学词典的描写性与规定性的基本情况、翻译学词典描写性与规定性的厘定三个方面论叙了翻译学词典的描写性与规定性。

关键词：翻译学词典；规定性；描写性

On Descriptivism and Prescriptivism of Dictionary of Translation Studies

Abstract：The article deals with the descriptivism and prescriptivism of dictionary of translation studies from the three respects of a brief historical review of the two policies, the basic situation of the two policies at home and abroad, and the definition of the two concepts.

Key words：dictionary of translation studies; prescriptivism; descriptivism

翻译学词典的编纂是采用描写主义（descriptivism）方针，还是采用规定主义(prescriptivism)方针,抑或采用描写主义与规定主义相结合的方针,甚或以描写主义为主或反之的方针,取决于对翻译学词典性质的认识、翻译学词典编纂的方向与术语及专名的厘定,故不能不有一个准确、科学与全面的说法。

1. 有关描写性与规定性的简要历史回顾

1.1 国际情况

在 *Webster's The Third International Dictionary of English* (Dr. Philip Gove, Springfield, 1961,以下简称为 Web 3)问世之前是规定主义的一统天下,主编们肩负着控制语言发展与净化英语语言的使命,为语言"立法"。这种做法对于当时使用混乱的英语的规范与发展起过积极的作用:确立了英语语言的权威;基本结束了当时英语在拼写、发音与语义方面的紊乱状况;开创了名著书证的求实精神与有语言问题找词典的良好习惯;树立了近百年英语词典编纂的准则与规范。其代表作为塞缪尔·约翰逊(Samuel Johnson)的 *A Dictionary of the English Language* (1755)。

而 Web3 却打起了描写主义大旗:语言的"变化才是正常的",词典编者的责任就是记录"活的语言",而非"最好的语言"。词典应反映客观现实而非加以控制与规定,因而具有如下一些特色与亮点:收词范围广泛,雅俗均收;不人为划分英语的"好"与"坏";只采用标准用语(standard)、非标准用语(nonstandard)与次标准用语(substandard)等标注;例证来源为名家与普通人。描写主义以布龙菲尔德(Leonard Bloomfield)的描写语言学派为依据,主张以语言全面的、系统的、客观的描写资料为依据,真实地反映语言的客观变化。

然而,迄今为止,两大主义的争论并没有结束,更没有达成一致的共识。如有代表性的 RHD(*Randon House Dictionary*)的主编斯坦(Jess Stein)在"前言"中宣称要走"一条语言上站得住脚的中间道路",主张词典编者"不但要记录语言,还应该给予指导"(Stein,1996)。AHD(*American Heritage Dictionary*)主编莫里斯(William Morris)在 AHD"前言"中论道:"本书愿忠实地记录我们的语言……本词典将提供必要的指导。"被誉为"英语描写里程碑"的《新牛津英语词典》(*The New Oxford Dictionary of English*,Judy Pearsall,Oxford 1998)则具有较浓郁的描写主义色彩,尽管它没有明言。

庆幸的是,人们对两大主义的认识有倾向性的认同,即应结合词典的类型、性质、规模、读者对象等作整体考察;语言使用的混乱时期与学习时期的词典应贯彻规定主义的方针,以利学习与规范。而大型的词典与历史词典应采取描写主义方针。

1.2 国内情况

在国内,首举描写主义大旗的是《英汉大词典》(陆谷孙,上海译文出版社,1989、1991)在"前言"中作如是说:"《英汉大词典》顺应 20 世纪 60 年代以来国际辞书编纂重客观描述(descriptive)的大趋势,在收词、释义、举例、词源说明等各方面都侧重客观描述各不同品类的英语以及英语在不同文体和语境中实际使用的状况,并如实记录词义及词形在源流动态中的递嬗变化,尽量避免作孰优孰劣的评判和孰可孰不可的裁断。"对该词典虽好评如潮,但批评者也不少。

其后出版的有代表性的英汉词典并没有呼应这种观点,如《新英汉词典(世纪版)》(吴莹,上海译文出版社,2000)、《英华大词典(修订第三版)》(徐式谷,商务印书馆,2000)、《现代英汉词典(新版)》(郭世英,外语教学与研究出版社,2002)与《建宏 e 世代英汉辞典》(简清国,台北建宏出版社,2001)等。只有《新时代英汉大词典》(张柏然,北京商务印书馆,2004)在"编者絮语"中说:"采取描写主义与规定主义相结合且以'描写'为主,'规定'为辅的编纂原则。"这与《英汉大词典》的编纂方针却又大不相同。

1.3 存在的问题

Web3 与《英汉大词典》的"描写主义"指向词典的微观方向,而完全忽略了词典的整体结构与宏观结构,因而具有十分重大的缺陷,似乎描写主义方针就是针对拼写、发音、释义与例解等,大大误导读者对两大主义的认识。何况,在不同程度上两大词典并没有很好地落实描写主义方针。

如 Web3 在收词方面"删旧增新"。"增新"固然合理,"删旧"则未必。作为大型词典理应收录"废、旧、古"词,以供专家学者使用与参考。"删旧"本身就含有明显的规定主义。Web3 在注音方面采用有文化教养的人在正式和非正式场合时一般的发音情况,广泛地展示各种可行的发音,词目发音多达 10 种或 20 种以上。这问题就更大,规定主义更明显。首先,"有文化教养的人"即为明确的规定,那么所谓"没有文化教养的人"发音为什么不收录?这难道能说是"描写"?其次,"广泛地展示各种可行的发音"既不可行又不科学。广泛到什么程度?可行到什么范围?英语作为母语使用的国家有英国、美国、加拿大、澳大利亚、新西兰,等等,它们的标准发音都展示?甚至其各州各省、各地方的发音也都展示?英语作为第二语言使用国家标准与不标准的发音也都展示?能展示得了吗?10 种或 20 种以上的发音展示能不能使读者茫然?这种描写要得吗?Web3 在释义方面可谓准确、详尽、义项完备,并采用单一短语释义法。该释义法显然排除了句子释义法等,是规定主义在释义方面的表现;何况,短语不短,有的高达 126 个字,如 phrase 的释义(p.1704)。Web3 在标注方面不用传统的"错误口语"(erroneous)、"不正确用语"(incorrect)、"文盲用语"(illiterate)、"口语"(colloquial),代之以"次标准"(substandard)与"非标准"(nonstandard),保留了"俚语"(slang)、

"方言"(dialect)、"古语"(archaic)与"废旧语"(obsolete)。难道英语使用时就没有正误之分,只有标准、次标准与非标准之别？落实到托福与 GRE 等考试上,考官们将如何处之？难道口语在英语中就不存在？这符合描写主义的方针吗？等等。

如《英汉大词典》,其描写主义主要局限于词典的微观方面,主要表现在英语而非汉语方面,主要反映在口号而非实际方面。在收词方面,语料范围(50 万张卡片)与收词比例失之偏颇,似无英美、古今、雅俗、文理与百科合理兼顾的周密计划,如医学与自然科学有的科目(pp858 - 865)收词过滥,给人缺少章法的感觉。且新词新义漏收甚多,尤其计算机与信息科学方面更是挂一漏万(如 down load 下载,E-mail 电子邮件,等等);英语谚语收译过少;收词不够平衡(如收了 Hamburger,却没收 Berliner,等等)。给人收词方面描写不足而又随心所欲的感觉。在释义方面仍未完全摆脱规定主义的泥沼,新释义方面尤甚,不少对应词为编者自造或译自原文释义,汉语中流行的并未被采用(如 cellular (tele)phone 携带式活动电话,应为"大哥大,移动电话";mouse(鼠状)定位器,应为"鼠标";pizza 皮杂饼,应为"匹萨饼";Abib 犹太民历的 7 月,应为"亚比月",等等);至于释义的实用性、简明性、客观性、规范性、准确性方面的问题即不够描写的问题则更多,如 "ham1. 火腿∽and eggs 火腿蛋。"实际上 ham≠火腿。据《食品词典》(上海辞书出版社,1991),中国的"火腿"为"腌制的猪腿",而 ham 为"猪腿上的纯精肉,也可以是牛肉或羊肉等",直接夹在三明治或汉堡包中食用,是熟食制品,这同腌干后硬邦邦的生猪腿迥然不同！在标注方面更是经常显露出规定主义情结:《英汉大词典》虽无太多的标注,但作了很多文字说明,外加例证内容等部分取代了标注的作用,从而起到了规定主义的作用,如 "alike a.[一般作表语]","allI.a[只作表语]",等等。义项安排顺序基本上按词义使用频率高低排列,这本身就是规定主义在编排中的体现。作为一部偏大型的英汉词典,书证极少,本身就体现了例证描写性的重大欠缺。

2. 国内外翻译学词典描写性与规定性的基本情况

2.1 影响

国内外的描写主义浪潮必然会影响到国内外翻译学词典的描写性与规定性。如国内最早出版的《中国翻译词典》(林煌天,湖北教育出版社,1997)在"前言"中提出"百花齐放,百家争鸣"的方针,显然是描写主义的。紧接着《译学大词典》(孙迎春,中国世界语出版社,1999)则在"前言"中打起"描写主义"大旗。此后的《译学辞典》(方梦之,上海外语教育出版社,2004)在"前言"中称"中外古今并蓄,源流支脉兼容",这无疑也是描写主义的。同时,国外的《翻译学词典》(*Dictionary of Translation Studies*, Mark Shuttleworth and Moira Cowie, St. Jerome Publishing, 1997)则在 Introduction 中主张"不干涉"政策,而《翻译研究百科全书》(*Routledge Encyclopedia of Translation Studies*, Mona Baker, Routledge, 1998)在 Introduction 中提出"提供均衡的非偏袒的学术观点。"二者显然也具有描写主义倾向。一言蔽之,国内外翻译学词典几乎都具有描写主义色彩,有的甚至相当浓郁。

但它们在不同程度上,有意识或无意识地、自觉或不自觉地、积极或不积极地采取了规定主义做法。如《中国翻译词典》在"编者的话"中谈及"采词"问题时说"为每个撰稿者划定了范围……由于译名的歧异……做了一番爬罗剔抉的工作";在选收翻译人物时"去留上仍难免有失当之处";在博搜广采时不能兼顾各个方面,以致"本书出现某种不平衡"(如翻译教学等方面)。在对翻译人物的介绍方面,我们"确定了短条、中条、长条、特长条四级",对字数进行了规定。《译学大词典》则无法很好地遵循描写方针而采用规定方针,如在"翻译单位"条(p.23)中只给出"最佳的翻译单位应当是段落"一种规定性的说法,但并非所有层次的翻译单位都以"段落"为佳的,如哲学、社会科学与自然科学;"反面着笔法"条(p.210)中只涉及"正反译法"等三种,实际上有十余种。《译学辞典》在"前言"中论及术语问题时主张"代表一门学科同一概念的术语无须丰茂、多样,而须单一、精确","编者广泛地收集译学的常用术语,并对之作一番去伪存真、去粗取精的梳理工作","根据确定术语的单义性、简明性、科学性、系统性的原则编撰本词典",这显然是规定主义的做法。而国外的《翻译研究百科全书》描写不足:主题细目不开阔,只涉及戏剧、文学及诗歌翻译、机器翻译与术语库;内容规定过窄,与书名不符;分类过于粗糙;附录竟然乌有。

2.2 区别

翻译学词典从本质上说是一种单语专科词典,其与双语词典在体现描写主义与规定主义方针是有所区别的,有的甚至很大,故不能用综合性的双语词典的要求套用翻译学词典,如:

1) 内容:双语词典以收译词语为主,翻译学词典以收释译学术语与与专名为主。2) 重点:双语词典主要解决词目的音、形、义、用问题,翻译学词典主要交待术语等的来龙去脉,即 5 个 w(when, what, who, where, why)与一个 h(how)的问题。3) 形式:双语词典为"左目—右义",翻译学词典为"条头—释事"。4) 原则:双语词典编纂通常遵循词典学原则,翻译学词典则要遵循译学原则、词典学原则、术语学原则与相关学科原则。5) 性质:双语词典属于翻译词典范畴,为读者翻译与理解时提供对等(应)的语;而翻译学词典则是为读者提供译学术语诠释为主、专名解释为次、译事介绍为辅的词典。6) 对象:双语词典的对象为一般的英语学习者与使用者,翻译学词典的读者为从事翻译的研究者、工作者、教学者。7）排列：双语词典多为按字母拼音顺序排列，以便检索；翻译学词典则大多以分类编排为主，每类中再按拼音或笔画顺序编列，以构成知识的系统性。等等。

以上诸点中的2）－7）都是事先规定的，少有商榷余地。"1）内容"中双语词典词语的收译既可采用描写主义的方针，又能采取规定主义方针。而译学术语与专名则以规定为主。

2.3 问题

国外单语词典编者对描写主义方针的片面理解（局限于微观方面）影响了国外单语译学词典的编纂。而国外的影响又不能不反映到英汉词典的编纂，进而影响翻译学词典的编纂，从而出现以下问题：

1）国内外翻译学词典的描写主义方针主要体现在译学词典的微观结构，即词目的释事方面，而非译学词典的整体结构、宏观结构与微观结构三个方面，从而出现重大失误。2）微观结构方面的描写主义未能尽然，也很难尽然。如描写范围不够，缺少译学教学内容，口译不突出，现代译学术语收录不足，等等。3）有的译学词典虽主张描写主义，但在不少方面表现出规定主义色彩，显得互相矛盾，前后不一，给人一种描写主义与规定主义相结合的印象。4）国内外的译学词典不同程度地存在方针不确，原则不明，重点不显，性质不清，对象不妥，排列不一的问题。

3. 翻译学词典描写性与规定性的厘定

翻译学词典有别于双语词典，故应从翻译学词典的性质、特点、宗旨等方面来全面考察译学词典的描写性与规定性，不能笼统地给某译学词典打上某主义的标签。具体应从如下三个大的方面逐项厘定。

3.1 总体结构(General structure)

总体结构通常由主编事先规定,是词典编纂的"宪法"或大纲,并在编纂实践时予以实施。总体结构通常包括 1)前附件(Front matters):前言、序、导论、体例说明、参考书目、略语表、目录;2)正文(Body):规定了的词条;3)后附件(Back matters):跋、附录,有的还包括索引。在总体结构中,尽管有的小项会含有描写主义精神,但总体而言,总体结构最能体现主编主观意愿,因为他规定了词典的选条数量(大型、中型或小型),选词的方向(术语,专名或综合),读者对象(本行、内行、外行),编排方式(按字母顺序或分类编排),等等;规定了词典编纂的方针、目的、性质、释义程式、样条、规范等,从而具有强烈的规定性。

3.2 宏观结构(Macro-structure)

该词原为物理学术语(指宏观物体的结构),20世纪中叶符号学兴起后被引入语文词典编纂,初见于法国雷伊—德布伏(J. Rey-Debove)1971年发表的《现代法语辞典的语言学和符号学研究》一文,现指词典的内容与形式两部分,且以内容为主,包括编纂方针,读者对象,所属类型,选条范围与原则,编纂原则与体例,插图,附录,索引,统一用语与综合平衡。而形式方面则包括字体,开本,版式,纸样,封面,装帧与图式等等。这一切均由主编与技术人员主观上予以规定,具有强烈的规定主义色彩,尽管具体项目亦有微异,如:

1)方针(Policy):是规定性还是描写性,而或合二为一,甚或其他? 这得由主编确定。即使采用描写主义方针,也不免含有规定的性质,更遑论采用规定主义方针了。尽管有的编者并没有何种主义,但总有意无意、自觉不自觉地采用某种心中既定的方针。2)读者(Reader):指译学词典的使用者,通常分为主要读者(经常使用者)与一般读者(不经常使用者)。按文化程度可分为高、中、低三类读者;按专业知识水平可分为本行、内行、隔行与外行四种。一部词典要适合所有的读者对象是不可能的。因而主编不得不主观上确定词典的读者对象。故词典读者的确定具有强烈的规定性。3)选条范围与原则(Entry-selecting scope and principles):选条以译学知识主题为对象,然后用词(组)加以概括作为词目(不像一般的语文词典以词、词素、词组、句型等为对象),其范围取决于词典的性质、规模、读者与宗旨,以术语与专名为主,大型词典以翻译学、词典学、术语学与相关学科为对象,中、小型的可酌情减少。其原则为:①所收的要能成为词目;②要同词典的性质与规模相适应;③要有统一尺度;④成套成对的条目要收齐;⑤先收基本词条,再收派生词条;⑥确定各个类别的条目数量之比例,等等。所有这一切都是规定性的。4)性质与规模(Nature and scope):决定词典的类型(大、中、小型)、篇幅(页数)、字数(多少千)与收条量(多少条)。这一切均由主编主观敲定。因而词典的性质与规模带有强烈的规定性。5)框架(Frame):决定各学科各门类预定选收的条目数、选条原则与范围及具体细节的规定。这也完全由主编主观决定,因而也有很强的规定性。6)编写原则与体例(Compilatory principle and style):编者认定的原则可在计划或前言中概括地说明,细节则在体例说明中详细规定。故该项具有强烈的规定性。7)编排与索引(Arrangement and index):说明正文按什么方式(音序、笔画、边旁、分类)排列与书尾附何种索引。这些都由主编事先主观规定。8)附录(Appendix):数量由主编规定,内容则可描写。9)形式(Form):词典形式方面(如字体、开本页面、印刷版式等等)更是绝对由编者(辑)规定,无法描写。

3.3 微观结构(Micro-structure)

该词亦为物理学术语,指微观例子(包括分子、原子与各种基本粒子的)结构,1971年引入语文词典编纂,指每一条目的全部信息及其系统安排,也称为"条目/词条"结构,主要为内容方面的微观结构,在翻译学词典具体体现为:

1)形式(Form):每个词条的开头为词目,其余为释事,即从科学的角度对词目所作的诠释与说明,多以实质定义为核心,并在其基础上按词典的性质、规模与对象作不同程度的分析说明,以揭示词条的科学内容,向读者提供必要的专业知识。大、中型的译学词典则要求释文有相应的深度与广度。因而译学词典词条的形式及其内涵都是规定了的。

2)内容(Content):(1)方面。翻译学词典涉及译学词典学、术语学与相关学科四个方面,因此要以这四个方面内容为主,尤其应以译学、术语学与相关学科为重。译学方面包括翻译史、翻译理论、翻译实践、翻译人物、翻译教学,等等。术语学包括翻译术语、翻译术语的创造与使用。相关学科包括与译学相交、相关、相连的其他学科,如哲学、语言学、符号学、教学法等(以常用术语为准)。词典学则要把精神贯穿到译学词典编纂的整体结构、宏观结构与微观结构中去。这些是由译学词典的性质决定的。(2)组成。译学词典内容主要由术语与专名组成。①术语(Term):用来表达学科概念的专门用语。不同概念虽可用不同术语表达,但在同一辞书中对同一概念的术语应该统一。同一术语亦可用来表达不同的概念(如"法律"作"法"与"普通法律"解),但必须划分义项,全面反映。术语的标准化是辞书研究的重点与难点之一,具有强烈的规定性。②专名(Proper name):即专有名词,通常包括人名与地名,广义的还包括机构名、组织名、书名,等等。这些专名绝大多数是规定的,而非描写的。即便有多个描写,也往往有一个以什么为主的问题。

3) 释义(Paraphrase)：大中型译学词典中的词条应包括 5 个 w 与一个 h 等要素，即 when(何时发生)，who(主人公)，where(何处发生)，what(发生什么)，why(为什么会发生)，how(如何发生)。每个条目有长短、深浅、详略之分；小型的译学词典则可省略 why 与 how 的信息。同时，释义应采用朴素简练、平易明白的说明文字，这是释义风格方面的规范性，是由译学词典性质规定的。

4) 字数(Quantity)：译学词典在编纂前须将所有词条划分为若干等级，并规定每级词条的控制字数，以保持条目字数的相关平衡。而这些则依据词目概念深浅、外延大小、基本与派生的次序划分。一般以概念外延之大小为序，外延最大的概念位于最高层，其它的以此类推。如"排检法"系列词目概念大小顺序为：(1)排检法；(2)编排法，查检法；(3)形序排检法；(4)笔画笔形排检法……。因而等级、层次、字数有着强烈的规定性。

5) 参见(See also; cf)：在词典正条中指出为进一步了解本条内容可进行查阅的其他词条，通常以非参见不可的为限，以免分散读者的注意力，注明"参见 xx"，其后注明该条所在的页码，以便查阅。其方法通常为：分散在条目中；集中在条末；分散与集中相结合。参见往往用语言或符号来决定。汉语辞书用米字符号＊(加在有关词语的左上角)或字体符号(采用与正文不同的字体，如黑体或楷体)。拼音文字的辞书一般用缩略语(如拉丁文 q. v. 即 quod vide 之略)、词汇符号(如 see, see also 等)、指引符号(如→，▲，↑，└▶等)与字体符号(采用斜体等)。而所有这些符号都是约定俗成的，或编者在体例说明中规定的。

6) 阅读(Further reading)：为了研究词典本体内容而提供的进一步阅读书目。其总体是规定的而具体可能是描写的。

7) 略语(Abbreviation)：为缩略语之简称，用于拼音文字的语言与中文中，如以某词的第一个字母代表该词(如 T 为 Translation)。

汉语中的简称(如译学词典即翻译学词典)也是缩略语。其作用是为了标明全称、诠释语义与说明语音、语法与修辞特征。中外略语是约定俗成而规定了的，以便交际。

参考文献

[1] 方梦之,《译学辞典》,上海:上海教育出版社,2004:1-4.
[2] 林煌天,《中国翻译词典》,武汉:湖北教育出版社,1997:7-8.
[3] 陆谷孙,《英汉大词典》,上海:上海译文出版社,1991:1.
[4] 孙迎春,《译学大词典》,北京:中国世界语出版社,1999:1-6.
[5] 张柏然,《新时代英汉大词典》,北京:商务印书馆,2004:Ⅶ-Ⅷ.
[6] Shuttleworth, Mark and Cowie, Morie. (1997) *Dictionary of Translation Studies*, Manchester: St. Jerome Publishing: Ⅴ-ⅩⅦ.
[7] Stein, Jess. (1996) *The Randon House Dictionary of the English Language*. New York: Randon House: Ⅴ-Ⅶ.

(原载中国翻译协会编《第十八届世界翻译大会论文集》[277-284])

(2)

论译学词典的本体研究

淮阴师范学院外文系；山东大学外国语学院　高　雷

摘　要：译学词典的理论研究还处于起步阶段，有很多理论问题需要探讨梳理。正因为译学词典的研究还处于肇始时期，所以我们应该明确译学词典研究的本体问题，以确保译学词典研究的中心和它的独特性，并以此来规范或指导译学词典的研编。基于此，本文同时提出"本体依靠，外位参照，体用不二"的研编思想。

关键词：译学词典；编纂；本体论

1. 引言

自20世纪中期以来，尤其从20世纪70年代开始，翻译研究开始出现了"文化转向"，把人们从结构主义的研究范式中解放了出来，拓宽了翻译研究的视野。跨学科研究的思想十分活跃，文化学派、操纵学派、功能学派、目的论、解构主义、多元系统论、后殖民、后现代等研究派别或视角不断涌现。人们开始真正把翻译学当作一个学科来研究，并对翻译进行了科学性、深入性和系统性地研究。大量的研究资料和文献散见于各个期刊、杂志、书籍，不成体系，制约了翻译学的发展。翻译学词典的问世是翻译的实践与理论发展的必然结果，同时"可看作翻译学科日趋成熟和译学研究高潮到来的标志"。（孙迎春，2001）王克非说："其实也正是翻译实践的增长和翻译理论的深入,使人们需要将积累下来的大量翻译知识、资料、论述等系统地加以整理,方便学习者和研究者查取,也利于对该学科开展进一步的探讨"。(王克非,2003)在 1997 至 1999 这三年中出版了四部有影响的译学词典,中国的两部是《中国翻译词典》(林煌天主编,1997)和《译学大词典》(孙迎春主编,1999);外国的两部是 *Dictionary of Translation Studies*(Mark Shuttleworth & Moira Cowie 主编,1997)和 *Routledge Encyclopedia of Translation Studies*(Mona Baker 主编,1998)。就此,孙迎春说:"中国的译学词典编纂与世界同步,而对于译学词典的学术研究,则正在发生着开拓的作用"。(孙迎春,2008)译学词典的学术性研究由中国学者发起,最早见于孙迎春《论综合型译学词典的编纂》(《山东外语教学》2001 年第 1 期)。从此,译学词典研编逐渐成了翻译学之下新兴的一门交叉学科,它由翻译学和词典学相结合生成。

2. 存在先于本质

本体论(ontology)是关于"存在"或"是"的学问。它是讨论如何"存在"或"是"及其各种"所是"的范畴间的相互关系,是一个关于世界或事物"存在"或"是"的认知领域。有什么样的本体论就会有什么样的方法论,就会产生不同的哲学派别或思想。此外,本体论是发展变化的,由传统的唯理论到近代的经验论再到现当代的实践论。哲学上所理解的"存在"首先是指世界总体的存在,而译学词典的"存在"就是指译学词典作为一种活动行为的终极的规律,这既有形而上的探讨,也要具有实践指向性和现实意义,这是当代本体论研究的特点。要对译学词典的本体进行科学的认识,我们必须要探讨译学词典的本体论,即译学词典的"存在"或"是"。海德格尔(Martin Heidegger)首先区分了"存在"与"在者"的本体论差异。"存在"是形而上的,是不能被界说的,但人们可以描述它"如何是";"在者"就是已经存在,它具有对象性和规定性,人们可以问它"是什么"。海德格尔还断言:"就本体论而言,存在优先于存在者,这是因为任何存在者必先存在,而后才是既定的存在者,否则它就不成其为存在者了"。(夏基松,1998)译学词典的"存在"是翻译学和词典学这两大系统相互作用的结果,同时是翻译学这个系统使译学词典有别于其它词典的"存在"。译学词典的本体研究就是要通过译学词典的各个"在者"(具体的词典)来探讨、梳理、储存翻译学的有关知识。译学词典的"存在"形式无限多,内容异彩纷呈,但永远也不可能达到它的终极的"存在",因为翻译学和词典学这两大系统是发展变化的,因而译学词典的本体研究也应是动态发展的。萨特(Jean Paul Sartre)从他的"人学本体论"出发,反对任何决定论,主张人的本质是由人的自由的本身创造的,因此,他提出了一个著名的命题:"存在先于本质",即首先是人存在、露面、出场,然后才表明其本身。在存在主义者看来,所有人起初都是空白,后来才发展成各自不同的"在者"。

译学词典的"存在"通过它的"在者",即各种具体的译学表现了出来。如:Chan Sin-wai(陈善伟)编写的 *A Topical Bibliography of Translation and Interpretation. Chinese-English, English-Chinese*(汉英英汉笔口译分类书目)和 *An Encyclopedia of Translation: Chinese-English, English-Chinese*(汉英英汉译事百科),1995年由香港中文大学出版。在其后的世纪之交,在翻译学已经成为独立学科、译学研究迅速发展,各种译学词典也接踵问世,如:

  1997:中国翻译词典. 林煌天. 武汉:湖北教育出版社.

  1997: *Dictionary of Translation Studies*. Mark Shuttleworth & Moira Cowie. Manchester: St. Jerome Publishing.

  1998: *Routledge Encyclopedia of Translation Studies*. Mona Baker. London: Routledge.

1999：译学大词典．孙迎春．北京：中国世界语出版社．

1999：英汉翻译例句词典．刘重德．长沙：湖南文艺出版社．

2000：*Encyclopedia of Literary Translation into English*. 2 vols. Olive Classe. Chicago：Fitzroy Dearborn Publishers.

2000：英汉对照描写辞典．贾卫国．上海：上海交通大学出版社．

2001：中国当代翻译工作者词典．马珂、孙承唐．西安：陕西教育出版社．

2001：汉英双向翻译学语林．孙迎春．济南：山东大学出版社．

2002：中华翻译文摘．罗选民．北京：清华大学出版社．

2004 年是翻译学词典的丰收年，这一年有三部译典问世。Chan Sin-wai 的 *A Dictionary of Translation Technology*（翻译技术词典），由香港中文大学出版；孙艺凤、仲伟合编译的《翻译研究关键词》，由外语教学与研究出版社出版；第三部是方梦之主编，上海外语教育出版社刊行的《译学辞典》。

2006：史氏汉英翻译大词典．史企曾．昆明：云南出版集团公司与云南人民出版社．

自 1997 年以后，译学词典的主体出现，开始引起学界关注，并很快进入了研究阶段。孙迎春率先在《论综合型译学词典的编纂》一文中探讨了译学词典的出现，并结合《译学大词典》的编纂实践，提出译学词典编纂的五项基本原则：描写性、综合性、理论性、实用性、开放性，最后讨论了综合性译学词典编纂中的实际问题。此后，就译学词典的学术研究召开了四次全国性的会议：2002 年 9 月 20－23 日烟台会议、2004 年 10 月 15－17 日威海会议、2005 年 10 月 21－23 日上海大学会议、2007 年 4 月 19－22 日大连民族学院会议。2006 年 9

月 孙迎春主编，黄希玲、赵巍副主编的《翻译学词典博士文集》由天津教育出版社出版。2007年4月曾东京教授的专著《翻译学词典编纂之理论研究》由上海大学出版社出版。译学词典的"名"与"实"逐渐明晰，对译学词典的认识也逐渐从各个"在者"的感性认识上升到本质的、理性的认识。张柏然在《论翻译学词典的特征与释义原则》一文中把译学词典定义为："是一种有层次地收录翻译领域的概念、术语和专名，成系统地反映翻译领域的知识概要的专科词典"。（孙迎春，2005）孙迎春在《论译学词典的性质》一文中把译学词典定义为："译学词典是译学工具书，知识类译学词典汇集译学理论概念及各种译学事物知识，按某种次序排列，描写译学的不同侧面或历史与现状，解释各词语所指称的概念和事物，为读者提供了解和研究译学的相关信息；实践类译学词典提供源词语在不同语境下的不同译法，或源语段落不同译家的不同译法，供翻译人员参考选用，或满足学者进行研究之需"。（孙迎春，2005）孙迎春的定义从性质、内容、编排、类别、功能等方面全方位描写了译学词典的性质，比较科学地揭示了译学词典的本质。对译学词典本质迟到的认识，也必然要建立在对诸多具体词典考察的基础之上的。此所以谓"存在先于本质"。

3. 存在与在者

科学研究必须以一般的本体论为前提和基础，"原因在于科学把处于现成状态的存在者领域作为自己的研究对象，而存在者作为现成状态被规定和把握是以一种先行的存在之领悟为前提和基础的。这种对存在者之存在的本体论探究先行揭示了存在者领域的基本规定和结构，并使科学的基本概念的创构成为可能"。（黄颂杰等，2002）本体论强调对象的"存在"，即"如何是"。译学词典要成为"是"，必然是翻译学与词典学两大系统共同作用的结果。就翻译学系统而言，它必然要涉及语言学、符号学、文艺学、人类文化学、社会学、心理学、美学、哲学等多种学科。翻译学就是要运用这些有关的学科知识对翻译的本体及非本体进行研究。而译学词典就是要通过词典的载体形式把翻译学的研究内容表现出来。因此，译学词典作为在本体论上的"存在"必须具体体现在"在者"的身上，道不离器，体用结合，这也是当代本体论的特点。同时，"存在"是一个发展过程，正是在这一过程中，可能性才能变成现实性。译学词典的研编已在它短暂的过程中通过诸多"在者"把它的"存在"体现了出来。

这样，对于译学词典"存在"的把握，不仅获得了形而上的认识，而且也获得了它的形而下的研究谱系，如：译学词典史、译学词典批评、译学词典结构、译学词典类型、译学词典功能等等。其中，译学词典的类型研究十分重要，孙迎春说："类型研究属于基础理论研究，没有类型研究，任何学科都不可能得到广泛、深入的发展"。（孙迎春，2008）所以，译学词典的研编应以词典类型为基础。

Henri Béjoint 说："对于试图进行类型学研究的人来说，基本的问题是，是按照对已经存在的词典所观察的结果进行分类，还是先在理论上创造一些类别然后看现存的词典如何适应这些类别"。(Béjoint,2002 笔者译)Henri Béjoint 曾提出词典的基本类型：一般词典与专门词典；单语词典与双语词典；百科词典与语言词典；外国学习者词典与本国学习者词典；成人词典与儿童词典。（Béjoint, 2002 笔者译）不同的词典学家会有不同的分类标准，因为他们会有不同的学术背景、研究兴趣等。Hartmann 指出，词典的类型取决于词典的目的，具体的分类标准则取决于要进行分类的人的意图。(Hartmann, 2005)译学词典作为一种专科词典当然不能简单套用一般词典的分类标准，但义理相通。译学词典学者的一般做法是，先从理论上进行分类，廓清结构，从宏观上把握译学词典的总体类型，以免在编纂实践中盲目无序。

翻译理论家张今曾提出译学词典的三大类型:1)翻译家词典;2)综合性翻译词典;3)专业性翻译词典。(孙迎春,2003)在《译学词典类型刍议》一文中孙迎春提出了译学词典的分类标准:"全部译学词典按所含内容单复分为综合型和单科型两大类。综合型又可按涉及单一国家或多国加以区分,而单科型则又进一步分为理论型、实践型、语言型、事物型四类,各自再进而分为数种"。(孙迎春,2003)当然还可以有其它的分类标准,如:1)按词目内容可以分为专项词典和综合词典;2)按涉及的语种属于单语词典;3)按词目的历史阶段属于历时词典;4)按规模分为大型(20万字以上)、中型(10万字左右)和袖珍词典(1万字左右);5)按服务的对象是为了翻译研究者;6)按功能可分为知识型和应用性词典;7)按词目的排列可分为音序、分类和混排词典;8)按载体可以分为纸质和电子词典。研究视角不同可以有不同的分类标准,但总的说来,所进行的分类应该具有一定的系统性,能总体反映翻译学的研究架构,译学的各个方面均应在译典编研框架的覆盖下,譬如,翻译理论、翻译技巧、翻译术语、翻译人物、翻译史实、译事知识、翻译论著、著名译作、翻译实例、翻译社团、出版机构等,均有可能以词条的形式进入译典。

从本体论上讲,"在者"是明确的,有特定的质和规律性。人们通过对各个"在者"的认识只能是有限地接近"存在",而不可能穷尽"存在",一旦完全认识"存在",这个"存在"就不是本体论意义上的"存在"。所以,作为本体论意义上的译学词典有被无限阐释的可能。因而,译学词典的研编必然是异彩纷呈,形式林立。

4. 研编思想

译学词典的存在是翻译学和词典学两大系统相结合的结果,在形式上的表现上属于词典学范畴,在内容的选择上属于翻译学范畴。

其形式决定它是词典，其内容决定它不同于其它类型的词典。因而，在译学词典的研编上，我们提出"本体依靠，外位观照，体用不二"的思想。

本体依靠。翻译学的本体理论及其相关事物应该是译学词典的本体内容，像上文提到的翻译理论、翻译技巧、翻译术语、翻译人物、翻译史实、译事知识、翻译论著、著名译作、翻译实例、翻译社团、出版机构等都可以是译学词典要展示的本体内容。这些内容通过译学词典的宏观结构（macrostructure）和微观结构（microstructure）系统地编排、呈现出来。在词条释义上要体现译学的专业性：释解清晰，准确性，观点正确，资料翔实；在词条释义上要体现译学的描写性：在收词、释义、举例、词源说明等要具有客观性、全面性和系统性；在释文内容上要有理论深度，对于可以下定义的词目要有一个较科学、较稳定性的定义；在宏观结构上要有系统性，词条和词条之间要有机地联系在一起，构成一个个翻译学的子系统。

外位观照。首先是词典学的观照。在词典的宏观结构和微观结构上要充分体现词典学的要求。在词典的结构形式上，我们提出球体理论：词典的宏观结构可以比作球体的经线，微观结构可以比作纬线，正文前信息和正文后信息可以比作球体的两极。没有规矩难成方圆，宏观结构和微观结构要符合词典学的要求，释文要有一定的规定性，要符合术语学的要求，具有科学性、简明性、周密性、规范性，同时在体例方面符合统一的规范。黄希玲在其博士学位论文《论译学词典的研编》中，曾结合计算机的有关原理提出了译学词典的三个编纂原则：1）系统原则，即把词典篇章视为一个系统；2）就近访问原则，即读者查找完一个词目后，下一个查找的很有可能是同类、或与之关系密切的一类词；3）面向对象原则，即立目需要满足两个条件：a）要立目的词或词组是对象；b）主要属性值在一定范围之内。（转引自孙迎春，2006）此外，还有对一些与词典研究的相关学科的观照,如语言学、符号学、信息技术、媒体学、图书馆学、专有名词学(onomastics)等。

体用不二。体即本体,用即作用或功用。本体论的思考,不只是讨论译学词典的生成过程,而且还要考察译学词典的存在意义、价值与功能等问题。体用之间不存在谁先谁后的问题,本体不是始因,也不在功用之外,即所谓"即体而言用在体","即用而言体在用"(熊十力语)。体用虽然不二,但其间终究有别,正如熊十力所说:"体无差别,用乃万殊。"(张文儒等,2001)也就是说用是多,体是一。事物之间是千差万别的,而本体就是存在于事物之中作为主宰的具有统一性的东西。具体的译学词典可能各式各样,但贯穿于其中的则是翻译学的知识。当代本体论具有实践的指向性,强调理论和实践结合,强调理论和功用的结合。因而,译学词典的理论研究必须和实际的编纂实践相结合,在理论指导下编纂,在编纂实践中丰富理论,此可谓"研编不二"。对于译学词典的功用,孙迎春总结为:1)展示译学研究的强大阵容和重要成果,发挥不可替代的影响;2)记录译家事迹、译学发展里程及各种相关事物;3)总结翻译经验,使之上升为理论,反过来再指导实践;4)对名词、术语、理论概念加以梳理,既可以用严谨的语言对其加以界定,对可规范的加以规范,澄清混乱,又可以用注重客观的精神对各门各派进行合乎实际的描写,尽显其特殊品质,促进学术争鸣;5)反映翻译学术研究的成果及其特点;6)知识库功能。(孙迎春,2005)

5. 结语

本文从本体论的哲学角度探讨了译学词典的作为"存在"的本质和特点,以及作为"在者"的译学词典的本质和特点。"存在"与"在者"具有共生性,是形而上和形而下的关系,是"道"与"器"的关系,道不离器,译学词典的"存在"通过各种词典的"在者"体现出来。"存在"具有被无限阐释的可能,但永远也不可能穷尽其义,因而译学词典的种类及特点也必然是名目繁多。译学词典的研编要具有自己的独特的"存在"性,就必须以翻译学的本体理论及相关事物作为自己的本体内容,在形式呈现上以词典学及相关学科为指针,同时要做到理论与实践相结合,体用不二。

参考文献

[1] 黄颂杰等,《西方哲学多维透视》,上海:上海人民出版社,2002:350。
[2] 孙迎春,《汉英双向翻译学语林》,济南:山东大学出版社,2001:399。
[3] 孙迎春,《译学词典与译学理论文集》,济南:山东大学出版社,2003:1:117。
[4] 孙迎春,《2004 翻译学词典与译学理论文集》,天津:天津教育出版社,2005:1:24;前言。
[5] 孙迎春,《翻译学词典博士文集》,天津:天津教育出版社,2006:104-120。
[6] 孙迎春,《科学词典译编》,北京:中国对外翻译出版公司,2008:155-156;35。
[7] 王克非,"论翻译工具书的研编",《中国翻译》,2003(4):40。
[8] 夏基松,《现代西方哲学教程新编》(上、下),北京:高等教育出版社,1998:512。
[9] 张文儒等,《中国现代哲学》,北京:北京大学出版社,2001:320。
[10] Henri Béjoint. (2002) *Modern Lexicography: An Introduction*, Beijing: Foreign Language Teaching and Research Press, 32;37-40。
[11] R. R. K. Hartmann. (2005) *Teaching and Researching Lexicography*, Beijing: Foreign Language Teaching and Research Press, 69-70.

(原载中国翻译协会编《第十八届世界翻译大会论文集》[291-297])

(3)

全国翻译学词典暨译学理论研讨会综述

山东大学外国语学院　孙迎春

由中国翻译工作者协会主办，山东省翻译工作者协会、山东大学外国语学院、青岛海洋大学外国语学院、烟台师范学院外语系、山东大学威海分校外语系承办的"全国翻译学词典暨译学理论研讨会"，于2002年9月20-23日在烟台师院外语系多功能厅举行。21日上午，会议举行了简短的开幕式，烟台师院副院长任廷琦教授、中国译协代表、《中国翻译》编辑部编辑宋洪玮先生先后致辞，中国译协副会长李亚舒先生、山东大学教授、博士生导师孙迎春讲话。会上宣读了著名译学专家张今、许渊冲、林煌天先生关于译学研究的三封来信。来自全国各地的专家、学者五十余人参加了会议，递交译学词典及译学理论学术论文三十余篇，涉及译学词典的分类、评价系统、宏观结构、应用与编纂的落差、关于"翻译"概念的思考、翻译学系统演化等多方面的课题。先后二十余人正式发言，进行了气氛热烈的学术争鸣。杨自俭、王克非、孙迎春三位教授分别作了三个主题报告：《翻译学学科系统的建设》、《谈翻译工具书的研编》和《译学词典类型初议》。与会学者发言踊跃，讨论激烈，学术交流在既有碰撞，又十分和谐的气氛中进行。21日晚中秋赏月之余，8:00-10:00《中国翻译》、《中国科技翻译》编辑部宋洪玮、李亚舒先生和满惠兰女士邀请与会者举行了一个座谈会，编辑部与作者直接对话，一则编辑部倾听了作者的心声,二则两家译界核心期刊的办刊宗旨及许多颇有价值的具体信息也渗入了作者的心房。22日下午5:00-6:00,在李亚舒先生的主持下,青岛海洋大学外院英语系主任邓红风进行了大会总结,中国译协宋洪玮先生讲话,李亚舒先生的冰心诗朗诵使大会沉浸在浓浓的文学氛围之中,最后由山大威海分校的李和庆副教授致闭幕词。会议决定,会后正式出版《译学词典与译学理论文集》,并计划今后隔年召开一次"翻译学词典暨译学理论研讨会"。23日,与会者轻松愉快地游览了人间仙境蓬莱阁。

(原载《山东外语教学》2002,5)

(4)

开展译学词典研究,完善译学学科地位
——2004 全国翻译学词典暨译学理论研讨会综述

山东大学外国语学院翻译学博士生　郑元会

近年来,翻译研究随着跨语交际的日益频繁得到极大的发展,同时也产生了一个问题。一方面,随着译学研究学科地位的逐渐确立,译学知识极大丰富;另一方面,查阅译学资料,了解译学发展前沿却变得相当困难。研究和关注翻译的人都发现,要跟上翻译研究的步伐已是不易。时代呼唤之下,译学词典应运而生。它把翻译学领域积累的丰富而广博的知识以词典的形式展现出来,方便学者查阅、研究。对译学词典的理论研究就是对编纂经验加以总结、研究,加以理论思考,并将感性认识上升为理性认识。在此学术背景之下,由中国翻译工作者协会主办,山东大学威海分校翻译学院、烟台师范学院外语学院、山东轻工业学院外语系联合承办,外语教学与研究出版社、北京交大铭泰软件有限公司协办的"全国翻译学词典及译学理论研讨会"于 2004 年 10 月 14－17 日在山东大学威海分校隆重召开。来自全国各地的五十多位教授、专家学者参加了会议。大会议题涉及译学词典、译学理论、翻译实践和机器翻译等。

这次大会是继 2002 年 9 月 20—23 日在烟台举办的"全国译学词典暨译学理论研讨会"之后第二届以译学词典研究为议题的全国性学术会议,是一个事业的延续和发展。两年来,译学词典的编纂和研究都发生了很大的变化。新的译学词典又有问世,关于译学词典的研究成果越来越多,更多的学者源源不断地加入到译学词典研究的领域中来了,并时有研究成果发表。

  这次大会学术气氛热烈、开放,与会学者畅所欲言,译学词典及译学理论的研究成果得到了广泛的交流和传播。南京大学张柏然教授就"译学词典的词条及其释义"作了主题发言。他对译学词典的地位、类型问题、质的规定性以及译学词典释义的特点和原则结合国内外词典学者的理论进行了论述,并对现有的译学词典通过举例分析提出了中肯的批评。北京外国语大学的王克非教授在其"论翻译工具书的分类与研编"一文中指出,就目前国内现状来看,务实类词典编写情况比较好一些,翻译史类,翻译研究类词典显得薄弱一些。他还对国外出版的《翻译学词典》(*Dictionary of Translation Studies*)存在的一些问题结合准确、一致、简洁、透明、通达等原则进行了探讨。山东大学威海分校的孙迎春教授在题为"译学词典的性质"的主题报告中,结合理论研究中出现的问题对译学词典的范围和性质进行了科学的论述和清晰的界定,解决了本领域研究对象上某些纠缠不清的问题。因为译学取义宏大,译学词典便应包括各种类型的翻译工具书,不管属于务实类,还是研究类要尽行囊括在内。理论研究型译学词典处于核心地位,共同组成一个完整的译学词典体系。《中国科技翻译》主编李亚舒先生,华中师范大学的黄忠廉教授在他们向大会提交的论文中论述了科学词典译编研究的问题。上海大学的曾东京教授在其大会发言"论译学词典的编纂"中,系统论述了译学词典的研究现状,性质和任务以及译学词典的编选原则等问题。他从译学和词典学出发就收词范围、术语标准化、释义方法以及词典的宏观结构、微观结构、查检系统等诸多方面提出了一系列原则,对编纂译学词典很有参考价值。随着译学词典成为翻译研究领域的一个新的焦点,新的力量不断注入。山东大学的博士生黄希玲从系统观的角度讨论了译学词典的理论建构;博士生赵巍对国内译学词典的条目编排进行了比较研究;博士生郑元会则从译学词典研究的核心问题出发,提出了译学词典词条右项的信息素概念,为译学词典的研究提供了一个理论工具。山东轻工业学院的袁朝云老师就译学词典编纂过程中出现的问题提出开放性原则,并从不同方面论证了其必要性。

译学理论方面,学者们也争相发表己见,气氛热烈。江苏科技大学尹帮彦教授的大会发言"关于中国译学建构的三点思考"探讨了学科定位和方法论问题。他指出,学科定位同中国译学发展相联系,是基于对中国译学发展的准确把握,每个时期都要根据需要重新定位。方法论上,他提倡多元化,并建议中国译学建构应该综合利用现有资源;呼吁其他学科力量介入进来;进一步发挥创新精神;加大科研开发力度。烟台师范学院的于德英老师以俄国形式主义为着眼点对多元系统论进行追本溯源式的梳理分析,探究了多元系统理论的局限性。山东大学威海分校翻译学院的李和庆老师在大会发言中探讨了翻译规范理论中翻译的译语文化导向性和追求稳定性的问题,以新文化运动为个案,分析翻译发生的原因及其对中国语言文学规范转型的影响,认为翻译本身在特定文化转型时期是确立新规范的活动。山东轻工业学院的陈国兴老师从解构主义视角探讨了误译对译语文化及语言所产生的积极的促进作用。福建师范大学的林佩璇老师从冰心、泰戈尔主体经验的比较阐述了译者和原作者主体经验的契合所促成的积极接受性对创造佳译具有决定性作用。

学者们还就翻译实践,机器翻译等议题进行了积极的交流。北京大学的王逢鑫教授根据自己多年的教学经验探讨了汉英口译教学中的理论和实践问题。西班牙巴塞罗那自治大学的博士生古孟玄通过译本分析探讨了《红楼梦》文化元素西译的翻译技巧。东北大学的李欣老师则探讨了翻译测试中通过题型设计、内容选材等方法,实现翻译测试的结构效度。烟台师范学院的徐德宽教授探讨了机器翻译中的几个问题,交大铭泰软件公司的马津先生则介绍了他们的机器辅助自动翻译系统。

(5)

研发译学词典,繁荣翻译事业
——第三届全国翻译学词典暨译学理论研讨会纪要

山东大学外国语学院翻译学博士生　范　敏

随着翻译学科的蓬勃发展,各类译学词典的研究也更加深入、系统,呈现出多元化发展趋势。为进一步加强翻译学科建设,更好地促进各类翻译学词典的编纂和研究,由中国译协翻译理论与教学委员会、上海大学外国语学院和山东大学威海分校翻译学院主办,温州大学外语学院和湖州师院外语学院协办的第三届全国翻译学词典暨译学理论研讨会于2005年10月21日至23日在上海大学乐乎新楼召开,来自全国18个省市的一百多位教授、专家、博士生、硕士生出席了会议,就译学词典研究、翻译理论与实践、其他各类词典编纂及译学术语规范等问题展开热烈讨论。开幕式与闭幕式分别由方梦之教授与曾东京教授主持。张柏然教授代表中国译协与中国辞书学会向大会致词,郭建中教授致闭幕词。

这次大会是继第一届于2002年9月20-23日在烟台举办的"全国翻译学词典暨译学理论研讨会",第二届于2004年10月14-17日在山东大学威海分校举办的"2004全国翻译学词典暨译学理论研讨会"之后举办的第三届以译学词典研究为主要议题的全国性学术会议。本届研讨会的与会人数和多专业特征超过了前两届。百家争鸣、学术创新、新人辈出、视角多样成为本次学术研讨活动的鲜明特点。这表明越来越多的学者加入到译学词典研究的领域中来,极大地促进了翻译学及译学词典事业的发展。

　　这次大会学术气氛热烈、开放,与会代表开阔的理论视野与理论研究的深刻性、广泛性和系统性展示了许多新的研究视点。译学词典理论方面,山东大学威海分校翻译学院的孙迎春教授就"译学词典中条目的内在系统"作了主题发言。他结合具体的译学词典,探讨了译学词典中条目的内在系统性和层次性。他指出,译学词典的条目之间看似互不相干,其实存在种种内在联系,既存在相对的独立性又存在隐含的系统性。译学词典的系统与层次关系复杂,密不可分,并有显性与隐性之分。其具显性者在词典中外在可视,起重要的调节作用;其具隐性者不一定具备与之一致的外在形式,须深入分析方才可见。上海大学外国语学院曾东京教授在其主题报告"译学词典编撰亟待解决的问题"中论述了译学词典编撰的概念、方针与原则等九大问题,并提出了改进的措施与方法。南京国际关系学院《外语研究》主编杨晓荣教授在发言中探索了翻译学词典的编撰原则,指出译学词典应注重权威性、共识性、系统性、完整性和便利性,工具书应具有一定的持久性,不能更新太快,对有争议的问题应如实反映现状,并以此为依据对国内出版的译学词典做出简评。南京大学外国语学院的张柏然教授就翻译学词典及翻译学理论的发展与前景提出自己的看法,他认为译学词典研究大有天地,译学理论不应只描述译学,还应具有跨学科特点。上海大学外国语学院的曾东京教授从编撰方针、编撰原则、体例、释义等各方面对《中国译学大词典》的编撰提出了设想。华中师范大学翻译研究中心的黄忠廉教授对译学词典的变译词目做了分析与阐释。山东大学博士生赵巍和尹衍桐在其提交的论文"国内译学词典的发展研究"和"浅评国内外五部译学理论词典"中分别就国内译学词典编纂的三大特征(综合化+专题化/系列化、描写+规范化与科学化)和五部译学理论词典微观层面的不足原因(翻译研究的跨学科性和边缘性与编者的视野和主观倾向)做出阐述。另外,华东师范大学博士生赵刚和山东大学博士生胡刚、石永浩、范敏分别从译学词典的语篇角度、译学词典的发展、译学词典的性质和译学词典的语篇功能等角度展开讨论。

在译学理论方面,天津外国语学院翻译研究所林克难教授就"喜新不必厌旧"的观点阐明了翻译理论学习中所需要注意的现象。他针对国内翻译理论界"出了新论忘旧论,跟风随大流"的现象,提出每一种理论,无论新旧,都有存在的价值。新论与旧论没有根本的冲突,完全可以并存共容,二者之间应该是继承、发展、推陈出新、互相借鉴,不断提高的关系。每一种理论都揭示了翻译这个宇宙间最复杂事物的一个侧面。上海大学外国语学院的方梦之教授通过追溯译学发展探索的轨迹,对《译学词典》的编撰思想与实践做出总结。他对翻译理论的"一体三环"做出阐释,指出"一体"是指译学本体,"三环"是指不同时期、不同性质的外围学科的三个不同层次,即译学外部系统的三个不同层次:语言学及其分支、哲学思维和信息学科及文化语境,并进一步指出综合、开放的翻译理论研究有助于译学词典的研究。上海理工大学的张经浩教授和韩山师范学院的李田心副教授对奈达的翻译理论提出自己不同的理解。上海外国语大学俄语系陆永昌教授在其论文中提到,翻译应促进全世界文明的共享,体现与尊重各民族的文明传统和价值观。跨越文化障碍,让民族文化与世界互动,是翻译发展之趋势。另外,上海海事大学外国语学院的翁凤祥副教授、湖南株洲工学院的周红民教授、浙江树人大学语言学院的丛滋杭副教授分别在其论文中探讨了翻译批评标准意义的新视角、社会与翻译之间的动态变化规律、中国文学翻译应采用的多种翻译策略等课题。

在其他各类词典研究方面,福州大学外语学院的陈小蔚教授对《柯林斯 COBUILD 英语词典》的语用信息做出阐述。她指出从语用角度对词典研究,对词语的使用场合、特殊评价和文化意义有必要做出标记,从而帮助学生了解为什么使用词典和如何使用词典。天津商学院英语系教授孟庆升教授就"英语词典汉译的基本原则"做出发言。他结合《牛津袖珍英汉双解词典》和《牛津简明现代英汉双解词典》的编撰工作,对英文释义的翻译原则、解释说明的翻译原则、例解的翻译原则、Usage部分的翻译原则和其他内容(如缩略语、术语的翻译,英文圆括号中说明性文字的翻译等)的翻译原则等提出相应策略。南京大学外国语学院刘华文博士就"汉英词典认知性对等释义原则和词典编撰的本位思考"做了发言。他从汉语的认知结构特征、英汉认知关联度的差异入手,指出现今的汉英词典释义存在对等缺陷,并从理解中西译学内容等方面提出解决办法。云南师范大学外语学院教授史企曾对《史氏汉英翻译大词典》编撰的多样性和局限性提出了一些看法。另外,中国石油大学(华东)外国语学院戴瑞亮教授、广东外语外贸大学的夏立新副教授、哈尔滨师范大学的张金忠副教授分别在其论文中阐述了英语词典汉译中存在的问题、双语词典中非等值词目在词典翻译中的应用和俄汉翻译词典对专业词语处理的方法和理论依据。

在术语研究方面,北京大学英语系姜望琪教授做了题为"论术语翻译的标准"的发言,对术语翻译的标准进行了深入的探讨。他呼吁重视术语翻译,强调译名准确,注意译名的可读性、透明性。他认为当一个术语有不同译名时,没有必要强求统一,要尊重语言规律,允许约定俗成。另外,上海大学外国语学院硕士生王新朋和贵州大学外国语大学的硕士生罗国青分别在其提交的论文"论译学术语词典的规范性"和"零翻译概念辨证"中分别探讨了术语学在译学术语词典编纂中的重要作用和不同于传统翻译观的零翻译与不译、形译、音译与移植翻译策略的异同。

最后,郭建中教授在闭幕词中总结了已出版的中外译学词典,指出国内外译学词典的编撰和译学词典学的研究,已经取得了很大的成绩;当然,作为一门新兴的学科,还有不少问题有待我们进一步研究和解决。他还指出译学词典的编撰和研究,在新的世纪里,必将有一个很大的发展。

总之,本届大会成功地为译界同仁提供了一个交流平台,凝聚了译界同仁的集体智慧。与会代表的论文、发言和讨论既表现出与会者良好的理论素养,又体现出译学、译学词典及其他各类词典研究的开放性、多元性和跨学科性特点,大家充分认识到译学及词典事业任重而道远。

会议决定,"第四届全国翻译学词典暨译学理论研讨会"将于2007年在辽宁大连民族学院举行,我们预祝大会圆满成功。

(6)

第四届全国翻译学词典与翻译理论研讨会综述

山东大学威海分校翻译学院 赵 巍

  为了总结与交流翻译学词典与翻译理论研究经验,由中国译协主办、大连民族学院外国语言文化学院承办、山东省国外语言学学会翻译学专业委员会协办的"第四届全国翻译学词典与翻译理论研讨会"于2007年4月19-22日在大连民族学院举行。中国译协副会长李亚舒代表中国译协致辞,大连民族学院院长蔡明德教授、中国英汉语比较研究会会长潘文国教授讲话。李亚舒、方梦之、孙迎春教授作了主题报告,来自全国各地的40余位专家、学者参加了会议。潘文国在讲话中指出,词典编纂是一项创造性的学术活动,也是学科建设不可或缺的重要环节。译学词典编纂与研究必将推动翻译学向纵深发展。李亚舒在报告中充分肯定了国内外翻译界的研究成果,同时指出中国译论和外国译论应该"和而不同",提倡"多元互补",树立更健康、更自信的文化心理,加深对翻译本质的研究,为中国翻译学建设和发展做出贡献。方梦之教授在题为"从译学术语看翻译研究的走向"的报告中探讨了译学术语的产生、发展及其层次和体系,认为今后语言学和各交叉学科仍然是译学术语的主要增长点。孙迎春教授的报告题为"译学词典编研的结构",对译典编研的性质和研究对象做了探索,并对其宏观结构通过两个构架图阐释了自己的见解。

  会议期间,曾东京、廖七一、张梅岗教授和赵巍博士作了大会发言,二十余人在会上宣读了论文,就翻译学词典编纂与研究、翻译学术语、现代中西方翻译理论、翻译技巧、翻译教学以及一些应用翻译研究领域进行了广泛、深入的探讨。会议决定,第五届全国翻译学词典与翻译理论研讨会将于2009年在上海大学召开。

主要参考文献

Baker, Mona. ed. *Routledge Encyclopedia of Translation Studies* [Z]. London and New York: Routledge, 1998.
Bassnett, Susan & Lefevere, André. *Constructing Cultures: Essays on Literary Translation* [M]. 上海:上海外语教育出版社,2001.
Chan Sin-wai. *A Dictionary of Translation Technology* [Z]. Hong Kong: The Chinese University Press, 2001.
Gove, Philip. ed. *Webster's The Third International Dictionary of English* [Z]. Springfield: Gec Merriam company, 1961.
Hartmann, R. R. K. *Teaching and Researching Lexicography* [M]. Harlow: Pearson Education Limited, 2004.
Hartmann, R. R. K. & James, Gregory. *Dictionary of Lexicography*. 北京:外语教学与研究出版社,2000.
Nida, Eugene A.&Taber, C. R. *The Theory and Practice of Translation* [M]. E. J. Brill, Leiden, Netherlands, 1969. 上海:上海外语教育出版社,2004.
Nord, Christiane. *Translating as a Purposeful Activity — Functional Approaches Explained* [M]. 上海:上海外语教育出版社,2001.
Shuttleworth, Mark & Cowie, Moira. *Dictionary of Translation Studies* [Z]. 上海:上海外语教育出版社,2004
Snell-Hornby, Mary. *Translation Studies: An Integrated Approach* [M]. 上海:上海外语教育出版社,2001.
Steiner, George. *After Babel: Aspects of Language and Translation* [M]. New York: Oxford University Press, 1975. 上海:上海外语教育出版社,2001.
Translators Association of China. *XVIII FIT World Congress Proceedings* [C]. 北京:外文出版社,2008.
Venuti, Lawrence. *The Translator's Invisibility — A History of Translation* [M]. 上海:上海外语教育出版社,2004.
Viteverbright. http://blog.sina.com.cn/viteverbright 2007-8-3
车济炎、林德宏. 新知识词典[Z]. 南京:南京大学出版社,1987.
陈德鸿、张南峰. 西方翻译理论精选[C]. 香港:香港城市大学出版社,2000.
陈 菲.《中国翻译词典》评介[J]. 上海:上海科技翻译,1998(2).
陈福康. 中国译学理论史稿[M]. 上海:上海外语教育出版社,1992.

陈鼓应. 庄子今注今译[M]. 北京：商务印书馆, 2007.
辞海编辑委员会. 辞海 (1999年缩印本). 上海：上海辞书出版社, 1980.
辞海编辑委员会. 辞海 (1999年缩印本[音序]). 上海：上海辞书出版社, 2002.
翻译通讯编辑部. 翻译研究论文集 (1949~1983)[C]. 北京：外语教学与研究出版社, 1984.
范　芬、于薇薇：论译学词典的功能[J]. 上海翻译 (2005) 翻译学词典与翻译理论专辑.
范　敏. 译学词典的话语建构[C]. 孙迎春：翻译学词典博士文集[C]. 天津：天津教育出版社, 2006.
范　敏. 篇章语言学视角下的译学词典研究[D]. 济南：山东大学, 2008.
方梦之. 译学辞典[Z]. 上海：上海外语教育出版社, 2004.
傅　敏. 傅雷家书[M]. 沈阳：辽宁教育出版社, 2003.
辜正坤. 中西诗比较鉴赏与翻译理论[M]. 北京：清华大学出版社, 2003.
汉语大词典编纂处. 康熙字典 (标点整理本)[Z]. 上海：世纪出版集团, 汉语大词典出版社, 2005.
黄邦杰. 译艺谭[M]. 北京：中国对外翻译出版公司；香港：三联书店香港分店, 1991.
黄建华. 词典论[M]. 上海：上海辞书出版社, 2001.
黄建华、陈楚祥. 双语词典学导论[M]. 北京：商务印书馆, 2001.
黄建华、章宜华. 亚洲辞书论集. 上海：上海辞书出版社, 2001.
黄希玲.《翻译学百科全书》简评[J]. 山东外语教学, 2003 (4).
　　　论译学词典的研编[D]. 孙迎春：翻译学词典博士文集. 天津：天津教育出版社, 2006.
《简明社会科学词典》编辑委员会. 简明社会科学词典[Z]. 上海：上海辞书出版社, 1982.
柯　飞.《翻译研究百科全书》点评[J]. 外语教学与研究, 2000 (1).
老　子. 图解老子. 沈阳：万卷出版公司, 2008.
黎　鸣. 西方哲学死了[M]. 北京：中国工人出版社, 2003.
李和庆、黄　皓、薄振杰. 西方翻译研究方法论：70年代以后[M]. 北京：北京大学出版社, 2005.
李亚舒、黎难秋. 中国科技翻译史[M]. 长沙：湖南教育出版社, 2000.
林　辉. 中国翻译家词典[Z]. 北京：中国对外翻译出版公司, 1988.
林煌天. 中国翻译词典[Z]. 武汉：湖北教育出版社, 1997.
林穗芳. 中国翻译事业进程中的里程碑[J]. 中国读书评论, 1998(5).
刘宓庆. 文体与翻译[M]. 北京：中国对外翻译出版公司, 1986.

　　　　当代翻译理论[M]．北京：中国对外翻译出版公司，1999．
刘重德．翻译工作者的伴侣——评《中国翻译词典》[J]．1998(1)．
刘重德．英汉翻译例句词典[Z]．长沙：湖南文艺出版社，1999．
陆谷孙．英汉大词典[Z]．上海：上海译文出版社，1989/1991．
吕汝汉．英汉金融财经词典[Z]．北京：商务印书馆国际有限公司，1993/1996．
马祖毅．中国翻译简史[M]．北京：中国对外翻译出版公司，1998．
　　　　中国翻译史(上卷)[M]．武汉：湖北教育出版社，1999．
毛泽东．毛泽东选集(合订一卷本)[M]．北京：人民出版社，1964．
潘文国、谭慧敏．对比语言学：历史与哲学思考[M]．上海：上海教育出版社，
　　2006．
钱冠连．以学派意识看汉语研究[J]．汉语学报，2004(2)．
单其昌．英汉经济贸易词典[Z]．北京：外语教学与研究出版社，2002．
史企曾．史氏汉英翻译大词典[Z]．昆明：云南出版集团公司；云南人民出版社，
　　2006．
释慧皎等．卢海山、申山译．中华高僧[M]．郑州：中州古籍出版社，1998．
孙迎春．译学大词典[Z]．北京：中国世界语出版社，1999．
　　　　论综合性译学词典的编纂[J]．山东外语教学，2001(1)．
　　　　汉英双向翻译学语林[Z]．济南：山东大学出版社，2001．
　　　　论译学词典的编纂对翻译学学科建设的重要性[J]．山东外语教学，
　　2002(3)．
　　　　"意境"译法探索[J]．中国翻译，2002(5)．
　　　　论译学词典的描写性[J]．外语与外语教学，2002(9)．
　　　　译学词典与译学理论文集．济南：山东大学出版社，2003．
　　　　译学词典类型初议[J]．中国翻译，2003(4)．
　　　　2004翻译学词典与译学理论文集[C]．天津：天津教育出版社，2005．
　　　　翻译学词典博士文集[C]．天津：天津教育出版社，2006．
　　　　第二次大水——归、异翻译策略辩证[M]．天津：天津教育出版社，
　　2008．
孙迎春、刘新芳．语言类核心期刊译学论文索引[M]．天津：天津教育出版社，
　　2006．
孙艺风、仲伟合译．翻译研究关键词[Z]．Jean Delisle等编著．北京：外语教学
　　与研究出版社，2004．
谭载喜．试论翻译学[J]．外国语，1988(3)．
　　　　西方翻译简史[M]．北京：商务印书馆，1991/2000．
　　　　翻译学[M]．武汉：湖北教育出版社，2000．

新编奈达论翻译[M]．北京：中国对外翻译出版公司，1999．
谭载喜主译．(英)Mark Shuttleworth & Moira Cowie 著．翻译研究词典[Z]．北京：外语教学与研究出版社，2005．
王德春．论词典的类型[J]．辞书研究，1980(1)．
王克非．论翻译工具书的研编[J]．中国翻译，2003(4)．
王宏印．文学翻译批评论稿[M]．上海：上海外语教育出版社，2006．
王宏志．重释"信达雅"：二十世纪中国翻译研究[M]．上海：东方出版中心，1999．
肖 明．哲学原理[M]．北京：经济科学出版社，1997．
谢振清．汉英英汉经贸大辞典[Z]．北京：中国社会科学出版社，1993．
新华词典编纂组．新华词典[Z]．北京：商务印书馆，1988/1999．
许 钧．翻译论[M]．武汉：湖北教育出版社，2003．
许文胜．易经之道．北京：东方出版社，2008．
杨 辛、甘 霖．美学原理[M]．北京：北京大学出版社，1968/1992．
杨自俭．对译学建设中几个问题的新认识[J]．中国翻译，2000(5)．
我国译学建设的形势与任务[J]．中国翻译，2002(1)．
关于博士教育和专科词典研究问题——《翻译学词典博士文集》序．天津：天津教育出版社，2006．
杨祖希．辞书的类型和辞书学的结构体系[A](1-29)．词典和词典编纂的学问[C]，辞书研究编辑部编，上海辞书出版社，1985．
尹邦彦．汉语熟语英译词典[Z]．上海：上海外语教育出版社，2006．
雍和明．交际词典学．上海：上海外语教育出版社，2003．
袁锦翔．名家翻译研究与赏析[M]．武汉：湖北教育出版社，1990．
曾东京．《译学辞典》的三大亮点[J]．上海科技翻译，2004(4)．
《中国翻译词典》得失论[J]．上海翻译(2005)翻译学词典与翻译理论专辑
翻译学词典编纂之理论研究[M]．上海：上海大学出版社，2007．
张美芳．中国英汉翻译教材研究：(1949-1998)．上海：上海外语教育出版社，2001．
张培基等．英汉翻译教程[M]．上海：上海外语教育出版社，1980．
张双棣、陈 涛．古代汉语字典[Z]．北京：北京大学出版社，1998/2000．
张 旭．关于翻译研究术语汉译的讨论[J]．中国翻译，2004(4)．
张玉崑．科技翻译实务．北京：北京工业大学出版社，2005．
赵 巍．译学词典的原型及评价系统[D]．孙迎春：翻译学词典博士文集．天津：天津教育出版社，2006．